外国语言学及应用语言学博士文库(第二辑)

校本课程论视角下的大学英语课程设置研究

A Study on College English Curriculum Development from the Perspective of SBCD

冯 瑗 著

中国海洋大学出版社
·青岛·

图书在版编目(CIP)数据

校本课程论视角下的大学英语课程设置研究 / 冯瑗著. —青岛: 中国海洋大学出版社, 2016. 8

(外国语言学及应用语言学博士文库 / 陈坚林, 蔡金亭总主编. 第二辑)

ISBN 978-7-5670-1200-4

Ⅰ. ①校… Ⅱ. ①冯… Ⅲ. ①英语—课程设计—教学研究—高等学校 Ⅳ. ① H319. 3

中国版本图书馆 CIP 数据核字(2016)第 176695 号

出版发行	中国海洋大学出版社		
社　　址	青岛市香港东路 23 号	**邮政编码**	266071
出 版 人	杨立敏		
网　　址	http://www.ouc-press.com		
电子信箱	yyf_press@sina.cn		
订购电话	0532-82032573(传真)		
丛书策划	邵成军		
责任编辑	杨亦飞	**电　　话**	0532-85902533
装帧设计	汇英文化传媒		
印　　制	日照报业印刷有限公司		
版　　次	2016 年 8 月第 1 版		
印　　次	2016 年 8 月第 1 次印刷		
成品尺寸	170 mm × 230 mm		
印　　张	17.375		
字　　数	295 千		
印　　数	1～1000		
定　　价	28.00 元		

总序（一）

中国海洋大学出版社将国内外国语言学及应用语言学博士生的优秀论文集中出版，建立文库，对学界来说是件极好的事。目前，已经出版了第一辑总计15本论文，引起了学界很大的反响和广泛的关注。现在，第二辑论文正在筹划与编辑中，希望挑选出来的优秀博士论文能够丰富该文库的学术内容，促进该领域的学术争鸣。

作为一门学科，外国语言学及应用语言学涉及的面极为广泛，几乎"包罗万象"。因此，要规划好第二辑论文主题，先要对该学科有个明确的范围界定，以期有的放矢地挑选相关的优秀论文。

外国语言学及应用语言学，顾名思义，是指与外国语言紧密相关的语言研究学说，且应用相关理论解释语言问题。这样界定似乎较为完整，但仔细分析，这其中却存在着概念界定模糊、内容划分不明等问题。

首先，学科名称外国语言学及应用语言学就值得商榷。外国语言学是大概念，其他的语言学分支包含其中，如心理语言学、社会语言学、应用语言学等，而不应把语言学和其分支并列作为学科名称。因此，外国语言学及应用语言学似有概念混淆之嫌。其次，语言学有国内国外之分虽也说得过去，但时有造成共性语言现象研究的归类困难。而且应用语言学因涉及领域过于广泛而很难界定其确切的研究范围。当然，现在外国语言学及应用语言学作为学科名称已约定俗成，在人们心目中也已经有了一个大概的范畴，但鉴于中国海洋大学出版社要出版此学科的第二辑博士论文专著，理应对这一学科有一个理性的解读。

关于语言学的研究（无论国内国外），大致分为理论层面的研究和应用层面的研究。理论层面的研究集中于对语言的描述以及人类语言的普遍规律或语言与某一领域的结合，如语音研究就有音位学，词汇研究就有词汇学，句子研究就有句法学，还有语法学等；与某一领域结合起来的研究就有诸如心理语言学、社会语言学、神经语言学、计算语言学、系统功能语言学等。应用层面的研究又可以分为宏观、中观和微观三个研究视角。宏观研究视角主要与语言政策及语言教育政策的研究有关，如语言的地位规划、语言的本体规划、语言的习得规划以及教育上使用何种语言等问题。中观研究视角大多关注语言在社会生活中的使用，如语言的翻译、语言的社会交际、语言的态度、专门领域中的语言使用以及方言、民族语言和外国语言的和谐共存和发展等。而微观研究视角与外语教育教学有关，包括语言课程、教学方法、教学大纲、课堂教学、信息技术与外语教学、教育技术与外语教学等。综上所述，外国语言学及应用语言学与语言的理论研究和应用研究息息相关，并涉及上述的方方面面。

可见，学科研究范围的解读界定了博士文库所包含的内容。第一辑的15本博士论文专著主要涵盖两个方面：语言本体研究与语言教学研究，符合学科的理论研究和应用研究的两个层面。即将出版的第二辑博士论文专著，除了涵盖第一辑的研究内容外，其研究焦点应集中在以下几个方面：语言和认知的结合、语言的普遍规律、语言的变化与发展（理论层面）；语言政策与语言规划、课程开发与课堂教学、信息技术与语言教学、互联网＋语言教学解决方案（应用层面）等。

博士文库的建立主要是为了把某领域的最新研究成果集中展示，供人参考、研究和借鉴，因此，必须体现文库的开放性、内容的完整性、论述的创新性以及研究的科学性。这样才能充分发挥博士文库应有的学术价值！

中国海洋大学出版社以先进的编辑理念和敏锐的学术意识策划并设计了“外国语言学及应用语言学”博士文库，为广大的优秀博士人才提供了展示自己学术研究成果的交流平台。相信随着该博士文库的不断丰富和完善，必将大大地促进该领域的研究和发展。

陈坚林
上海外国语大学教授、博士生导师
《外语电化教学》主编

总序（二）

在我国外语研究中，语言学自20世纪80年代后期开始蓬勃发展。外国语言学及应用语言学，先是作为英语语言文学、日语语言文学、俄语语言文学等二级学科的一个研究方向，稍后被列为外国语言文学一级学科下面的二级学科。目前，在外语语言学方面具有较强实力的院校一般具有数个二级学科或一级学科。语言学蓬勃发展的另一个表现是研究生培养规模的扩大。90年代初，语言学硕士研究生还不多，博士研究生更是凤毛麟角。当时招收博士研究生的只有北京大学、北京外国语大学、上海外国语大学、广东外语外贸大学等院校，招生人数也是屈指可数。后来，增设外语博士点的院校稳步增加，现在招收外语语言学博士研究生的院校已经超过40所，招生人数在200人左右，学制一般为3～4年，最长不超过8年。随着高校对外语教师水平和学历要求的不断提高，广大教师考博的热情高涨，20多人竞争1个名额已属常见。报考语言学方面的博士研究生一般需要对语言学有一定的兴趣和热情，硕士研究生阶段已打下较好的基础，其后能经常研读相关学刊，最好有1篇或数篇较高质量的论文在外语类核心期刊上发表。被录取后，通常要刻苦钻研，潜心修炼，短则三四年，长则五六年。其博士论文要经过开题、预答辩、盲审、答辩等严格环节，所以往往具有较高水平，甚至能达到国内外的领先水平。对个人来说，博士论文也代表了学术生涯的一个高峰，其后要超越并非易事。正是因为博士论文的质量较高，对其加工出版能有效促进学术发展，国内外出版界也时常为之。这些以博士论文为基础的专著经常能为出版社赢得“高大上”的声誉。

在过去的十多年间，国内几家出版社，如河南大学出版社、上海交通大学出版社、科学出版社、陕西师范大学出版社、中国海洋大学出版社(简称海大出版社)等出版了一系列外语方面的博士论文,其中有很大一部分属语言学,产生了良好影响。其中,海大出版社自2008年开始,重视外语语言学研究,出版了“外国语言学及应用语言学博士文库”,共计15本,并通过多种方式进行推广,产生了良好的社会效益。

近几年来,因工作关系与海大出版社邵成军老师交往较多,去年下半年,邵老师打电话与我商量,想对外国语言学及应用语言学博士文库进行新的策划,决定出版文库第二辑,以国内高质量的相关博士论文为对象,为专业性、开放式学术系列,旨在为广大外语教师和研究生呈上丰盛的学术大餐。第二辑具有以下特点:① 加强策划:表现在限定选题范围,请知名学者作序,统一开本、封面,加强后期宣传等方面;② 严把质量:对申请出版的博士论文呈送两位相关领域的专家进行指导;③ 精心编辑:由专业编辑对书稿进行高质量的加工,确保其文字无差错,体例与规范等符合国家的出版要求;④ 立体推广:该文库出版后会通过传统与网络形式进行书目推送、网络营销、会议赠送、撰写书评等多种方式向广大读者推介。

对广大外语教师和研究生来说,仔细阅读这套文库,将会在以下方面收获匪浅。

第一,能快速了解某一专题的国内外研究现状。博士论文要求有创新,前提是对国内外相关研究了如指掌。因此,通过答辩的博士论文的文献综述部分通常会对国内外相关论著进行梳理,并有的放矢地进行了批判性评论。阅读这部分可以使读者在短时间内快速掌握某一专题的最新情况,为自己今后开展相关研究打下初步基础。

第二,了解所读专著的创新之处及创新思路。细读作者在对前人研究评论后所提出的研究内容、思路及具体研究方法,可以窥见作者为什么选定某一专题的某个侧面、用什么理论框架及原因、研究方法有何创新等。了解这些内容并思考背后的原因能帮助读者提升在研究选题方面的功力,而好的选题对高质量研究而言是成功的第一步。

第三,独立思考,发现其不足。阅读专著仅仅停留在吸收知识层面是不够的,还要对所读内容进行批判性思考,英语叫 critical thinking。孔子也说过,“学而不思则罔,思而不学则殆”,强调思考的重要性。我们阅读专著时,只怀着学习的态度是不够的,还要有质疑和批评精神。可以思考:选题是否有意义?理论框架是否能为研究内容服务?受试是否有代表性?数据收集方法是否可靠?统计分析方法是否恰当？是否对结果进行了深入讨论？能否较好地解释研究的发现？只有通过思考，发现所读专著存在的不足，我们才能在今后研究中予以克服，加以超越，学术才能发展。就阅读方法而言，读者适当关注博士论文的最后一章往往有事半功倍之效。因为作者通常会在该部分指出其研究的不足，并对今后研究进行展望。

第四，写书评与综述，并进行原创研究。读了一本专著及相关论文，有些收获，对某个专题产生了兴趣，这是非常难得的，此时宜趁热打铁，有所行动。比较容易入手的是对所读专著撰写书评，写好后既可以向期刊投稿，也可以在网络和微信上发布。其后，应进一步阅读相关文献，特别是最新论文，对该专题撰写综述性论文。综述性论文要写好并不容易，其选题首先要有意义，其次要具备全面性、逻辑性、批判性。如能适当采用一些新方法，如元分析、CiteSpace 软件等，往往显得不落俗套。前两步只是做学问的"练手"步骤，更重要的是做原创研究，这最能体现一个学者的水平和贡献。原创性研究往往具备以下特点：选题新、方法新、结论新，但如何实现，要靠自己的琢磨与钻研，"纸上得来终觉浅，绝知此事要躬行"。

在海大出版社推出"外国语言学及应用语言学博士文库"第二辑之际，我应约作序，一方面倍感惶恐，同时也为这份信任所感动，遂不揣浅陋，与大家分享一点治学的体会。

蔡金亭

解放军外国语学院教授、博士生导师

《解放军外国语学院学报》主编

前言

进入第十二个五年规划以来，我国高等教育的发展方式从以扩张规模为主的外延式发展转向了以提高教学质量为主的内涵式发展。2010 年，《国家中长期教育改革和发展规划纲要（2010—2020 年）》明确提出要克服高校办学的同质化倾向。2012 年 3 月，《教育部关于全面提高高等教育质量的若干意见》进一步重申了促进高校办出特色、克服同质化倾向的要求。2007 年的《大学英语课程教学要求》（简称《教学要求》）也指出："各高等学校应根据实际情况，按照《教学要求》和本校的大学英语教学目标设计出各自的大学英语课程体系。"目前，教育部高校大学英语教学指导委员会正在酝酿并即将推出的《大学英语教学指南》则特别强调了大学英语课程在高校各自课程体系中的服务功能。以上所述的国家政策和文件的指导思想无不体现了对大学英语课程提出的校本化、个性化的要求。

本研究主要力图回答以下三个研究问题：第一，大学英语校本课程设置与开发的现状如何？第二，大学英语校本课程的影响因素主要有哪些？第三，大学英语校本课程主要影响因子的互动机制如何？关于问题一，本书主要考察了我国大学英语校本课程开发的现状、所呈现的校本课程类型及不同层次和不同专业特色高校大学英语校本课程的共性和个性；关于问题二，本书主要分析大学英语校本课程设置和实施的主要影响因素及其影响力度，同时，考察不同层次和不同专业特色的大学英语教师群体对影响因素的看法有无差异；关于问题三，本书进一步分析了大学英语校本课程设置影响因素之间的关系及各因素间的互动机制。

本书采用量化和质性相结合的混合研究方法，分为三个阶段：第一阶段主要是进行文献查阅和文本分析，在前人研究的基础上，归纳出研究问题的概念和操作定义;第二个阶段,主要以国内25所高校及其校内的约400位大学英语教师为研究对象,采用问卷调查和简短书面访谈相结合的形式进行研究,所收集的数据主要回答研究问题一和研究问题二;基于前两个阶段的数据和分析,第三个阶段集中对3位外语教育专家、7位大学英语课程管理层人员、7位大学英语校本课程教师进行半结构式访谈,所收集的数据主要用于对研究问题一和研究问题二的验证性回答,并力图回答研究问题三。

本研究发现大学英语校本课程的现状并不乐观,初始型、整合型和成熟型三种校本课程类型均有存在,其中整合型校本课程的高校所占比例最大,而且有高达三分之一的学校依然在校本课程的初始型状态徘徊,比例较小的成熟型校本课程类型主要出现在课程建设基础较好的"985工程"层次高校,三种校本课程类型在不同专业特色的高校中没有表现出显著的差异。

影响大学英语校本课程开发效果的因素归结起来共有六个因子,按照其影响力的大小从高到低排序分别是学校原有的课程基础、教师课程开发的信念、校方及院系的支持、校内课程评价机制、教师对课程价值的认同和教师的课程开发素质。其中涉及教师本人的因素包括教师课程开发的信念、教师对课程价值的认同和教师的课程开发素质,属于教师主体内部因素;来自于校方的因素包括学校原有的课程基础、校方及院系的支持、校内课程评价机制,相对教师而言属于外部因素。单因素分析方差显示,不同层次高校的大学英语教师、不同专业特色高校的大学英语教师之间对校本课程影响因素的观念不存在显著差异。

进一步的深入访谈数据分析表明,大学英语校本课程影响因子的内部三个因素之间、外因与内因之间及外部三个因素之间互为支持、互为影响。课程基础作为最有影响力的因子,是先前课程建设表现出的结果,受制于学校对课程开发主体的投入和支持,以及学校所建立的评价体系作用于教师的结果,反过来也能在一定程度上影响学校支持的程度。学校支持因子作为大学英语校本课程设置开发的主要动力,既影响课程基础和评价体系的建立,也直接影响教师主体在课程设置开发方面的意愿。评价体系因子是强有力的外在影响因素,直接影响教师大学英语校本课程的参与度。另外,校本课程设置开发的主体是教师,高质量的校本课程开发直接来自于教师良好的课程开发信念、课程的价值认同和课程开发素养,这三个教师内因因子相辅相成,受到学校层面三个外因的影响,并与外因共同决定了大学英语校本课程设置开发的最终结果。

基于实证调研、质性访谈及分析讨论的结果,本书从外语教育政策的大背景出发,针对教师、院系和校方三个层面提出了建议,以推进和完善高校大学英语校本课程的建设。给教师层面的建议是坚定大学英语课程校本化信念、提升校本课程开发素养，尤其是信息素养，以及提升个人职业发展意识和团队精神；给院系层面的建议是制定个性化大学英语教学指导文件、厘清和整合院系教师资源、促发教师课程开发的意愿和支持教师专业发展、推进课程开发团队建设，积极尝试与其他专业院系的合作，以及积极应对慕课（MOOCs，即 Mass Open Online Courses）对大学英语课程的挑战；给校级层面的建议是明确本校人才培养定位，厘清学生英语学习需求、建立校本课程开发共同体、完善课程和教师评价体系，以及提供行政、资金、项目、资源等全方位的支持。

总之，本书围绕校本课程这一概念对 25 所高校的大学英语课程进行了调查分析并得到了一些发现，为我国高校的大学英语校本课程设置开发提供了参考，也为解决我国大学英语课程较长一个时期以来的课程建设走向问题提供了一个新视角；同时，丰富了课程研究特别是校本课程和外语课程研究的内涵和范围，充实了外语教育中课程开发研究的内容，对我国其他学科课程的设置研究也具有一定的参考意义。

目 录

第1章

绪 论

1.1 研究背景

1.1.1 高等教育个性化和高校特色办学

越来越受到教育界关注的个性化教育理念主要强调的是在教育过程中不应让学生成为被动的接受者，而是把他们置于主体地位，充分尊重他们的个性特点，充分尊重每个学生的认知风格和学习方式，从而调动他们的主观能动性，并最终培养其创新意识和创新能力（丁钢，2000:186）。在这种背景之下，作为学校核心元素的课程，尤其是校本课程，如何服务于学生的个性化发展已经成为教育改革深化的一项重要内容。

自1978年恢复高考以后，我国的高等教育经历了多次变革，近年来又呈现出一些新的变化，如以素质教育和培养创新人才为目标的多元化和个性化教育改革和以“宽口径、厚基础、强能力、重创新”为目标的培养模式改革等。而高等学校个性化可以认为是个性化教育实践的宏观指导，是高校的特色、品牌和优势。高等学校个性化发展目标应该由学校自己来确定，根据自身的特点和所处的环境来确立自己的发展方向，并且从根本上区别于其他院校（董金虎，2010:167）。

“提高学校个性化教育服务水平是教育发展的必然，教育的国家发展趋势呼唤提高个性化教育水平。”教育的个性化应当体现在教育的各个阶段、各级层面，而“高等学校开展个性化教育是对教育真谛的深刻领悟，是适应高等教育大众化的诉求，也是培养学生创新能力和实现教育公平的必然要求”（蒋学凤，2014:54-

55)。然而,如果课程不体现个性化,个性化教育似乎难以实现。当前我国学校个性化教育服务水平较低,对学校的校本课程建设提出了挑战,校本课程建设的目的不就是为学生成长提供个性化的教育服务吗?它既是学校整体课程建设的重要组成部分,也是高等教育个性化的重要体现与支撑,是高等教育走向个性化的重要途径。高校的课程既要满足国家发展、参与国际竞争的要求,又要满足学生个性发展之需求,校本课程开发可以作为出路之一。

2010年,我国颁布了《国家中长期教育改革和发展规划纲要(2010—2020年)》(以下简称《规划纲要》),为21世纪的第二个十年中我国教育的发展树立了更加明确的目标和执行指导。在第7章有关高等教育的内容里面,共涉及"全面提高高等教育质量""提高人才培养质量""提升科学研究水平""增强社会服务能力""优化结构办出特色"等五个方面。其中"优化结构办出特色"部分特别明确了要"促进高校办出特色"的要求,提出要"建立高校分类体系,实行分类管理",并且"发挥政策指导和资源配置的作用,引导高校合理定位,克服同质化倾向,形成各自的办学理念和风格,在不同层次、不同领域办出特色,争创一流"。办学理念、风格和特色,必将由学校的方方面面加以体现,对课程的设置就是其中一个不可或缺的环节。

为深入贯彻落实胡锦涛同志在庆祝清华大学建校100周年大会上的重要讲话精神和《规划纲要》,大力提升人才培养水平,增强科学研究能力,服务经济社会发展,推进文化传承创新,全面提高高等教育质量,2012年3月教育部印发了专门针对高等教育的文件《教育部关于全面提高高等教育质量的若干意见》(简称《高教30条》),提出了高等教育以稳定规模、优化结构、强化特色、注重创新为特色的内涵式发展的总体要求。

其中第二条再次提出了"促进高校办出特色"的要求,重申"探索建立高校分类体系,制定分类管理办法,克服同质化倾向",并建议各高校"根据办学历史、区位优势和资源条件等,确定特色鲜明的办学定位、发展规划、人才培养规格和学科专业设置"。第五条"创新人才培养模式"建议实施卓越工程师、卓越农林人才、卓越法律人才和卓越医生等教育培养计划,第二十七条"提高教师业务水平和教学能力",建议在高校教师中"完善教研室、教学团队、课程组等基层教学组织"。

中国教育部副部长鲁昕2014年3月22日在中国发展高层论坛上表示,中国即将出台方案,实现两类人才、两种模式高考。第一种高考模式是技术技能人才的高考,考试内容为技能加文化知识;第二种高考模式就是现在正在实施的学术型人才的高考。如果能够真正开始实施，这将是我国高考制度有史以来最大的变革，人才选拔制度的巨变必将引发一系列的连锁反应。另外，鲁昕副部长在讲话中还提到，与两种高考模式相辅相成，教育部将做600多所地方本科高校向应用技术、职业教育类型转变的工作，意味着有50%的学校要淡化学科、强化专业，按照企业的需要和岗位来对接。这一重大改革必将对高校自身的定位、人才培养目标的确立、高校课程的设置等产生重大影响。

在高等教育个性化背景下进行大学英语校本课程的研究，不仅是顺应时势，也是对高等教育如何实施个性化高校课程、如何体现个性化的一个有益探索。"大学英语不是一门普通的课程，它作为国际跨文化交流工具的特殊本质特征，使得它应该与一个国家的发展战略、高等教育国际化、高校本身的定位及人才培养目标紧密结合在一起"（束定芳，2011:144）。在这样的形势之下，作为重要公共课程之一的大学英语难以逃脱继续深化改革、进一步明确自身定位、建立和完善校本课程体系的必然趋势。这些无疑对高校的人才培养模式和课程设置提出了新的要求，作为大学课程一个有机组成部分的大学英语，也将面临深化改革、重新定位的挑战。同时，这些高等教育特色化、人才培养卓越化理念也为大学英语课程的开发和设置提供了方向指引和发展机遇。

1.1.2 课程开发策略的总体趋势

美国课程论学者 Short（1983）曾构建了一个用以识别课程开发策略的三维模型。第一个维度是课程开发的活动场所，包括外部机构或是特定现场；第二个维度是课程开发活动所需要的专业人员，可能涉及以下几种情况：学者占主导，或者课程专业作者占主导，或者内环境专家（如教师、学生、校长、家长等）占主导，或者各方面人员的平衡协作；第三个维度是对课程实施所持有的观念，是指直接的实施、有限的改编，或者是完全开放的改编等三种情况。其中第一个维度课程开发的活动场所所说的外部机构或者特定场所，就是指课程实施场所之外的外围开发，抑或是课程实施场所的现场开发。具体到学校课程的话，是指是在学校以外的场所开发后应用于学校，还是直接在学校范围进行课程开发的问题。

Rawlinson & Spring（1982）把课程开发过程中中央政府和地方学校的关系划分为四类：第一类是中央集权，中央政府做出所有决定，所有地方学校一律遵守执行，因此，教育制度内的一致性程度非常高。第二类是中央政府做出所有决定，但在中央指定的范围内允许学校自主。第三类是中央政府通过咨询程序后做出所有决定，在中央指定的范围内，学校拥有一定的自主权。第四类是学校是课程的决策中心，对此拥有完全的自主权，与中央政府和其他有助于课程发展的机构互相协调交流而进行课程设计、实施和评估。显而易见，第四类指的就是校本课程的开发模式。

第二次世界大战以后，百废待兴，许多国家为了大力促进教育事业的恢复和发展，中央政府纷纷介入课程开发的决策和管理，成立以国家为主导的课程开发中心，采取自上而下的课程开发与推广模式。也就是说，他们采用的课程开发和管理模式中，无外乎存在两种情况，即中央政府做出所有决定和中央政府指定的范围内允许学校自主，并没有把校本课程开发模式纳入考虑的范围之内。然而，这种国家课程开发策略最终没有达到预期的结果。随着教育和社会的不断发展，人们对教师和学校在课程改进中所发挥的作用有了更深的认识。

评价研究表明，20 世纪 50 年代的课程改革之所以没能达到预期的提高教育质量之结果，主要是在课程的开发过程中缺少教师的参与（McLauchlin & Bermom, 1978）。Schwab（1983:245）也明确表明，“教师必须参与到教什么和如何教的审议与决策之中”。也就是说，作为凸显教师和特定学校重要作用的校本课程开发策略，没有被给予足够的重视，在一定程度上导致了课程改革的失败。因此，人们对课程开发策略进行了反思，把越来越多的目光投向了校本课程开发模式，毕竟课程的最终发生场所是学校。

徐玉珍（2001:13）认为，一般来说有中央集权传统的国家往往把校本课程开发限定为国家课程开发框架内的具体科目的开发，校本课程开发被认为是国家课程开发和地方课程开发的一种有益补充。刘宇和张华（2008:12）在对我国课程与教学改革三十年进行了回顾之后，认为课程与教学改革不进入到学校层面就不具有实质性的意义，推进课程与教学改革的“校本化”“特色化”实施将是我国未来课程与教学改革的核心课题。在此探讨我国的大学英语校本课程的开发，应该是符合课程开发策略的总体发展趋势的。

1.1.3　大学英语教学和课程改革

中国大学的逐步发展是近代中国在现代化历程中学习西方的产物，而大学外语一直是高等学校外语专业以外的其他专业学生学习的公共基础课之一。大学英语课程因其受众之广泛、社会影响力之大而一直以来都受到中央政府、国家教育部门的深刻关注，相关部门多次倡导和发起教学和课程改革。仅在 20 世纪 70 年代末大学英语教育恢复之后的三十几年间，就进行过四轮大学英语教学改革，并产生了六个大学英语教学大纲或教学要求。

目前，最贴近大学英语课程、起最直接指导作用的文件莫过于《大学英语课程教学要求》（简称《教学要求》）。教育部于2007年7月颁布的这一文件在本轮次大学英语教学改革之初的2004年曾经颁布过一个试用版，经过修改后的《教学要求》在课程设置这一板块提出“各高等学校应根据实际情况，按照《课程要求》和本校的大学英语教学目标设计出各自的大学英语课程体系，将综合英语类、语言技能类、语言应用类、语言文化类和专业英语类等必修课程和选修课程有机结合，确保不同层次的学生在英语应用能力方面得到充分的训练和提高”。所谓“实际情况”“本校的大学英语教学目标”和“各自的大学英语课程体系”，无不体现了大学英语作为高校必修课程的校本化特征。

教育部大学英语教学指导委员会现任主任委员王守仁教授（2013:13）认为，我国的一千多所普通本科院校和独立学院地处不同区域，类型不同（包括综合、理工、师范、医药、财经、农林、艺术、政法、体育、军事、民族院校等），层次不同（“985工程”、“211工程”、省属、地方院校等），人才培养规格和要求各不相同。这些院校对外语的需求也不同。因此，“各校的大学英语课程体系应体现‘分类指导、因材施教’的思想，形成自己的特色”。同时，“大学英语课程体系和大学英语综合评估体系相关联，在提供大学英语教学共同基础的同时，要开设多种类型的外语课程供学生选择”。如果说“大学英语教学共同基础”是共核，其他“多种类型的外语课程”就应该是各校大学英语课程校本化的体现了。

目前，教育部高校大学英语教学指导委员会正在酝酿并适时推出《大学英语教学指南》（简称《教学指南》），依然把大学英语定位成整个高等教育过程中不可或缺的一个部分，对中国的学生来说绝对不是可有可无。其中，课程设置的总体目标明确指出：“各高校应根据学校类型、层次、生源、办学定位、人才培养目标等，遵循语言教学和学习规律，合理安排相应的教学内容和课时，形成反映本校特色、动态开放、科学合理的大学英语课程体系。”笔者曾对大学英语教指委的部分委员进行了专访（详见访谈转写稿1-1、1-2和1-3），了解到《教学指南》跟以往的《教学要求》相比，更加突出了对大学英语课程建设指导的开放性和灵活性，它更加有利于大学英语课程的校本化，并特别强调了大学英语在高校课程体系中的服务功能，即服务于学校的办学目标，服务于院系的专业需要，从而最终服务于学生的个性化发展需求。

在这样的大环境下，大学英语课程的校本化已经进入了一个难以避免的时期，以校本课程理念为指导进行大学英语课程改革，是校本课程理论在高等教育延伸的一个部分。这也为本书所做的研究提供了强大的动因和良好的契机。

1.1.4 大学英语教师专业发展

进入新世纪以来，大学英语教师这一职业所受到的冲击日益明显。首先，大学英语授课对象的英语水平大幅提高，对大学英语教师的目标语言能力提出挑战。其次，社会上出现的各种英语培训机构中充足的师资力量成为高校英语教学强有力的竞争对手，对大学英语教师的专业素养提出挑战。另外，得力于教育技术、诞生于2012年并迅速席卷全球的一种崭新的课程形式——慕课对传统的课程甚至教育方式提出了前所未有的挑战，对大学英语课程的影响也是全方位的。除此之外，《教学要求》涉及的大学英语课程设置改革对英语教师的能力与素质也提出了较高的要求。

在上述形势之下，大学英语教师不得不客观审视自己的处境，谋求切实有效的发展路径。而实际上，大学英语教学改革为大学英语教师提供了难得的机遇和发展空间（王守仁，2011:4）。目前，依然在不断深化中的大学英语教学改革越来越凸显大学英语课程的服务功能以及校本特色，有希望与大学英语教师的职业发展互惠互利，共同提高。《教学要求》在课程设置方面规定"各高等学校应根据实际情况，按照《教学要求》和本校的大学英语教学目标设计出各自的大学英语课程体系"，因此，"学校应鼓励教师团队建设，共同开发校本课程，促进教师将自我发展与课程改革紧密结合"。

在校本课程开发中，教师是课程开发的"主要承担者、实际的操作者，又是校本课程的编制者、实施者"，处于核心地位，起着决定性的作用。可以说，校本课程开发就是以教师的专业发展为指向，英语教师参与课程开发会在教学观念层面、专业知识层面和职业技能层面上提高自身专业素质（杨树芳，2009:10-11）。同时，大学英语教师职业发展也为大学英语课程的校本化改革提供了机遇和条件。

1.2 研究目的和内容

1.2.1 研究的主要目的

本研究聚焦的是大学英语课程，研究的主要目的是通过对我国大陆境内25所高校大学英语课程设置现状的调查，试图总结出大学英语校本课程设置的类型学分布，分析不同层次和不同专业类型高校大学英语课程的异同，挖掘影响大学英语校本课程开发的主要影响因素，考察多种因素之间的互动关系，从而提出大学英语校本课程开发影响因素互动机制模型，为大学英语课程的校本化提供参考，为大学英语教学与课程改革提供视角。

1.2.2 研究的主要内容

（1）文献回顾。

本书将对教育学中的现代课程论、国内外校本课程理论和实践、我国高校校本课程现状、国外二语 / 外语课程论、国内外语课程论、国内不同教育阶段英语课程设置与开发等方面的研究做较为详尽的梳理与归纳。

（2）梳理历史。

在前面相关文献和研究现状综述的基础上，本书将聚焦于我国的大学英语课程，首先从课程论的视角梳理大学英语课程建设的发展历史，然后结合校本课程理论给出大学英语校本课程这一核心概念的界定，提出理想的大学英语课程校本化的应然状态，并围绕此核心概念提出本书的研究问题，进行研究设计。

（3）调研现状。

在进行核心概念的界定和提出核心研究问题的基础上，将实地调研我国大陆境内 25 所不同层次和专业特色的高校大学英语课程，从学校的基本信息、大学英语教师的基本情况、大学英语课程的组织形式以及大英课程管理模式等各个方面加以考察分析，以期通过问卷调查、访谈等数据收集工具获取所调研的高校大学英语课程的第一手资料，厘清目前我国大陆境内部分高校大学英语课程实然状态，为做进一步思考奠定基础。

（4）发现规律。

之后对多种渠道获取的量化和质性数据进行分析、归纳和对照，以期总结和发现大学英语课程目前的校本课程类型、影响校本课程开发与设置的主要因素以及这些因素之间的互动情况，为后面有的放矢地提出建议找到依据。

（5）提出建议。

在前文进行的调研、数据收集和分析的基础上，本研究最后根据研究的数据分析结果，从三个层面对大学英语课程校本化提出启示和建议，并期待本研究的结论能够在未来的课程开发实践中起到一定的指导作用。

1.3 研究意义

始于 2003 年的新一轮大学英语教学改革经过十多年的历程，已经由教学模式、教学内容的转变和信息技术的介入进入到课程改革“深水区”，各高校之间几乎没有差异、"千校一面"的大学英语课程设置即将成为过去时。课程理论、校本课程理论以及第二语言(简称二语)/外语课程理论的研究成果为大学英语教学改革尤其是课程的校本化研究提供了参考。在课程与计算机网络整合背景和课程生态化视野下,朝着校本化、个性化发展的大学英语课程改革已成必然,因校制宜,因专业制宜,甚至因学生制宜,才能更好地实现大学英语课程的培养目标和课程价值。

1.3.1 理论意义

本研究的理论意义在于:

(1) 为了便于对大学英语校本课程进行系统化研究和分门别类的阐述,本研究在借鉴了国内外校本课程开发活动类型学研究的基础上,纳入了大学英语课程本身的特点,建立了大学英语校本化课程所属类型的两层次描述框架,对校本课程开发活动类型学研究进行了一定程度的创新。

(2) 在综合考察国内外校本课程影响因素研究的基础上,建立了大学英语校本化课程的影响因素的构念,为其他大学英语校本课程研究者提供了一定的研究基础和参考。

(3) 最后,建立了大学英语校本课程开发影响因子互动关系模型,以便在大学英语课程实现校本化以服务于学校的办学目标,服务于院系的专业需要,从而最终服务于学生的个性化发展需求的过程中提供一定的参考,同时,也是从大学英语课程视角对校本课程开发理论的一个补充和诠释。

1.3.2 实践意义

本研究的实践意义在于:

(1) 调查、了解了我国大陆境内部分高校大学英语课程校本化开发的概貌,以便在进行大学英语校本课程研究之前对这一事物的实际状态进行较为准确的把握,奠定进一步研究的根基。

(2) 从大学英语教学从业者的角度调查、了解了影响我国大学英语教师参与校本化课程开发的因素,从而为促进各高校大学英语课程校本化提供清晰的思路,有的放矢。

(3) 校本课程的核心思想之一就是使教师成为课程的开发者,而不仅仅是课程规划的实施者,从而促进教师的职业发展。就此而言,本研究有望为大学英语教师的职业发展提供一个新的思路。

（4）本轮次大学英语教学改革前期已经进行了教学结构、框架、模式和教学硬件的转变，科学化、个性化课程体系的建立是目前改革的重点。本研究正是在这种契机之下为高校大学英语课程的深入改革即课程的校本化提供参考。

（5）高等教育的个性化不仅体现在大学英语一门课程或相关课程群的开发和设置方面，本研究也为其他大学课程的校本化研究提供了可借鉴的思路和方法上的参考。

1.4 研究结构概述

本研究旨在在对课程论、校本课程论、二语 / 外语课程论等理论进行梳理的基础上，通过对国内外相关研究成果的归纳分析，并联系当前我国大学英语课程改革的实际情况，对我国高校的大学英语课程的校本化开发的现状进行描述，对相关的影响因素及其互动关系进行探究，对大学英语教师的校本课程开发信念进行考察，尝试提出大学英语校本课程开发影响因子互动模型。

本研究共分为 9 章，总体框架结构如下：

第 1 章主要介绍了本研究的背景、目的、意义以及主要内容。就大学英语课程而言，无论是高校特色办学、外语学科本身的发展、高等教育个性化、高校类型重新划分和定位，还是大学英语教师的专业发展，无不对其校本化研究提出了诉求。该章接下来阐明了本研究的目的、主要内容以及理论意义和现实意义。

第 2 章主要阐明了本研究的理论基础。该章由课程这一概念入手，梳理了课程的常见分类，作为一门学科的课程论产生、发展、流派演变以及研究范式的情况，特别指出了后现代范式对于当今课程开发的深远影响；然后，由课程开发模式中的过程模式、环境模式和实践性模式引出了校本课程开发的概念，并依据我国课程开发的实际情况对校本课程的开发进行了初步的再定义；接下来过渡到了对二语 / 外语课程论产生和发展的阐述，特别提到了 20 世纪 80 年代后期到 90 年代，语言教学领域明确表明了从语言到教育的转向，几乎与教育学中的课程论研究一脉相承。

接下来的第 3 章力图用夹叙夹议的方式对国内外校本课程开发的研究、我国高校的校本课程开发研究、我国的英语校本课程开发研究以及大学英语课程开发和校本化研究进行了梳理，并在此基础上对本研究的核心概念——大学英语校本课程进行了较为充分的界定，最后分析了国内对于大学英语校本课程的研究现状，所得出的结论有很大的研究空间和研究的现实意义，并在该章的最后一个小节提出了本书的概念框架和研究路线。

本书的研究设计出现在第4章。这一章首先明确提出了本书的三个研究问题，依据研究问题的性质设计了不同的数据收集方式和研究方法，并予以尽量充分的回答。该章还交代了研究对象的抽样和分类情况，较为详细地介绍了本书的研究工具和研究方法，初步设计了数据的收集和分析步骤，并在结尾处对参与此次问卷调查的教师和所在高校的概况进行了汇报。

第5章、第6章和第7章主要报告数据收集的结果和针对结果进行讨论。第5章首先结合调查问卷的大学英语校本课程的两层描述框架获取的具体数据，对大学英语校本课程的现状和类型学分布进行了描述，并使用访谈数据进行佐证，最后从不同层次和不同专业特色两个角度探讨了所调研的高校的大学英语校本课程的共性和个性，基本回答了本书关于大学英语校本课程现状的第一个研究问题。第6章主要对大学英语课程影响因素的探索性因子分析结果进行了汇报，所提取的七个因子一共能解释总影响的68.6%，并最终归结为大学英语校本课程的三个外部影响因子（课程基础、学校和院系支持以及校内评价体系）和三个教师本身的内部影响因子（教师的课程改革信念、教师的课程价值认同以及教师的课程开发素养），另外，使用访谈获取的质性数据进行了佐证；研究还发现：不同层次高校和不同专业特色高校的大学英语教师之间对于影响因子的观念没有表现出显著差异。据此，该章基本回答了第二个关于大学英语校本课程影响因子的研究问题。第7章主要基于访谈获取的质性数据，进一步考察了大学英语校本课程影响因子之间的关系，并最终提出了大学英语校本课程开发影响因子互动机制模型。据此，该章基本回答了第三个关于大学英语校本课程影响因子之间关系的研究问题。

在前面阐明理论基础、梳理相关研究文献、提出研究问题、设计研究方法和步骤、对所收集的数据进行充分展示和讨论的情况下，本书在第8章详细提出了大学英语校本课程建设过程中，教师、院系、学校三个层面如何积极应对，以达到学生、教师、学校三方共赢的良好校本课程应然状态。

第9章是本书的结论部分，主要对整个研究进行回顾，总结所取得的成果以及存在的不足之处，并在最后一小节对大学英语校本课程的未来相关研究进行了展望。

第2章

理论基础

2.1 引　言

课程是教育学领域的一个重要概念，美国教育学者 Bobbitt 在 1918 年出版的《课程的编制》（*The Making of Curriculum*）一书标志着课程论的诞生。课程问题的复杂性和不确定性使其概念定义众说纷纭，课程论流派亦纷繁复杂，但其研究范式可以划分为现代和后现代两种。外语课程论的研究整体上滞后于普通课程理论，其逐渐发展和形成得益于外语教育者对于实践和理论的不断反思和推进。从 20 世纪初对更好、更新的语言教学方法的追寻，到 20 世纪七八十年代局部借鉴普通教育的研究成果并具有了语言课程设计的雏形，再到 21 世纪初外语课程开发的系统化、动态化研究，外语教学领域已经明确表明了由语言学向教育学的转向。

学界根据课程的组织方式或课程设计的种类将课程分成了不同的类型，其中校本课程是按课程开发的主体和课程管理的层次划分出的一个下位概念，其产生主要得益于 20 世纪美国的 Joseph Schwab 和英国的 Lawrence Stenhouse 两位课程理论专家的课程思想，而 Skilbeck 提出的课程开发的情景模式和人们对 50 和 60 年代课程发展趋势的反思，使得 Furumark 和 McMullen 最终于 1973 年率先提出校本课程的概念，自此人们对校本课程的研究和实践就未曾停止过。

如上所述，本章将从课程论、外语课程论及校本课程论三大方面进行阐述，以期为本研究提供坚实的理论基础和清晰的研究方向。

2.2 课程及其类别

在人类浩如烟海的知识体系中，课程的研究通常归属于教育学范畴。作为一门学科，教育学拥有十大分支学科，分别是教育哲学、教育史、教育心理学、教育社会学、教育经济学、教育管理与组织、教育规划、比较教育学、课程论和教育技术学（Stern，2000:419-420）。本章对于课程的探讨，均隶属于教育学中相对而言较为年轻的一个分支学科——课程论。

（1）课程概述。

美国课程学家坦纳夫妇（D. Tanner & L. N. Tanner，1980）曾经指出："课程有一悠久的过去，但只有短暂的历史。"课程（curriculum）在中外文献中都能找到其词源学的考证。在我国，课程一词最早出现在唐宋，唐朝孔颖达曾有过"教护课程，必君子监之，乃依法制"的说法，但他使用的含义似乎与现在所说的课程意思差别较大，因此，毋庸赘述。而到了南宋，朱熹在《朱子全书·论学》中也多次提及课程，比如"宽着期限，紧着课程"和"小立课程，大作工夫"等。虽说当时对这一词汇的含义没有明确界定，但是可以看出朱熹所说的课程，其实就是指功课及其进程，这就与我们现在对课程的理解比较相似了（转引自施良方，1996:2）。

在西方，curriculum 一词源于拉丁语 currere，其动词形式意为"跑（race）"，其名词形式意为"跑道（race course）"。英国哲学家、教育家 Spencer 在其 1859 年的文章《什么知识最有价值》中最早使用教育学中的 curriculum 一词，并将之概念化为"教育内容的系统组织"，而且很快被教育者们普遍接受并采用（张华，2000:1）。

虽然课程的实践是与人类的教育活动同步的，课程一词也可以追溯到比较久远的年代，但是人们对于课程有了较为系统的研究并且能从理论上加以概括，是 20 世纪初期以来的事情。一般认为，美国教育学者 Bobbitt 在 1918 年出版的《课程的编制》一书，是教育史上第一本课程理论专著，它标志着课程作为一个专门研究领域的诞生，也为课程理论奠定了重要基础（施良方，1996:3）。Thomas W. Hewitt（2006）评价说 Bobbitt 在其《课程的编制》一书中用 curriculum 一词把之前使用的"学程（courses of study）""内容（content）""科目（subject matter）"等概念全部归纳进来，使其成为一个包容性强大的常用教育研究术语。

尽管人们对于课程作为一个专门领域的研究已经有了近一个世纪的历史，但让人费解的是对于课程的定义依然众说纷纭，这也从一个角度说明了课程问题的复杂性和不确定性。对这些概念定义，研究者们曾试图从不同的角度加以归纳、分析和梳理。

Stern（2000:434）把课程的含义归结为三种：一是指教育机构和体系内学习项目的所有内容；二是指某一门科目的学习内容；三是指教学涉及的所有过程，包括教材、设备、评估、教师培训等，也就是包括学校教育和学科学习的方方面面。

施良方（1996:3-7）认为，纷繁复杂的课程定义可以归为六类：一是课程即科学科目，强调学校向学生传授学科知识体系；二是课程即有计划的教学活动，把教学的范围、序列和进程，甚至把教学方法和教学设计，即把所有有计划的教学活动都组合在一起，以期对课程有一个更为全面的看法；三是课程即预期的学习结果，把重点从手段转向目的；四是课程即学习经验，试图把握学生实际学到了什么；五是课程即社会文化的再生产，认为学校教育的职责是再生产对下一代有用的知识、技能；六是课程即社会改造，认为课程不是要使学生适应或顺从社会文化，而是要帮助学生摆脱现存社会制度的束缚。施良方认为，这些课程定义都有其社会背景、认识论基础和方法论依据，也或多或少都涉及课程的某些本质，但都存在一些缺陷。

张华（2000:67-68）则对课程的定义进行了更为简洁的概括，认为对于课程的理解大致可归为三类。一是课程作为学科，是指所有学科或所有教师指导下各种活动的总和。但是，这种定义视课程为外在于学习者的静态的东西，对学习者的经验重视不足。二是把课程作为教学过程要达到的目标或计划，把课程视为教学过程之前或教育情境之外的东西，也忽略了学习者的现实经验。三是把课程作为在教师指导下以及学习者自发的经验或体验，消除了课程中内容与过程、目标与手段的二元对立，因而受到较多研究者的认可。

著名的课程论和校本课程论学者 Colin J. Marsh（2005）认为，虽然迄今为止对课程还没有一个详尽、完整、广为认可的定义，但是我们可以从对课程特征的分析中得到一些启示。本书亦认为，虽然无法给课程一个明确的界定，但它不应该是内容与过程、目标与手段的二元对立，而更应该是其各层面主体（如课程政策制定者、课程专家、学校管理层、教师和学生等）参与的经验和体验之过程、目标、手段、内容和结果的总和。

（2）课程的类别。

鉴于课程问题的复杂性和不确定性，为了方便开展研究，学界根据课程的组织方式或课程设计的种类将课程分成了不同的类别。由于研究者的哲学观、教育观、知识观不同，学校的情况又千差万别，课程设计的价值观、课程组织的方式、课程的开发和管理模式等都会有所不同，也就产生了不同的课程类别。其中在课程研究中影响较大的几种课程划分方式及其所包含的课程类别汇总详见表 2-1 所示。

表 2-1 课程类别划分汇总

划分依据	课程类别
课程的组织方式和课程内容固有的属性	分科课程 / 学科课程
	活动课程 / 经验课程 / 学生中心课程
课程内容的组织方式	分科课程 / 学科课程
	综合课程 / 统整课程
课程的呈现形式或影响学生的方式	显性课程 / 正式课程 / 官方课程
	隐性课程 / 潜在课程
课程的修读要求或强制性程度	必修课程
	选修课程
课程实施的视角	理想课程（课程专家视角）
	正式课程（学校视角）
	感知课程（教育实践者视角）
	运作课程（教师视角）
	体验课程（学生视角）
课程开发的主体和课程管理的层次	国家课程 / 国家本位课程
	地方课程
	学校课程 / 校本课程

具体而言，这些不同类别的课程具有如下的特征：

① 按照课程的组织方式和课程内容固有的属性，课程分为分科课程与活动课程。分科课程也称学科课程，是指一种以各门科学体系为基础，选择其中部分内容组成各门不同的学科，再以各学科体系为核心，彼此分立地设计各门科目内容的类型。学科课程是依据知识的门类分科设置的，课程内容按照知识的逻辑结构来选择和安排，重视学科内容的内在联系，强调教师的系统讲授。活动课程也称为经验课程或学生中心课程，是指一种以学生的兴趣和动机为基础，选择某些学生参与其中的活动组成活动单元，以学生经验为中心设计各单元活动作业的类型；该课程类型要求打破学科分界，完全根据学生爱好和需要选择经验，组织活动，强调学生的自主性和主动性。

② 按照课程内容的组织方式，可以分为分科课程和综合课程。分科课程又称学科课程，是一种单学科的课程组织模式，强调不同学科门类的相对独立性及学科逻辑体系的完整性。综合课程也叫统整课程，是指把若干内容相邻的课程进

行筛选充实后按照新的体系合而为一的课程形态，从而打破了传统学科的界限，有意识地运用两种或多种学科的知识观和方法论去考察和探究一个中心主题。

③ 按照课程的呈现形式或影响学生的方式，可以把课程分为显性课程与隐性课程。显性课程也称为正式课程或官方课程，是指在课程计划和教学内容中明确陈述的，并要在考试和测验中进行考核的正规教学内容及课程，其主要特征就是计划性。隐性课程也叫潜在课程，是指那些伴随着正规教学内容而同时产生的、以潜移默化的方式对学生起着教育影响的内容。

④ 按照课程的修读要求或强制性程度，可以把课程分为必修课程与选修课程。必修课程是指按照课程计划的统一规定，学生必须修读的课程；选修课程是学生可以任意选择修读或者不修读的课程，学生可以根据自己的兴趣、爱好与实际需要，决定是否选修学习，体现了现代课程对于个体学习兴趣和需要的尊重。这种课程分类方式往往与学分制教学管理相联系，目前较多用于高校课程体系。

⑤ 从课程实施的不同角度出发，Goodlad（1979：344-350）将课程分为理想课程、正式课程、感知课程、运作课程和体验课程五类。理想课程（ideological curriculum）是指课程专家从学术的角度对于课程实施的理论阐述，一般必须在政策的制定和指示的过程中成功地找到自己的方式；正式课程（formal curriculum）是指学校课程的相关理论性文件，其呈现形式主要有课程教学要求、教学大纲和教材等；感知课程（perceived curriculum）主要是指教育实践者对相关文件的理解；运作课程（operational curriculum）是教师根据自己的知识、信念和态度来解读的课程，是教师实际的课堂组织和学生活动；而体验课程（experiential curriculum）也就是学生实际体验到的课程，其目的在于使学生有所收获，得到发展等。

⑥ 按课程开发的主体和课程管理的层次，可以把课程分为国家课程、地方课程和学校课程。国家课程又称“国家本位课程”，是中央政府负责编制、实施和评价的课程，一般是为保障国民的基础学力和基本素质而开发的。地方课程是由省一级的教育行政部门编制、实施和评价的课程，反映教育的地域特点，增强课程的地方适应性。学校课程也称校本课程，是以学校教师为主体，基于一所学校及学校所在社区的特殊需要而开发的课程，是国家课程和地方课程的良好补充，也是一种被认为富有成效的课程创新。

由以上描述可以看出，由于研究切入的角度不同，课程类别的划分也千差万别。而学校课程（或称校本课程）其本质是依照课程开发的主体和课程管理的层次划分而来的一个课程的下位概念，也相应有其自身的理论基础、研究方法、研究对象和研究价值。

2.3 课程论及其研究范式

Stern(2000:435-436)认为,课程论主要关注课程的三大方面:一是课程的哲学思想;二是课程三要素的概念化:目的和内容、教学指导和评估;三是课程的相关过程:系统的课程开发、教育机构内课程的实施及课程评价。钟启泉等(2007:7-14)认为,课程论作为一门科学,以其形成研究对象、学科定义、被认可的创始人、代表著作和理论体系为标记,可以划分为三个阶段:前学科化研究时期(1890—1917)、学科化研究的形成时期(1918—1948)和理论体系的建构和发展时期(1949年之后)。尹惠(2007:4-5)曾借用表2-2简要说明课程论产生和发展的情况(笔者依据自己的理解有所改动)。

也有学者认为,自1970年左右开始,课程论研究还经历了一个研究范式的演变,由现代范式转向后现代范式,课程研究也因而呈现出完全不同的态势,可以看做课程论研究的第四个阶段(汪霞,2002:5)。纵观现代课程研究的发展,由于教育目的、哲学价值观、对现实条件以及对师生角色地位看法的不同,形成了不同的课程观或课程流派,因篇幅所限,在此不一一赘述。出于本研究的需要,笔者仅对课程研究的两大范式进行简要介绍。

表2-2 课程论研究发展概况(改编自从立新(2000))

时期划分	代表人物	主要贡献
形成系统理论时期	Comenius	提出和论证了第一个现代意义上的课程体系。
	Herbart	将心理学与课程连接起来,使课程获得了重要的理论基础。
	Spencer	论证了近代课程的科学基础,奠定了分科课程的基本框架,通过论证课程与个人和社会的关系,将二者结合起来,建立了重要的方法论。
	Dewey	提出了课程与学习者的关系; 提出了经验为本质的课程观; 提出了实施课程的新方式。
成为独立专门学科时期	Bobbitt	第一次将课程开发作为一个专门的学术研究领域; 开创了"活动分析"的课程开发方法。
	Charist	提出"功用分析"的课程目标; 重视诸如"理想"等其他因素对于课程的作用; 成为独立的专门学科的时期。
	Tyler	提出著名的"泰勒原理",即关于课程编制的四个基本问题:①学校应该达到哪些目标;②提供哪些教育经验才能达到这些目标;③怎样才能有效地组织这些教育经验;④怎样才能确定这些目标正在得到实现。

续表

时期划分	代表人物	主要贡献
当代课程理论发展时期	要素主义课程观（Bagley, Conant）	课程应当以文化要素为基础，而不是以儿童的生活经验为基础，应重视传统知识的传授。
	结构主义课程观（Piaget, Bruner）	认为儿童在不同的发展阶段具有不同的心理结构，教育必须建筑在这种结构之上，以这种结构为基础。
	人本主义课程观（Maslow, Rodgers）	课程的目的在于满足学生个人的自由发展和自我实现的需要，主张课程的综合。
	实践性课程论（Schwab）	主张课程研究应立足于具体的实践，而不是从现成的所谓普遍、科学的原理出发。
后现代主义课程	建设性后现代课程观（Doll）	4R 模式（Richness 丰富性、Recursion 回归性、Relation 关联性、Rigor 严密性）是对泰勒模式的反对。

注：后现代课程理论流派众多，还包括后结构主义、整体生态主义、女性主义、多元文化主义等，这里所选取的只是其中比较有代表性的一种。

范式（paradigm）这一概念出自 Kuhn（1970）的《科学革命的结构》（*The Structure of Scientific Revolution*）一书，它是指“一个共同体成员所共享的信仰、价值、技术等的集合”，它支配着看待问题的视角、研究的行为及解释资料的方法，对其共同体的成员也有一定的规范与约束的作用。课程研究的理论通常被划分为两种基本的范式：现代课程范式与后现代课程范式。其中，对学校课程影响较为深远的课程理论流派主要有现代主义范式下的学科中心主义课程论、经验主义课程论、社会改造主义课程论、存在主义课程论以及后现代范式下的后现代主义课程论。

2.3.1 现代主义范式课程理论概述

现代主义范式的课程理论主要受了牛顿式传统科学的简单、稳定、永恒的认知观的影响，笔者将在这里就其中几个主要课程论流派进行简要的梳理，辨析其在课程核心、课程目标、课程开发等方面的不同观点。

（1）学科中心主义课程论。

学科中心主义课程论流派的主要代表人物有 Bruner、Schwab 等。该流派认为，知识是课程的核心，学校的课程应以学科分类为基础，学校的教学应以分科教学为核心，以学科基本结构的掌握为目标。至于课程开发，他们认为学科专家起重要作用。从其基本观点可以看出，学科中心主义课程论流派有其积极意义和不足之处。其积极意义在于看到了学科知识的发展价值，看到了现代社会知识剧增所带来的社会知识增长的无限性与个体知识增长的有限性之间的矛盾，试图通过对于学科结构的掌握来解决这一问题；但是，从另一个角度来说，由于学科中心主义过分注重学科知识，强调学科中的逻辑，重视知识的学术性，以至于对于课程的其他元素如经验、心理逻辑、实用性等都有所忽视，且被认为具有浓厚的精英主义色彩。

（2）经验主义课程论。

经验主义课程论又称学生中心主义课程论，其主要代表人物有Dewey、Rogers等。这一流派认为，学生是课程的核心，学校课程应以学生的兴趣或生活为基础，学校教学应以活动和问题反思为核心，在课程开发中学生应起重要作用。很显然，经验主义课程论流派看到了学科中心主义课程论的不足，看到了学生在学习中的核心作用，应该说对现代课程的改造起了重要的理论指导作用。但是，它却又走向了另一个极端，那就是因为过分注重学生的经验、强调心理逻辑、重视课程的实用性，以至于对课程中知识的系统性、学科自身的逻辑性、学术性照顾不够，因而被批判具有浓重的实用主义和自然主义色彩。

（3）社会改造主义课程论。

社会改造主义课程论流派的主要代表人物有Brameld、Freire等。此流派认为，社会改造是课程的核心，学校课程应以建造新的社会秩序为方向，应把学生看作社会的一员，至于课程知识，他们认为则应有助于学生的社会反思，课程的价值既不能根据学科知识本身的逻辑来判断，也不能根据学生的兴趣、需要来判断，而应有助于学生的社会反思，唤醒学生的社会意识、社会责任和社会使命；认为社会问题而并非知识问题才是课程的核心问题，所以应该吸收不同的社会群体参与到课程开发中来。

可以看出，社会改造主义课程论对学科中心主义课程论和经验主义课程论进行了借鉴和批判，树立了一种全新的课程观念，即课程要服务于社会，开辟了课程研究的新方向，但它同时也取消了课程问题的独特性。

（4）存在主义课程论。

存在主义课程论的主要代表人物是Kneller。该课程论流派认为，课程最终应该由学生的需要决定，教材是学生自我实现和自我发展的手段，人文学科应该成为课程的重点，因为人文学科比其他学科更深刻、更直接地表现了人的本性及人与世界的关系，更能洞察和发展人存在的意义。存在主义课程论流派还认为，知识离不开人的主观性，它仅仅是作为人的意识和感情存在的。如果知识不能引发学习者的感情，那么对于他来说，就不可能是明确的知识。

因为受不同的哲学思想和教育观念的影响，以上几种具有代表性的现代主义研究范式下的课程论流派作为课程研究发展到一定阶段的产物，对于课程的基础、核心、目的、价值等有着不同的思考，各有可取之处。但是，在后现代主义课程论者看来，它们都没有挣脱传统科学的简单、稳定、永恒的认知观。

2.3.2 后现代范式课程理论概述

20世纪中叶，欧洲出现了一种哲学思想，称为“后现代主义”，它风行全球之后成为一种世界性的文化倾向，很快影响了社会学、神学、文学、美学、教育学等社会科学领域，并最终形成了一种研究问题的哲学视角。后现代课程论正是在后现代哲学思想对课程论领域发生影响后诞生的。

(1) 后现代课程论的主要思想。

后现代课程论对现代主义的课程观进行了批判，认为现代范式的课程理论是以牛顿式传统科学的简单、稳定、永恒的认知观为基础的，它将教育、课程和人的发展假设为稳定、封闭、平衡的系统，与教育本来的开放性形成过程的事实相互背离，强调教育在教育与人的关系系统中作为开放的、超出处于不平衡甚至远离平衡系统状态时的那些特性。因此，后现代主义课程论的主要代表人物美国学者 Doll 吸收了皮亚杰的生物学世界观、普利高津的耗散结构理论、混沌秩序理论和戴维斯的经验认识论，以自组织为核心概念勾画了后现代课程理论的框架，提出了后现代课程的 4R 标准(转引自李峻锋，黄略，2009:112)。

首先，丰富性(Richness)这个术语与课程的深度、课程作为意义的载体有关，还与课程的多种可能性或解释有关。Doll 认为，学校中传授的主要学术性学科都有它们自身的历史背景、基本词汇和最终词汇，因此，每门学科都会以自己的方式解释丰富性。这种丰富性能创造各种领域进行合作的、对话性质的探索，因而它与现代主义的观点不一样，它体现了一种开放性的特点。

其次，循环性(Recursion)这种特征是很重要的。因为一种内容丰富而复杂的课程，往往需要通过回头思考它，往往需要再提供各种机会才能掌握。这里所说的循环性与现代主义观念下的重复迥然不同。重复是为了提高固定僵化的业绩，其框架是封闭式的；而循环性旨在发展能力，其框架是开放式的。

再次，关联性(Relation)对于一个在后现代时期中起改造作用的课程是有重要意义的，主要表现在两个方面：一是教育方面，称为教育上的关联，强调在构建课程时要考虑一整套的关系，在课程结构上也要强调其中的关系。二是文化方面的关系。有关文化和宇宙论的关系，虽然在课程之外，但会形成一个更大的网络，课程就在其中形成。

最后，严密性(Rigor)是“4R”中最重要的。它的作用在于使改变了的课程避免滑入“不能控制的相对主义”以及情感上的唯我主义的怪圈。严密性与通常理解的意思有别，实际上是指概念的重新界定。在这里，严密性意味着一种有意识的企图，去查找自己或别人重视的假设，并且协调讨论这些假设中的有关细节，这样进行对话才会有意义，才会有改造的价值。

(2) 两种课程范式的对比和启示。

从以上阐述可以看出，两种课程范式之间存在许多差异，黄忠敬(2004:60)从知识观、课程观、师生观、价值观、认识论、方法论等方面将两者做了如表2-3的对比。

表2-3　现代课程范式与后现代课程范式对比(黄忠敬，2004:60)

	现代课程范式	后现代课程范式
知识观	知识是客观的、普遍的、中立的，外在于人的实体。	知识是价值性的、情境性的与个体性的，是社会互动的一种建构。
课程观	课程作为确定的产品。	课程作为展开的过程。
师生观	教师是知识的传递者、消费者、权威者；学生是接受知识的容器。	教师是合作者、参与者、开发者；学生是需要点燃的火把。
价值观	工具理性或手段——目的理性。	实践理性或解放理性。
认识论	目的本位、强调结果与目标的达成程度。	过程本位，强调动态与生成的过程。
方法论	单一、线性；强调量化、标准化与说明性。	循环、复杂；强调交互性、反思性、参与性、诠释性与自组织。
典型代表	泰勒。	多尔。

正如Doll在其《后现代课程观》一书中所总结的那样，现代范式代表的是一种封闭的观点，封闭系统的本质通常是机械性的，有中心，其关键特性是稳定性、均衡中心和平衡。因此，在封闭系统中，只有交流而没有转换发生。后现代范式则代表的是一种开放的观点，开放系统的本质是转变性，它们是运动的，而非静止的，它们的特点是成长而非停滞，它们的焦点是方向性，而非中心性。方黎(2008:94)认为，后现代主义思潮影响下的后现代课程观呈现出以下特点：

(1) 课程的本质是开放的、动态的、过程性的，课程目标既不是精确的，也不是预先设定的，而是一般性的、形成性的、创造性的和转变性的；

(2) 关于教师角色方面，后现代课程理论主张，师生关系更少地体现为有知识的教师教导无知识的学生，而更多地体现为一群个体在共同探究有关课题的过程中的相互影响；

(3) 课程与教学的关系是交叉与融合的关系，课程与教学没有明显的界线；

(4) 关于对课程内容的认识，课程的学习者需对所研究的材料有足够的了解，并有足够的信息，既能解决、解释、分析和表达所呈现的材料，又能以富有想象力和离奇的方式与那些材料游戏；

(5) 后现代课程观主张课程评价的多元性和启发性。

后现代课程观为我国的教育改革带来了诸多启示，产生了革新教育理念、重构师生关系、设置多元化的教育目标、丰富课程类型、重估教育评价等多方面影响，这从新近颁发的各级教学大纲、课程标准及课程指南中可见一斑。苏宝红(2014:22-23)相信，后现代课程观对中国大学课程改革提出了几点启示，包括重视受教育者的主体人格、注重创造性的培育、改革课程的实现方式、提高教师的素质等。

本研究也认同后现代课程观的基本观点，认为正是这种开放的、动态的、过程性的课程观，课程目标的创造性，师生共同探讨，课程内容的丰富性，评价体系的多元性和启发性等，为特定学校的个性课程的设置与开发提供了理论基础以及开发的空间和可能性。

2.4 外语课程论

2.4.1 外语课程和外语课程开发

因本书聚焦的是我国高校本科学生的外语校本课程开发问题，是校本课程与外语课程交叉融合的概念，所以有必要对外语课程的概念和外语课程的开发进行一些梳理。首先，需要说明的是，本书中所指的外语是指除母语以外的其他语言，并不把英语教学(English Language Teaching, ELT)研究领域中的“二语”和“外语”两个概念进行严格区分；另外，由于没有国际通用的使用标准，英语术语中属于课程设计范畴的名称有curriculum design、syllabus design、course design、program design、instruction design、curriculum development等，本书不做严格区分，均使用“课程开发”“课程设置”或“课程设置开发”来表述。

鉴于课程本身的复杂性和不确定性，对语言教学中的课程和课程开发

（curriculum development），相关研究者们也进行了很多的探讨并且给出了多种定义，其中比较有代表性的可归纳如下：

Dubin & Olshtain（1986∶3）把语言课程中的 curriculum 和 program 两个概念互换使用，用于描述语言教学发生的最宽泛情境，包括社会层面需求分析、大纲制定以及教材编写等。White （1988∶113）曾提到，英语教学的大纲（syllabus）从根本上来讲是一种规范（specification），而课程设计（curriculum design）却是包含目标、方法和教材的选择及确定的过程，但凡涉及人员和资源的过程显然要求有组织和管理的行为。White（1988∶4–5）还曾借用建造房子的比喻对此加以说明。

Rodgers（1989）认为，“课程是一个比大纲更宽泛，内涵更丰富的概念”，“是在学校的支持下学生所参与的一切活动（all those activities in which children engage under the auspices of the school）”，“不仅包括学生的学习内容，还包括他们的学习方式、教师是如何帮助学生进行学习的以及学校和教师又是在何种情况下如何对学生进行评估的等诸多内容”。Johnson（1989）提到，课程在英国人所做的研究中包括了教和学情境中所有的影响因素，涉及所有参与人员的相关决策过程，并强调在开发和评价的整个决策过程中，这些因素都应该是相互依存并需要一致和互补的。Nunan（1993∶8）把课程定义为“……关系到教育项目的规划、实施、评价、管理、监督”，这种理解得到了众多应用语言学家的赞同（如 Richards，Platt & Weber，1985；Stern，1992∶20）。Richards（2001∶39）认为，课程研究指的是范围广泛的探索，涉及学校和其他教育机构所发生的一切，包括教学规划以及如何使这些规划得以实施，而学校背景下的课程指的是“学生在学校中获取的所有知识”，至于课程开发，他认为指的是课程编制和改进中所涉及的规划和实施过程。

1992 年版《朗文语言教学及应用语言学辞典》（*Longman Dictionary of Language Teaching & Applied Linguistics*）认为 curriculum 有两种含义，其狭义的含义与 syllabus 相同，指的是教学大纲，也就是对一门课的内容和教学顺序的描述；另一种广义的含义指的是课程，也就是说明以下问题的安排或计划：① 教学计划的目的（purpose），即目标（ends）；② 实现这一目的所需的内容（content）、教学步骤（teaching procedures）及学习经验（learning experiences），即方式（the means）；③ 评估教学目标是否达到的方法。而 1998 年版《应用语言学百科辞典》（*Encyclopedia Dictionary of Applied Linguistics*: *A Handbook for Language Teaching*）在解释 curriculum 这一词条时，认为它是比 syllabus 更宽泛的概念，指的是“学校或教育体系中所要教授的内容和所要实现的目标的总和”，并进一步解释说，狭义的观点认为 curriculum 只规定目标和内容（aims and content），也有广义的观点认为它还包括教学方法和评估方式(methods and evaluation)的说明。

我国外语界学者对外语作为教育学意义上的课程的研究数量较少,但是,也对课程和课程开发方面的概念进行了表述。陈坚林(2000:93)从课程组织的角度探讨了外语课程的相关概念,认为科目大纲从属于课程大纲,两者是英语教学管理的集中体现,也是教学管理的主要依据。

夏纪梅(2003:2)认为,课程是教学必要的程序,"包括制订计划、了解对象、设定目标、选择和组织内容、决定方法、设计检测和评价的手段等环节",是涵盖 syllabus、course、program、instruction、material、test、experience 的教育学术语,而 development 是"包括 plan、design、organization、implementation、evaluation、improvement 的全过程的用词"。因此,课程设计就是"对教与学这个程序各个方面、各个阶段、各个环节的设计"。

王雪梅(2007:111)则从研究生学术能力培养的角度出发,认为课程"不仅是一种知识载体,而且是一种知识建构和能力培养的动态过程。它首先为教学科目,在静态层面表现为体现系统专业知识的教学资源,如教材等;在动态层面表现为各种教学活动的综合,旨在拓展知识,强化语言能力,发展研究能力"。史光孝(2011:23)认为,应该从广义上把课程界定为"为实现学校教育目标而计划、进行和发生的所有教育内容的总和",并进一步解释说课程不仅是"计划性"和"规范性(the 'what should be')"的内容,它更具"实际性(the 'what actually is and happens')",是"实际发生的教育内容",课程是"计划性"和"实际性"的统一,课程内容不仅以特定的知识和信息为主要特征,而且蕴含在知识的背景与意义之间的联系之中。

从对以上各种定义的回顾中可以看出,一方面语言课程研究毕竟是教育学中课程研究的一个分支,较多受到普通课程论研究的影响,与普通课程研究有许多一脉相承的部分,比如它们都给课程下了一个非常宽泛的概念界定,认为外语课程是"语言课程涵盖一系列连贯的、整体性的语言学习事件的方方面面,包括教学的计划、实施及评估等"(Hall & Hewings, 2001)。而另一方面,进行语言课程界定的一个明显特征则是较多关注了课程与语言教学中的大纲之间的区别,这是由于外语课程论从语言学向教育学逐渐靠拢的独特历程造就的(两者含义的辨析详见彭梅、冯瑗,2014:52)。

2.4.2 国外外语课程论研究

语言教学中的课程开发研究应该说是延续了教育学中普通课程论的研究,

一步一步发展而来的。Johnson(1989:xi-xii)认为,作为语言教学理论的分支,一直被称为“应用语言学”的短暂历史大体可分为三个阶段:第一个阶段是由新思想带来的交际革命,其主要成就表现在人们认识到以前的语言理论和教学实践都有缺陷。聚焦于心理语言学和社会语言学后,应用语言学越来越偏离教育理论的主流,第一阶段的发展也逐渐进入了尾声。应用语言学发展的第二阶段最主要特征是涌现出各种各样的语言教学方法。但也正是在这个阶段,有学者开始对课程设置所涉及的某些方面,如需求分析、科目大纲、教材编写、教师和学生的角色及课堂互动的性质等进行了研究,只是这些研究相对来说比较零散,缺乏彼此的内在联系。第三阶段大约始于20世纪80年代,研究者们更多关注课程设计过程的整体性,努力使语言教学回归到一般教育理论特别是课程开发的研究上来。

1)从教学法到教学大纲

纵观20世纪特别是80年代之前语言教学研究的发展历史,其改革的驱动力大都来自于对不同教学方法(method)的不懈追求。Richards & Rodgers(1982)认为,一种语言教学方法需要从三个层次给以定义:流派(approach)、设计(design)和步骤(procedure)。流派指的是关于语言以及语言学习的不同理论;设计是对所要教授的语言学内容加以界定,并对内容的选择和排序加以规范,以及对教师、学习者和教材的定位加以描述;而步骤则是课堂指导体系中所使用的技巧等。或者更简洁地说,教学方法是指建立在某种语言理论和语言学习理论上的系统的教学实践(Richards, 2001)。认真研读当时给外语教学方法下的定义,我们不难发现:人们通过外语教学方法所关注的,不只是语言课堂指导体系中所使用的技巧,也包括对教学内容的界定、选择和排序,以及对教师、学习者和教材的描述等,而这些因素,正是从课程开发角度思考语言教学部分环节的萌芽。

教学方法的概念在语言教学中一度非常强大,自20世纪初开始,对更好、更新的语言教学方法的追寻几乎成了教师和应用语言学家们的当务之急,从而带来了教学方法的空前繁荣。作为一个应用性很强的研究领域,外语教学法是随着语言学、心理学、教育学等相关学科理论的不断发展而演变的。而从其所关注的外语教学的不同焦点来看,现代外语教学法经历了以语言为中心、以学习者为中心和以学习过程为中心三个发展阶段(Kumaravadivelu, 1993)。具体来说,影响较大的语言教学法可归为近十种,按照其出现的先后顺序大致排列如表2-4(Richards, 2001)所示。

表 2-4　语言教学法汇总

教学法英文名称	教学法汉译名称	大致年代
Grammar Translation Method	语法翻译法	1800—1900
Direct Method	直接法	1890—1930
Reading Method	阅读法	1920—1950
Structural Method	结构法	1930—1960
Audio-lingual Method	听说法	1950—1970
Situational Method	情景法	1950—1970
Communicative Approach	交际法流派	1970—至今

注：此表由 Richards（2001）图表整理而成。

Richards（2001：3）认为，尽管这些教学方法更多关注的是语言教学过程的规范性，即所谓“how（如何教）”的问题，其背后也不可避免地存在对于“what（教什么）”的假设，也就是选择教学内容的问题。任何语言课程都不可能在有限的时间内教授所有的语言内容，所以其中一个不可避免的问题就是从庞大的语言体系中选择要教授的内容，并把它编排进课本或教材。Machey（1965）说，“（对内容的）选择是教学法所固有的特征”。20 世纪上半叶，如何对语言内容中词汇和语法进行教学选择受到了极大的关注，也正是对这两个方面的关注奠定了语言教学中科目大纲研究的基础。

科目大纲一词被赋予不同的含义，狭义的科目大纲是指对课程内容和教授顺序的规范（Nunan，1988），广义的科目大纲是指关于语言和语言学习的根本概念，以指导教材的编写和准备（Graves，2008：159）。Brumfit（1984）曾对科目大纲的固有特征进行了如下总结。

（1）大纲是指某所学校或学院工作的规范，由不同部分构成，规定了小组或班级的任务；

（2）通常与时间关联，并规定起点和最终目标；

（3）大纲基于以下原则对排序加以规范：① 按照语言学习理论或者与语言习得有关的特定教学材料的固有顺序排序；② 按照行政管理需要排序；

（4）为行政管理的方便性而设，其理论基础只能部分加以证实，因而可以进行协商和调整；

（5）只能规定教什么，无法组织学什么；

（6）是公共文献，也是对于责任的表述。

将语言教学重心放在大纲的设计上并非偶然，而是当时的应用语言学家和语言教学从业者试图把语言内容概念化，使其能够纳入学科内容所做的努力。Breen（1987）曾把大纲的类型加以概括，认为可以归为形式的（formal）或语法的（grammatical）、功能的（functional）或意念的（notional）以及任务为基础的（task-based）三种。其中功能意念大纲建立在交际目的的基础之上，设计者必须明确学习者使用语言的方式和目的，从而使得需求分析成了大纲设计的一个重要特征。

之后又出现过诸如词汇大纲（lexical syllabus）、技能大纲（skill-based syllabus）、语篇大纲（discourse syllabus）、内容大纲（content-based syllabus）等不同类型的大纲。对这些大纲的研究在一定时期取代了教学方法（method）而成为架构语言教学的一种方式。一直到20世纪70甚至80年代，许多关于英语教学的研究依然停留在课程大纲的研究层面上，如Munby（1978）、Yalden（1983）、Brumfit（1984）、Krahnke（1987）、Johnson（1988）等。这些文献的主要内容虽然没有脱离对科目大纲设计的探讨，但有个别研究已经开始提及科目大纲应被归纳到课程开发设置的一个构成部分的理念，并且触及了后来成为课程开发重要环节的需求分析和评估问题等。

正如Richards（1984：1-29）在一次语言课程开发设计研究现状调查中所指出的那样，当时所出版的文献大都仅仅是关于语言教学大纲的性质、教学方法、测试或者需求分析的其中一项的研究，对于教学目标的设立或语言教学中的课程评价等几乎没有提及。实际上，一直以来英语语言教学与教育学及课程理论处于隔离状态，虽然20世纪70年代到80年代的语言教学领域已经在局部上开始借鉴普通教育的研究成果，进入到关注语言课程的具体方面，语言教学研究也已经具有了语言课程设计的雏形，但这些成果彼此之间仍然缺乏互动整合，只能算得上零敲碎打的重构时期（刘炜，2010：19）。

虽然这个时期教育学领域的课程研究已经全面展开，可是语言教学研究特别是英语教学研究长期以来都与其远离。White（1988）曾试图分析过其中的原因：一是英语教学根植于应用语言学的传统，语言教学从业者往往被冠以应用语言学家而非教育学家的头衔；二是英语教学作为一种有着自己传统、价值观、信念和身份的职业，其发展的历史相当短暂；三是早期的英语教学实践主要来源于两种渠道：私人语言学校和殖民地教育体系，两者在背景上都远离大都市的本土教育主流。

在20世纪80年代后期和90年代，语言教学领域终于表明了从语言到教育的转向，回归普通教育理论并与具体课程研究保持联系，从而开启了语言课程全面系统的整合性研究与实践（刘炜，2010:19）。

2）语言课程开发研究的活跃期

20 世纪 80 年代末是科目大纲和课程理论与实践开始出现分水岭的时代（Graves，2008:147）。如果说 80 年代之前大纲研究逐渐取代人们对教学方法的狂热追求而成为构思语言教学的新路径，那么语言课程设计开发的研究历史则始于课程大纲设计的概念（Richards，2001:2）。语言课程的开发设计虽然由对语言科目大纲的研究演化而来，其对教学研究的广度和深度大大超越了科目大纲。

多年从事第二语言习得和课程设计方面研究和教学工作的 Dubin & Olshtain 于 1986 年推出《课程设计》（*Course Design*）一书（注："课程开发设计"在英语中的表达主要有 course design 和 curriculum development 两种，本书不做严格区分，均指语言课程的规划、设计、实施和评估），该书被后人视为当代二语 / 外语课程设计的开山之作。两位作者在著作的引言部分均借鉴了当时理论体系渐趋完善的教育学课程论，如 Taba（1962）早在 20 世纪 60 年代就明确提出了课程设计的七个环节：诊断需求、形成目标、选择内容、组织内容、选择学习经验、组织学习经验和决定评价内容及评价方式；而 McNeil（1977）根据课程设计教育 - 文化定位的不同，把当时美国的课程设计活动归拢为四个类别：人文主义的、社会重建主义的、技术的和学术学科的，并指出这些课程设计理论为语言类课程的设计奠定了基础，但是，它们因为缺少对语言和语言学习的理论机制的构建而不能直接用于语言课程的设置。

这本著作在引言中首先指明，人类语言的复杂性、语言教学的千差万别致使二语 / 外语教学几乎忽略了课程设计和材料编写，而对特定教师个体及其学生的过多关注则使得二语 / 外语研究专家把语言教学与较为成熟的一般课程设置理论几乎割裂开来。该书以交际为目的的语言教学为理论框架，全面探讨了在二语 / 外语教学的课程设计和教学大纲制定方面应该关注的原则和步骤，并通过丰富的实例阐明自己的观点。他们把交际型课程开发设计者的主要任务概括为：

（1）考察社会因素。书中认为这一环节是课程开发的根本问题，需要考察的是课程所处的语言背景是二语还是外语，课程所在社会中的群体和个人对于语言课程的态度以及课程所处的政治及国家背景等。

（2）解释需求分析结果以确定目标。这一环节除了对需求分析结果进行汇总之外，还要把它同现有课程进行比对，才能确定切实可行的课程目标。

（3）将总目标细化为课程大纲。确定课程的整体目标之后，需要将其具体化为课程的大纲。

（4）以交际能力为目标的课程设置。Dubin & Olshtain 在该专著中特别关注了以交际能力为目标的课程开发设置问题。

（5）聚焦于过程。这里的过程是指课程的执行过程，较为重要的一个步骤就是编写适合于社会文化的教材。

但是，与后来出现的课程设计专著所提出的课程开发设计模式相比，该书未提及任何有关评价方式和评价内容选择的问题，应该说是一个较大的缺陷。继 Dubin & Olshtain 的著作之后，20 世纪 80 年代末期，随着其他几本关于语言课程设计专著的相继问世，对该研究领域的相关研究逐渐进入一个空前的活跃期。

1987 年 Yalden 写成出版的《语言课程设计原理》（*Principles of Course Design for Language Teaching*）一书在探讨第二语言水平的概念内涵、语用学和语言教学以及语篇分析与语言教学的基础上，详细说明了语言课程框架设计的过程以及将其转化为具体课堂教学所需要的步骤和技巧。作者依然认为选择大纲模式是语言课程形成的一个重要阶段，并提出了比例大纲（proportional syllabus）的概念。在这种大纲模式之下的语言课程开发设计可以归纳为 needs survey、description of purpose、selection/development of syllabus type、production of a proto-syllabus、production of a pedagogical syllabus、development and implementation of classroom procedures 和 evaluation。也就是说，课程框架的制定和实施可以归纳为五大步骤：① 对学习者的需求进行调查；② 描述教学目标；③ 选择并确定课程大纲；④ 课堂执行课程大纲；⑤ 对课程大纲的选择和执行进行评估。Yalden 已经开始意识到课程开发设计不应该是一个完全线性和自上而下的过程，在需求分析和设定课程目标之后，对课程大纲的选择和执行要不断接受评估考察，以期及时加以修正改进。

1988 年 Nunan 出版了《大纲设计》（*Syllabus Design*）。在此书中 Nunan 依然不能完全摆脱对课程大纲的留恋，主要介绍了课程大纲的不同类别和设计方式。值得强调的是 Nunan 在书中论述了大纲和课程设计的关系，提及以前的研究者对于整体的课程设计原则的忽视，也就是课程设计者往往只研究课程全貌（如大纲设计、教学方法、评估、测试等）的某一个部分，没有到达系统综合的研究方法的高度。Nunan 在著作中率先提出了课程设置“计划、实施和评价”（即 planning、implementation、evaluation of language programs）的三阶段论。

同年，White 出版了《英语教学课程：规划、创新与管理》（*The ELT Curriculum: Design, Innovation and Management*）。White 认为英语教学中内容和方法选择

原则的再评价伴随着语言教学在教育中作用的再思考而来，课程研究所带来的理论及实践将帮助语言课程的开发和革新。White 把语言课程设计第一次明确得从单纯应用语言学范畴拓宽到价值取向和教育哲学范畴，并提出大纲设计必须放入课程设计研究的理论框架之中才可以真正发挥其指导作用。在英语课程的价值观和理论框架部分，White 较为充分地阐述了普通教育学的相关研究。他认为从教育的本质和目的出发可以把课程研究的途径分三种：经典人文主义（classical humanism）、渐进主义（progressivism）和重建主义（reconstructionism）；而课程开发设计模式也有三种：手段目的或理性规划模式（means-ends/rational planning model）、过程模式（the process approach）和情景模式（situational model）。White 对课程设计过程中所涉及的非语言学问题所进行的分析论述为课程开发设计的讨论提供了新的内容和视角，应该说对语言课程开发领域的研究有重大意义。遗憾的是，从教育学角度认识语言课程开发设计在当时并没有引起人们的足够重视（周燕，2001：F29）。

同年，Nunan 又出版了《以学习者为中心的课程设置——第二语言教学研究》（*The Learner-Centered Curriculum*：*A Study in Second Language Teaching*）。Nunan 在书中以自下而上（bottom-up）的视角研究以学生为中心的课程的形成。也就是说，本视角立足于研究教师在计划、实施和评估自己的课程时的所思所想和所作所为，而不是完全依照课程专家给他们提出的建议。Nunan 试图把应用语言学中的理论视角、实践中的洞察和课程研究及发展结合起来。以学生为中心的课程设计过程包括 Pre-course procedures：needs analysis，grouping learners；Planning content：content selection，grading content；Methodology；Resources for a learner-centered curriculum：materials，community；Assessment and evaluation 以及 Evaluation and professional development。该书的理念是强调教师亲自参与课程的开发设计，强调课程设计过程中各个因素之间的相互关联性，特别是监督和评估两种因素应该被看作是与其他各因素如规划和考评等平行进行的，而不是教学过程结束时的附加品。

1989 年，Johnson 整理了当时在语言课程设计领域比较活跃的研究者的成果，编辑出版论文集《第二语言课程》（*The Second Language Curriculum*）。Johnson 在书中提出了连贯课程（coherent curriculum）概念，强调课程设计过程中各环节的连贯一致、环环相扣，并特别做出以下定义：“在连贯一致的课程设置中，政策的制定应该顺应实际条件的限制，设置过程的四个环节（课程规划、目标与手段说明、项目执行、课堂执行）所产生的结果应该相互一致、互为补充，学习者所取得的成绩应该与课程的目标一致。”

编著者认为，对课程设计任一环节的讨论都必须考虑到整体目标和其对整体过程的限制，“课程的整体性远比各个阶段的‘自我独自完善’重要得多”。课程设计是一个开发、修正、再开发、再修正的连续循环过程。Johnson（1989）的整体化课程概念得到了学界的积极响应和广泛认同，众多学者（Brown，1995；Markee，1997；Graves，1996；Murphy & Byrd，2001；Richards，2001）从不同角度对整体化课程设计进行了探讨并给出了一些具体范例来加以说明。

正如Richards所说，20世纪80年代课程规划过程成为语言项目设计核心因素的观念已广为接受，许多国家在教育部设立了课程开发机构，负责从课程设置的角度回顾和开发全国的语言课程。

3）语言课程设计的系统化、动态化

20世纪90年代以来有关语言课程设计的开篇之作当属1990年Richards出版的《语言教学矩阵》（*The Language Teaching Matrix*）。Richards认为，有效的语言教学涉及语言理论、语言教学原则、教学方法和技巧、教材的编写和使用以及大纲设计等多个方面，如同一个错综复杂的矩阵；并在该书的第1章里明确指出：语言教学中的课程设计的程序包括needs analysis、goal setting、syllabus design、methodology以及testing and evaluation等诸多方面。

1995年，Brown出版了其力作《语言课程要素：课程设计系统法》（*The Elements of Language Curriculum: A Systematic Approach to Program Development*）。Brown认为，范围不断扩大的语言教学课程越来越需要借助对教育规划领域内方法的使用，也就是把语言教学和课程开发设计看作一个各种因素相互影响的动态系统。这一系统方法聚焦于规划、设计、执行和评估四大步骤，并已应用于教育规划的许多领域，而该书是第一本从系统课程设计的视角具体考察语言教学的著作。该书在主张语言教学包含思路（approaches）、规划（syllabuses）、方法（techniques）和操练（exercises）四大内容的基础上，对课程设计包括的以下步骤进行了全面而且实用的论述：分析学生需求、制定教学目标和目的、检测目标落实情况、编写或修订教材、实施教学活动以及全面评估课程设计的各个环节。

Graves于2000年出版的《语言课程设计——教师指南》（*Designing Language Course: A Guide for Teachers*）一书，在其开篇就用一个流程图来表示课程设计的系统方法，如图2-1所示。Graves通过此流程图所要表达的观点是：课程设计的各个环节没有等级，也没有完成的先后顺序；课程设计过程本身组成一个系统，各环节

相互关联，并通过一定的方式相互影响。这种提法借鉴了 R. K. Johnson 所提出的整体化课程的连贯性和一致性，但是，更加突出了其动态性和灵活性。

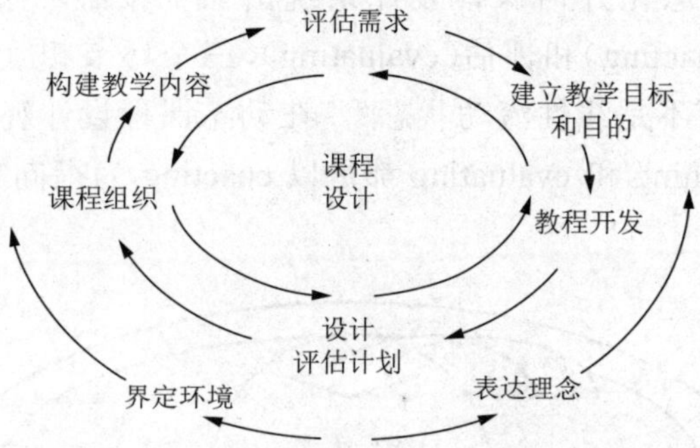

图 2-1　语言课程设计流程（Graves，2000）

2001 年，Richards 又出版《语言教学中的课程设计》（*Curriculum Development in Language Teaching*）一书。Richards 认为，课程既是目标，又是手段，并把课程设计的内容和过程归纳为“教学计划”“教学实施”“教学管理”和“教学评价”四大环节，旗帜鲜明地把课程开发设置融入语言教学中。Richards 所提及的课程设计过程的各要素如下：

（1）Needs analysis.

（2）Situation analysis.

（3）Planning goals and learning outcomes.

（4）Course planning and syllabus design.

（5）Providing for effective teaching.

（6）The role and design of instructional materials.

（7）Approaches to evaluation.

Richards 在书中也采纳了 Johnson （1989）的整体化课程的观点，认为以上课程开发的要素形成了一个互动系统的网络，系统中每一个要素的变化都会影响其他部分。

Graves（2008：150–151）梳理了前人相关理论并指出它们的三个不足：“其一，每个阶段间缺乏合作，整个过程没有连贯性；其二，‘专家模式’把课堂教学置于整个决策链的最后，忽略了师生的能动性；其三，评估作为整个课程执行的最后一个阶段，无法对教学产生反拨效应”（方秀才，2012：83）。Graves（2008：152）对自己 2000 年提出的语言课程开发流程图进行了改进，认为外语课程开发是一个复杂的、动态的系统，通常发生在一定的社会教育情景(socio-educational context)之中，“在这个系统中，所有要素相互联系在一起，非线性、相互调整和适应是其常态”，Graves 的动态化外语课程设计系统由三个核心环节组成，分别是规划(planning)、实施(enacting)和评估(evaluating)，三个环节相互联系，相互影响，处于动态发展状态，而不是线性流动状态”。在动态课程设计观看来，enacting 是整个教育的核心，planning 和 evaluating 都是以 enacting 为指向并与之紧密联系的，如图 2-2 所示。

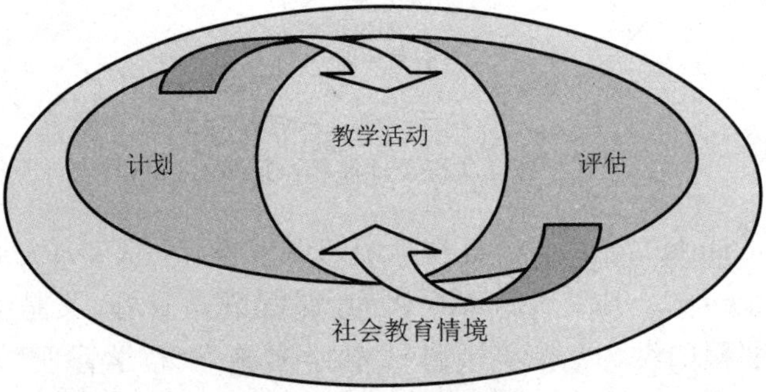

图 2-2　外语课程开发的动态系统(Graves，2008：159)

比较新的外语课程研究专著当属 2010 年 I. S. P. Nation & John Macalister 出版的《语言课程设计》(*Language Curriculum Design*)，作者把课程设计步骤总结如下：

(1) Examine the environment.

(2) Assess needs.

(3) Decide on principles.

(4) Set goals, and choose sequence and content.

(5) Design the lesson format.

(6) Include assessment procedures.

(7) Evaluate the course.

作者强调课程设计中七个环节的动态性，强调课程评估的持续性。实际上 Yalden(1987)、Graves(2000)和 Nation & Macalister(2009)都曾在自己的著作中提及运用课程设计模型进行课程设计的起点是什么的问题。Yalden 给出的答案是从大纲细则开始，带有明显的“分析”“计划”的色彩；相比来说，Graves 和 Nation & Macalister 所给出的动态设计观更为灵活合理：课程设计各环节没有硬性规定的起点，设计者可以从任何一个环节开始，在评估和反馈的作用下不断调整改进，以顺应学习者和学习环境的要求，同时，发挥教师的创造性（王峰、刘雪勤，2011:68）。作者还绘制了一个非常简单明了的模型图，如图 2-3 所示。

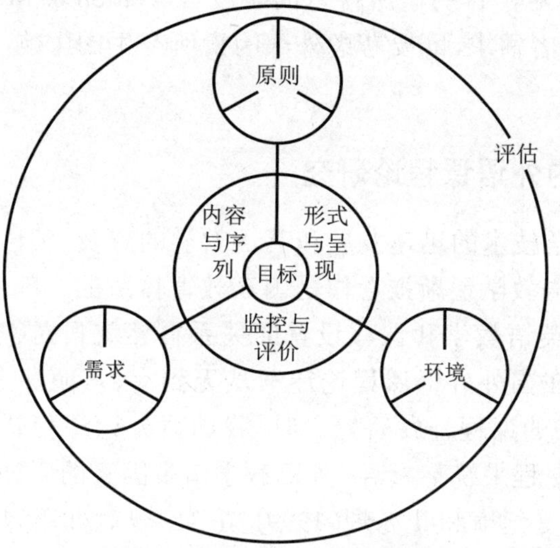

图 2-3 语言课程设计系统模式（Nation & Macalister，2010）

从图 2-3 可以很直观地看出，这个语言课程设计模型由三个外环和一个内环组成，内环以教学目标（goals）为核心，主要关注教学内容和排序（content and sequencing）、教学方式（format and presentation）与教学监督和评估（monitoring and assessing），外环主要关注课程开发的原则（principles）、学习者的需求（need）和课程所处的环境（environment），内环加外环一起构成了课程要素，并以评估（evaluation）贯穿整个系统，用于不断调整课程内容、组织形式和教学方法等，最终服务于教学目标的实现，也使得整个课程开发系统更具灵活性和动态性。

在这里需要特别说明的是在二语课程设置连贯统一、相互制约的不同环节中，由 Richards（2001）提出的“环境分析（environment analysis）”概念与 Nation & Macalister（2010）提出的“环境考察（situation analysis）”相似，都强调了外语课程设置中关注课程所处具体实施环境的重要性，即课程应该考虑其所处环境的具体情况，满足具体环境下的学习者的需求，并给课程主体以充分的自由和权利，其本质与校本课程开发的理念不谋而合。“环境分析”又称“情境分析”或“制约性因素分析（constraints analysis）”，分为内部因素分析和外部因素分析两个方面。内部因素包括学习者、教师和内部情境三个因素，如学生的年龄段、现有语言水平、语言学习目的及风格等，教师方面涉及他们的专业化程度、所教授的目的语水平、自身投入程度等；内部情境因素则涉及教学时间保障、教学空间保障以及教学资源丰富性等。外部因素指的是较为宽泛的国家政策、目的语所处的地位以及整个社会对于目的语所持有的态度等(Nation & Macalister, 2010)。语言课程要满足学习者需求，既要考虑外部因素所产生的影响，更要清楚分析内部因素。

2.4.3 国内外语课程论研究

"随着世界科学技术的迅速发展和英语教学的普及，英语教学越来越受到各国政府的重视，英语教学逐渐被看作是国家教育体系的一部分，并被列入各级学校的课程。因此，英语教学和课程设置的关系自然就日益密切起来"(陈坚林，2000:69)。然而，在国外外语课程论逐渐从无到有、从萌芽走向活跃、从教学法研究走向系统动态的课程开发研究之时，我国对外语课程开发的研究似乎没有受到太多触动，用课程来统整二语/外语教学诸多因素的研究较为稀少。

20世纪末期，夏纪梅和孔宪煇(1999:26-31)曾对外语课程设计的科学性进行了初探，在一定程度上涉及了依据需求分析了解教学对象、学习相关学科理论领会教学目标、按照教学规律决定教学方法三个方面，对外语课程开发其他环节没有加以提及。此后，夏纪梅(2003)在介绍课程基本概念和相关学科的基础上阐述了外语课程设计方法与模式以及外语教材的设计与评价标准，并提供了一些外语课程设计的范例，但对于外语课程开发的系统性、动态性和各环节之间的关系等方面并未加以提及。

陈坚林(2000)以管理学原理为基础，以语言教学的理论发展为基本原则，以教育学的普遍原理为参照，探索了如何有秩序地组织和管理外语教学，阐述了各种英语教学大纲的理论基础、大纲发展思想的演变和主要流派、大纲的发展趋势和制定方法等，以及对教学质量、过程和测试的管理，还探讨了教师队伍的建设、科学的课程设置等问题，应该说在相当大的程度上涉及了外语课程开发与设置的几大环节，并较为明显地突出了教师和学校管理层在课程设置与实施中的地位和作用。

史光孝(2011:94-101)对外语课程设计的几个演变和发展阶段(即传统模式、整体化课程、动态化课程和生态化课程)进行了阐述，但他的研究重点落在了隐性课程这一概念上，对于外语课程开发的系统整合模式等没有进行深入的讨论。

另有其他研究者在探讨英语课程与教学论时，把英语课程置于英语语言教学论的范畴之内，认为课程设置和大纲拟定是英语教学的规范问题，会涉及谁来进行课程决策，是课程设计专家、教师、学生，还是家长（舒白梅、向宗平，2012:47-48）。

整体来看，我国外语课程开发设置研究的水平不容乐观。陈坚林（2000:68）认为，“目前的语言教学界，似乎出现了语言教学与课程设计研究脱离的现象。语言教学，无论是现代语言教学还是英语语言教学，都相对独立于课程设计的研究。”束定芳（2005:3）在对相关文献资料进行梳理分析后得出结论：“有许多外语教学所涉及的重要因素和环节无人关注，缺少研究。例如，师资培养理论、课程设计理论、教材编写理论等就严重缺位。”

胡建伟（2012:114）对1990—2009年发表在国内10家外语类核心刊物上关于英语课程设置的研究论文进行了分析，发现其研究内容过多地集中于对教育部大纲的解读以及对课程模式、内容和方法的研究，而忽略了课程设计微观层次的分析和探讨，对于课程设置各要素之间相互作用的研究也非常欠缺。杨港（2013:78）基于2004—2012年国内外语类核心期刊的论文以课程论为视角对大学英语教学研究现状进行了调查，发现国内学者比较注重对外语课程实施要素（如教学/学习内容、教学模式与手段、学习策略与方法、课堂教学、教材、学习资源等）的研究，而关于课程规划（如课程目标、课程原则、课程设置、课程功能和定位等）和评估要素（如语言测试、课程/教学评估的内容、手段和方法等）的研究很少，并建议大学英语教学研究应从“以教学为主线”走向“以课程为主线”，更多关注外语课程规划和评估设计。

从以上文献回顾和分析可以看出，在国外的二语/外语课程研究日臻成熟之际，我国的外语教学研究依然比较多地独立于教育学领域之外，用课程开发理论统领外语教学相关环节的意识较为淡薄，因而，有着较为广阔的研究空间和潜力，值得外语教学研究人员和广大外语教师关注和探索。

2.5 课程开发模式

课程理论指导下的学校课程实践最终要借助具体的课程开发模式。“课程开发”也译作“课程编制”或者“课程发展”，是课程领域的核心概念和专业术语之一，最初来自于英文的“curriculum making”（Bobbitt用词）或者“curriculum construction”（Charters用词）以及其他人使用的“curriculum building”等类似的词，意为课程的“制作、构筑、建造”，几乎都含有一定的机械成分。当美国学者

Caswell & Campbell 在 1935 年出版了《课程开发》(*Curriculum Development*)一书之后,"开发"一词很快就被其他课程研究者采用,因为它隐含"发起、创建、发展、形成"等意思,意味着课程开发是一个不断改进的过程(转引自施良方,1996:80),因而更加贴近于事物的本来属性。本研究将这一术语统一用作"课程开发",以免引发误解。

1918 年,Bobbitt 在《课程》(*Curriculum*)一书中首次提出要运用科学的方法编制和开发课程。在他看来,教育是为未来理想生活做准备,而未来的理想生活在当前重要的社会生活中产生,于是,他找到的科学方法就是活动分析法。简单地说就是,先找到人类生活的重大活动领域,分析完成每一活动领域所需的知识、能力和价值观念,这些知识、能力和价值观念就组成学校课程的目标;然后选择和组织最能实现这些目标的内容,如此便形成一个科学的课程开发编制过程(徐玉珍,2010:13)。Bobbitt 关于课程的科学编制开发方法在 20 世纪 20 年代经过 Charters 的局部修正而成为美国 20 世纪二三十年代编制开发课程的基本方法。自从 1949 年被公认为现代课程理论奠基石的《课程与教学的基本原理》(*Basic Principles of Curriculum and Instruction*)出版以来,中外学者们对于现代课程开发理论从不同角度进行了半个多世纪的研究探索。Walker(1979)认为,"课程开发"这一术语至少涵盖了三个突出的要素:一是课程政策的制定,指确立界限、标准、纲要等课程必须遵从的东西,而不是开发学生和教师实际使用的计划和材料;二是普适性课程开发,指既定的教师和学生可能潜在应用的课程计划和材料的准备;三是个别性课程开发(site-specific curriculum development),指特定学校或学区为给本地带来课程变革而采取的措施。

在顾明远主编的《教育大辞典》(1998)中,课程开发是"旨在使课程的功能适应文化、社会、科学及人际关系需求的持续不断的课程改进活动"。张华(2000:94)认为,课程开发是指决定课程的过程及其所依据的各种理论取向。钟启泉(2007:264)认为,课程开发就是通过精心计划的活动,开发出一项课程并将其提供给教育机构的人们,以此作为教育方案的过程,它包括课程目标的确定、课程内容的选择与组织、课程的实施与评价等阶段。由于所依赖的理论基础有所不同,课程开发在其发展过程中逐渐形成了不同的模式,而被课程研究者们所公认的课程开发模式不外乎以下四种。

2.5.1 目标模式

目标模式(Objective Model)又称理性计划模式(the rational planning model)

或手段目的模式(means-ends planning model),被认为是最经典的课程开发模式,其源头在于 1949 年美国课程论专家 Tyler 在《课程与教学的基本原理》(*Basic Principles of Curriculum and Instruction*)一书中提出的著名的"泰勒原理",他把课程开发的本质归纳为对四个问题的思考,即:

(1) 学校应该达到的教育目标是什么?

(2) 有怎样的教育体验最终才有可能达到这一目标?

(3) 怎样把这些教育体验有效组织起来?

(4) 怎样才能确定这些目标正在被达到?

Tyler 认为,对这四个问题的回答构成了课程开发活动的四个基本环节:确定目标、选择经验、组织内容、评价结果。陈坚林(2000:75)曾对以上问题的本质加以分析,认为第一个是关于教育单位性质的问题,也就是要使教育目标和目的具体化;第二个问题与教学内容有关,要求课程设计者阐明课程内容以设定目标和目的;第三个问题是要求设计者阐明大纲教学内容并设计排列先后的原则;最后一个问题实际上与教学评价有关,即如何达到预定的目标和目的。由此可以看出,虽然把课程目标放在了统领位置,贯穿课程开发的始终,其实"泰勒原理"已经在不知不觉中关注了课程与学校的关系,其隐含的意思是课程通常是跟某所学校紧密联系的,其目标的设定、教育体验的组织以及教学评价都是在某一个教学组织即某所特定学校中实现和完成的。Tyler 在自己的书中用一半的篇幅讨论课程目标问题,认为目标具有引导课程选择和组织等开发活动和评价工作的主要功能,因此,这种课程开发模式被称为"目标模式",其具体流程如图 2-4 所示。

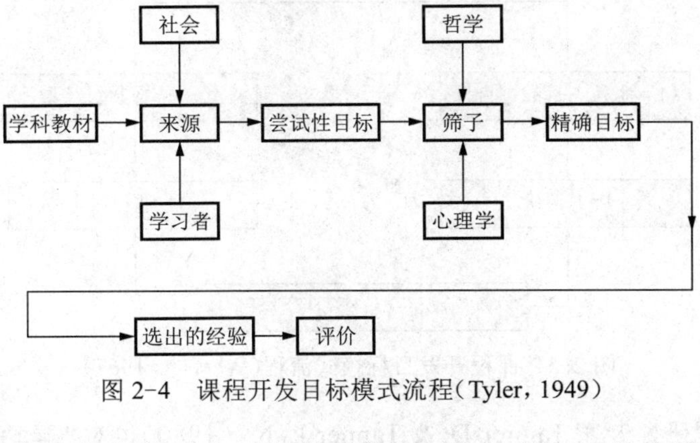

图 2-4　课程开发目标模式流程(Tyler, 1949)

目标模式是一种根植于实用主义哲学和行为主义心理学的课程开发模式,

特别专注于课程开发的方法而非课程本身的内容。它提出了一个较为完整的课程设计模式，提供了一个课程研究的范式，并且将评价引入了课程开发过程，强调开发活动的效率，讲究活动的科学程序，重视评价学生的学习进展，很快就成了学界最有影响力的课程理论模式，并在20世纪五六十年代一度成为课程开发的主导范式。但是，英国课程论专家Lawton（1973）认为，这种目标-内容-组织-评价的四阶段课程开发模式较多受到了Bruner的影响，把评价环节放在课程开发过程的最后，如同战争结束才收集军事情报。他认为评价环节应当贯穿课程开发的始终。

之后，特别是20世纪六七十年代以来，又出现了其他以目标为中心的课程开发模式。例如，Taba把Tyler提出的四个步骤扩展为包含八个细节的模式，其专著《课程开发：理论与实践》（*Curriculum Development*: *Theory and Practice*）中更加明确地列出了课程设计者需要遵循的设计步骤，从上到下依次为诊断需求、陈述目标、选择内容、组织内容、选择学习经验、组织学习经验、决定评价的对象与方法以及检查平衡性和顺序性，为后来许多课程设计者的研究奠定了坚实的基础。

Wheeler对于课程开发目标模式的贡献在于批判了Tyler的课程开发线性模式，把四步骤扩展为五步骤，并把直线式转变成了圆圈式（见图2-5），初步意识到了课程开发的连贯性和动态性，其要旨在于突出了课程开发中的评价这一环节，当评价的结果与预期目标不符时，可以反馈到课程的目标中，检查不当之处而重新设计。但它仍以目的、目标的选择为起点，然后选择学习经验、选择学习内容、组织和综合学习经验和内容，最后是评价，之后再回到目的、目标。

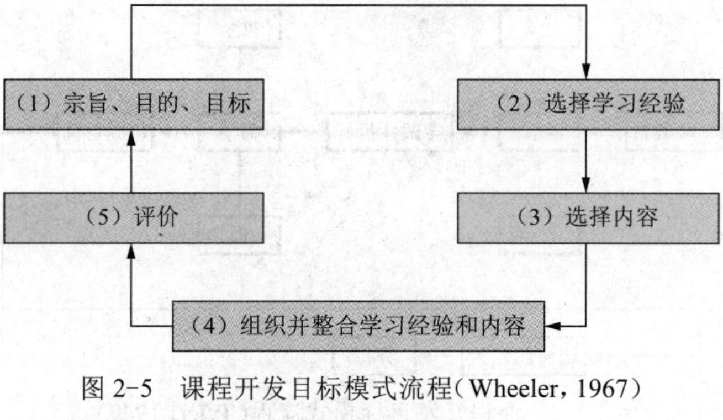

图2-5　课程开发目标模式流程（Wheeler，1967）

美国课程研究专家Tanner D. & Tanner L. N.（1980）也对“泰勒原理”中对课

程开发基本问题的直线式排列提出了质疑，并认为这些要素都是相互依赖的，它们之间关系的基础应该是某种教育哲学，在课程开发的实际过程中，这些要素应该形成一种动态的系统，因此，把“泰勒原理”修改成一种立体的模式，如图 2-6 所示。

目标模式作为课程开发的经典模式，在相当大的程度上揭示了课程开发过程中的规律性成分，一度成为课程编制的主导范式。但是，正如许多课程理论研究者所认同的那样，目标模式所存在的问题是采用“决定主义”的观点解释人类的行为，它以知识为中心，主张学科专家是课程开发的主导者，强调“预成性”，把教师视为现成物品，如学科或教材的使用者、执行者和消费者，虽然有利于规范教师的教学行为，但不利于师生主体性的发挥，容易造成课程实际运行过程中对“特定情境”的要求，并可能使课程缺乏一定的弹性或者灵活度(钟启泉，2007:265)。更主要的是，事先将学习任务目标详细地规定下来毕竟会在某种程度上有碍于充分发挥学习者内在的学习机制(陈坚林，2000:84-85)。因此，为了更好地解决学习任务目标与学习者学习机制之间的矛盾，课程设计的过程模式便应运而生。

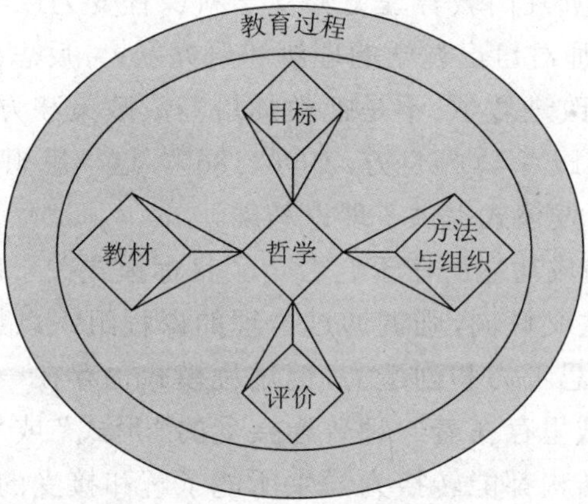

图 2-6　课程开发目标模式流程(Tanner D. &Tanner L. N. , 1980)

2.5.2　过程模式

1975 年，英国著名课程论专家 Stenhouse 出版了《课程研究与开发导论》(*An Introduction to Curriculum Research and Development*)，书中 Stenhouse 从一个课程设计者的视角对“泰勒原理”进行了详尽而透彻的分析，较为客观地指出了其贡献与局限性，并在此基础上提出了课程开发的过程模式(Process Model)的理论框架。他认为，课程就是“以一种批判性审视和能够付诸实践的方式对教育主张的基本原理和特征进行交流”，课程开发应该包括规划、实际体验和验证三部分。

在对课程开发目标模式的批判方面，Stenhouse 认为，目标模式较为适用于行为技能的训练，但对知识的学习并不适宜，它应用于课程开发存在两个误区：一是误解了知识的本质，二是误解了改善课程实践的过程的本质。在作为负责人制订《人文学科课程方案》的过程中，Stenhouse 明确提出了课程开发的“过程模式”。

过程模式根植于结构主义哲学和认知心理学，认为知识形式和学科基本结构反映了人类文化和知识的内在价值，我们应该从这些具有内在价值的知识形式和学科结构中选择那些能够体现知识形式和学科结构的基本概念、原则和方法的东西作为课程内容。这种课程开发模式强调课程开发过程本身的育人价值，强调师生互动，既重视教师的自主权，又重视学生的自主活动。也正是在这个基础上，Stenhouse 提出了著名的“教师即研究者”的口号，认为教师不是课程的接受者和消费者，而是课程的研制者和开发者，“使教师把教学与教育研究结合起来，这是一个影响很大的教师专业发展的思想，它为教师教育和在职培训提供了一个新思路，由教师听几门教育理论分支学科课程变为以学校为基础的培训方式，在实践中发展教师对自己教学的理解和研究能力，反思自己教育过程中所包含的教育价值，进而改进教学；不是把教师培养成政策和方案的被动执行者，而是主动的反思者和实践者”（施良方，1996：186）。这一思想为课程改革中重视教师主体作用的课程开发模式提供了理论基础。

过程模式最大的成功之处在于它否定了目标模式关于确立和表述课程目标的行为主义和机械主义倾向，强调通过合理的课程组织以加强学生对系统知识的学习，发展学生的思考力和创造力，但过程模式也存在一些问题：一是很难确定在现实的知识领域里存在着一种普遍接受的“形式”或“结构”；二是并非任何知识形式与学科结构都能转换为学生所能了解和接受的课程形式；三是过程模式在否定目标模式通过阐述课程目标来编制课程的同时，又走向了另一个极端，把课程设计局限于学科结构的分析，而忽视了社会需要和学生需要等。还有学者认为，这种课程开发模式可能会使教学过程含混不清，教师业绩和学生学业评价难以实现，教学缺乏规范性，因而有其片面性（钟启泉，2007：266）。

2.5.3 情景模式

情景模式（Situational Model）又称环境模式、情境模式或文化分析模式，其代表人物是英国课程专家 Skilbeck。这种模式主张借助于社会学家的文化分析方法对社会文化结构进行分析，从而把课程设计与发展置于某一社会文化结构之中，针对单个学校及其教师，以学校为单位通过对情景的全面分析和估计来进行课程设计。也就是说，情景模式吸收了目标模式和过程模式的长处，它对课程开发理论的重要发展在于，认为课程开发是以具体的实际情况为基点的，强调要按照不同学校各自的情况，通过对学校环境进行全面分析和评估来做出课程决策，课程的编制应该针对的是单个的学校和它的教师。也就是说，以学校为单位的课程编制才是促进学校发展的最有效的途径。

Skilbeck 认为，每一个教育单位都应该是一个鲜活的教育环境，这种环境不仅有其特征、特定的关系网络和目标，而且还应有特别的价值观念和行为准则、特定的程序和岗位职责。因此，课程设计就应从分析学校的各方面条件入手，以学校的具体情况与条件为基础进行课程开发。他认为，课程开发的环节有五个，如图 2-7 所示。

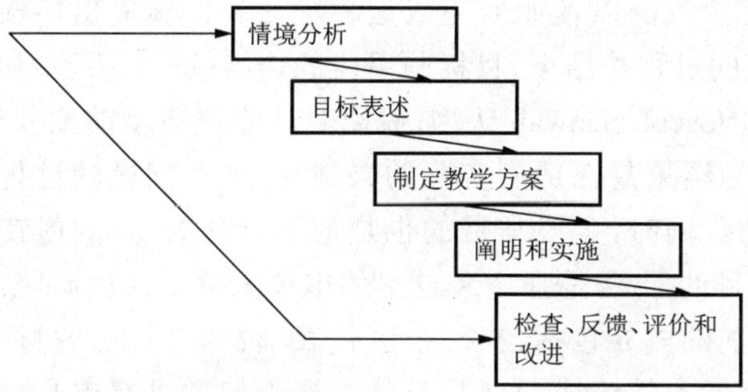

图 2-7　情景模式课程开发环节示意图(Skilbeck，1984)

由以上示意图可以看出，课程开发的环境模式具体来说有五大环节：一是分析情景，即考察学校环境并对其中相互作用的因素进行分析，包括学校的外部因素和内部因素，以求得对课程目标来源的全面认识；二是拟定目标，他认为，课程目标来自对情景的分析，是对师生各项活动的目标进行表述，但不一定按照行为来表述，还包括教育活动方向的喜好、价值和判断等；三是设计教和学的方案，其要素包括选择学习材料、安排教学活动、调配教职员、挑选合适的补充材料和教学手段等；四是阐述和实施方案，通过经验、反思和研究分析，对可能暴露出来的问题加以预计、确认和阐述；五是检查与评测，包括对课堂活动进展情况做出的经常性评定、对所产生的各种评定和对所有参与者的表现做详细记录等。

情景模式的基本假定是学校本位课程开发是促进学校真正改变的最有效方法。它把课程与更广泛的文化因素和社会因素联系起来，试图用系统的观点进行课程开发，注重结合特定的环境来考察课程开发过程的各个要素。但也有学者认为，这一模式就像一个“大杂烩”，未能明确地指出如何在知识、社会与学生个人兴趣中进行取舍，未能为课程设计提供详尽的蓝图。

2.5.4 实践模式

课程开发的实践模式（Practical Model）的代表人物是美国的课程理论专家和生物学家Schwab。他认为，课程由教师、学生、教材、环境四个要素构成，这四个要素之间持续的相互作用构成了实践性课程的内涵。课程开发的实践模式具有四个特点：一是强调课程的终极目的是“实践兴趣”，把教师和学生作为课程的有机组成部分和相互作用的主体，把课程理解为相互作用的有机“生态系统”；二是把教师和学生看作课程的主体和创造者，他们与课程内容和环境一并构成课程审议的第一手信息来源，教师是课程的主要设计者，学生则有权对于什么样的学习和体验是有价值的以及如何完成这种学习和体验提出怀疑和要求解答；三是强调课程开发的过程与结果、目标与手段的连续统一。受到杜威实用主义哲学教育思想影响的Joseph Schwab认为，脱离具体实践情境的抽象结果是没有意义的，真正有意义的结果是在适应实际的兴趣、需要和问题的过程中实现的，是内在于过程之中的。同时，手段与目的也是密不可分的，目的内在于手段之中，手段是“期望中的目的”；四是强调通过集体审议来解决课程问题。Joseph Schwab建议，以学校为基础成立包括校长、社区代表、教师、学生、教材专家、课程专家、心理学家和社会学家等组成的课程集体对课程问题进行审议，通过审议形成一个学校共同体，集体参与课程审议不仅是做出合理行动决定所必需的，而且是参与者彼此互动、相互启发的教育过程。

课程开发的实践模式要求把课程探究、课程编制甚至课程评价结合起来，并将统合的基础置于特定的实践情境中。他主张变革“自上而下”的课程决策模式，确立“自下而上”的课程决策模式，决策的基础在地方，而不是在中央。Schwab认为，教师和学生是课程的主体和创造者，而学生才是实践性课程的中心。这种模式以具体实践情境的特殊需要为核心，所以校本课程开发是该实践模式的具体体现（吴刚平，2002：57）。

由以上对于四种课程开发模式的描述我们可以看到，它们具有不同的社会背景和理论假设，也分别具有自己的特点：目标模式强调的是目标的预设性和教育目标的具体化，过程模式强调的是开发过程本身的育人价值，情景模式的设计和发展则是以实际的教学环境为基础，而实践模式则强调教师、学生、教材、环境四要素之间持续的相互作用构成了课程的内涵。但透过课程开发模式的发展变化，我们可以看到其总体发展趋势，那就是越来越人本化、民主化和情境化，也正是后三种课程开发模式，即过程模式、环境模式和实践模式，最终为校本课程开发理念提供了思想基础、理论依据和可行性论证。

2.6 校本课程与校本课程开发

如前所述（详见本书2.2节），校本课程作为课程的一种类别或者开发管理模式，是课程的一个下位概念。在各国近期的课程改革中，国家课程和校本课程彼此都在向对立的一方倾斜。一方面，各国政府对教育目的、教育目标和（或）课程目标做出了统一的规定；另一方面，各国政府也在努力调动基层学校和学校教师的积极性，充分发挥校本课程的优势，确保课程的多样化，以满足不同学校的实际需求（王斌华，2002）。目前，学术界对校本课程的认识和理解存在一些分歧，主要是由于学者们对校本课程切入点的多样性而引发的。以下对校本课程的含义进行梳理，既是进行理论研究的起点，又是对已有研究成果的概括和总结。

2.6.1 校本课程开发的起源

在前文关于课程类别的划分（详见本书2.2节）中，我们提到以课程的开发主体和课程管理的层次为依据，课程可以分为国家课程或国家本位课程、地方课程、学校课程或校本课程三类。在英语版的教育文献中，与校本课程开发（school-based curriculum development或者site-based curriculum development，简称SBCD）较为相近的表达方式还有“学校聚焦的课程决策（school-focused curriculum decision-making）”、“学校中心的课程改革（school-centered curriculum reform）”、“学校课程改进（school curriculum improvement）”、“学校中心课程规划（school-focused curriculum planning）”或“学校中心课程革新（school-centered innovation）”等，是20世纪70年代在英美等发达国家开始受到广泛重视的一种与国家课程相对应的课程开发与管理模式。这种课程开发与管理模式绝非一蹴而就、横空出世的，追溯起来也有其深远的思想基础和促发的时机背景。

课程与学校和教师的渊源几乎是自然天成的。早在两千多年以前，苏格拉底和孔子就使用了这样的观念，即设计课程最适宜的地方是教育者和学习者进行教与学活动的地方。美国课程学者 Bobbitt 于 1918 年出版的《课程的编制》一书标志着课程成了一个独立研究领域，这本课程论的开篇之作的另外一个重要的价值就是其研究直达课程问题的核心，并提出了两个非常重要的观点：一是课程跟学校有关，课程编制应用于学校，从而把课程与学校紧密联系起来；二是课程完全可以由其使用者创编，如教师或者学校的其他工作人员。如此看来，校本课程的研究在课程论建立之时就已初露端倪。

然而，真正为校本课程开发奠定思想基础的是美国的 Joseph Schwab 和英国的 Lawrence Stenhouse 两位课程理论专家（吴刚平，2000:7）。20 世纪六七十年代，他们分别在美国和英国尝试构建新的课程开发模式。Joseph Schwab 在总结美国“新课程运动”失败教训的基础上推出了“实践的课程模式”，发起和推动了课程的“走向实践活动”；而 Lawrence Stenhouse 则在批判课程开发目标模式的基础上，确立了课程开发的“过程模式”，并发起和领导了“教师即研究者”运动。

古希腊的哲学传统尤其是亚里士多德的“实践观”、现代美国的实用主义哲学观尤其是杜威的进步主义哲学思想以及欧洲大陆的人本主义思想最终促成了 Joseph Schwab 实践的哲学思想和课程模式。首先，实践的课程哲学思想强调课程的终极目的是“实践兴趣”；其次，实践的课程模式把教师和学生看作课程的主体和创造者；第三，实践的课程模式强调课程开发的过程与结果、目标与手段的连续统一；第四，实践的课程模式强调通过集体审议来解决课程问题。

Lawrence Stenhouse 的课程行动研究可以定义为一种自我反思性探究，包含着教师专业发展的独特概念，假定批判性反思过程提高了教师作为实践者的专业理解力，同时，也提高了他们教育行动的质量。首先，Lawrence Stenhouse 提出和发展了课程开发的“过程模式”；其次，在课程开发的过程模式基础上，Lawrence Stenhouse 主张“教师即研究者”；第三，课程开发的过程模式在强调教师即研究者的同时，进一步发展了以亚里士多德的反思观为基础的反思性探究方法。

钟启泉（2007:267）认为，除上面两种课程思想之外，课程开发的情景模式也对校本课程的最终提出起到了推动作用。如前文所述，情景模式强调要按照不同学校各自的情况，通过对学校环境进行全面的分析和评估来进行课程决策，课程编制应该针对单个的学校和它的教师，即以学校为单位的课程编制乃是促进学校获得真正发展的最有效的方式。

“校本课程”作为课程领域一个概念的研究以及校本课程开发运动的兴起始于 20 世纪 70 年代，是对 50 和 60 年代课程发展趋势反思的结果，同时，也是课程领域的“钟摆现象”以及国家政治、经济、文化和教育发展到一定阶段的产物。除 Joseph Schwab 和 Lawrence Stenhouse 的课程思想基础和 Skilbeck 提倡的情景模式之外，这场运动得以兴起的时代契机总结起来主要有三点：一是由政府发起、学校执行的自上而下的大规模课程改革以失败告终，课程改革的发起者、研究者和参与者开始怀疑自上而下课程改革模式的可行性和实效性，并逐渐认识到自下而上的“草根式”课程改革模式才能够真正地改进学校乃至整个国家的教育；二是强调个体价值的民主运动对教育产生了巨大的冲击，学校呼吁获取自主的管理权限，校本课程开发的理念回应了这种民主的呼声；三是教师作为一个专业工作者需要拥有专业自主权，即能够对自己专业内的事务有充分的决定权，校本课程开发恰好回应了教师对这种自主权的需求（史光孝，2011：112）。

综上所述，Joseph Schwab“实践的课程模式”理论、Lawrence Stenhouse 课程开发的“过程模式”理论以及 Skilbeck 提倡的课程开发情景模式，为校本课程的兴起和发展奠定了重要的思想基础，进行了舆论准备。这些思想基础和舆论准备与当时人们对于中央集权课程开发机制缺陷的不满以及要求进一步民主化、多元化与人本化的社会思潮相汇合，促进了校本课程开发的成长壮大（吴刚平，2000：10）。

“校本课程”作为教育学中的一个概念术语，最早是由 Furumark & McMullen 正式提出的。1973 年在欧洲经济合作与发展组织（OECD）所辖机构“教育研究与革新中心”（Center for Education Research and Innovation）于爱尔兰阿尔斯特大学召开的国际课程研讨会上，两人将校本课程分别界定为“参与学校教育工作的有关成员，如教师、行政人员、家长和学生，为改善学校的教育品质所计划、指导的各种活动”和“校本课程开发是以学校为基地的课程开发工作，该课程开发工作大部分依赖学校的教职员工以及学校的现有资源”。前者指明了校本课程开发的目的与开发主体，后者则进一步强调了校本课程开发的场所与条件。1974 年，在日本东京召开的国际课程研讨会上，校本课程开发又一次成为重要的研讨议题。从课程结构来说，校本课程的意义在于弥补国家课程和地方课程的不足，满足国家课程与地方课程无法满足的那部分学生的发展需求。因而，这一概念一经提出便得到了广泛响应，学者们试图从不同的角度和侧面进行研究界定。

2.6.2 校本课程开发

吴刚平（2000：7）认为，与其说校本课程开发是 Furumark & McMullen 的发明，倒不如说是他们所处时代的教育实践发展到一定阶段的必然结果，只是他们敏锐地使用了“校本课程开发”这个全称术语来概括了当时的教育实践。简而言之，校本课程开发指的是以学校为主体、基于学校而进行的课程开发活动。对于这一概念的内涵，国内外学者都给予了充分的探讨。除了 Furumark & McMullen 的定义之外，国外研究者的界定方式主要有：

（1）Skilbeck（1976）：校本课程开发是由学校教育人员负责学生学习方案的规划、设计、实施和评价。

（2）Walton（1978）：校本课程开发的结果可以是教材的选择、改编，也可以是教材的新编。

（3）OECD（1979）：以学校的自发活动或学校的课程需求为基础的课程开发过程。在此过程中，重新分配中央和地方政府的权力、责任和控制，学校也获得了法律和行政上的自主与专业上的权威，而能自我管理与发展。

（4）Eggleston（1980）：校本课程开发是一种过程。在这个过程中，学校可以运用有关的资源（包括人文资源和物质资源），通过合作、讨论、计划、试验和评价等来开发适合学生需要的课程。

（5）Cohen（1985）：校本课程的开发有狭义和广义之分。狭义上是指学校少数人员，如校长或部分教师开发课程文件或成品；广义上是指学校所有成员，包括校长、教师、学生、家长、社区人士等参与课程规划、设计、实施与评价等课程开发的全部工作。

（6）Marsh et al.（1990）：作为中央集权教育对立面的一种象征，校本课程的开发是一种强调“参与”和“草根式民主”的课程开发口号，是一种重视师生共享决定、共同构建学习经验的教育哲学，也是一项需要课程领导与组织变革的技术。

（7）Sabar（1994）：校本课程的开发有狭义和广义之分。狭义上，是指学校人员（校长与教师，或学校教师）采用、实施现有课程成品时，所进行的一系列课程决策；广义上，是指学校全体成员（包括校长、教师、学生及其家长等）参与课程的开发、实施与评价等动态过程，以及其中对于学校组织、资源、社区参与、进修教育等所做的决策。

随着校本课程的概念从 20 世纪末期被引入中国，国内的研究者们加入了本土特点和个人理解，他们对校本课程开发的界定主要有：

（1）黄政杰（1985）：校本课程的开发是以学校为中心、以社会为背景，透过中央、地方与学校三者权力的再分配，赋予学校人员权责。由学校教育人员结合校内外资源与人力，主动进行学校课程的计划、实施和评价。

（2）张嘉育（1999）：校本课程的开发是指学校为达成教育目的或解决教育问题，以学校为主体，由学校成员如校长、行政人员、教师、学生、家长和社区人士参与的课程开发过程与结果。

（3）鲁艳（1999）：校本课程开发指的是学校根据本校的教育哲学，通过与外部力量的合作，采用选择、改编、新编教学材料或设计学习活动的方式，在校内实施以及建立内部评价机制的各种专业活动。

（4）吴刚平（2002）：校本课程开发是指学校根据自己的教育哲学思想，为满足学生的实际发展需要，以学校教师为主体进行的适合学校具体特点和条件的课程开发策略。其中"开发"是指从课程目标的拟定、课程结构的设计、课程标准的编制、课程材料的选择和组织到课程的实施与改进等一系列的课程行为。

（5）罗永忠（2002）：所谓校本课程开发，是指学校为实现教育目标，解决学校自身的教育问题，根据国家或地方制定的课程纲要的基本精神，以学校为基础，结合学校的性质、特点、条件以及可以开发利用的资源，由学校成员（如校长、行政人员、教师、学生）、家长、课程专家和社区人员等合作进行的课程发展过程与结果。

（6）沈家驹和马卓（2006）：学校的领导、教师、学生及课程专家、家长等在对学生需求进行科学评估的基础上，充分利用当地社区和学校的课程资源开发多样性的、可供学生选择的课程。

以上对校本课程开发的定义各自关注了不同的角度，有的强调了课程开发权力的再分配（OECD，1979；黄政杰，1985；Marsh et al.，1990），有的强调了课程开发的决策性（Sabar，1994）；有的关注了课程开发和实施的发生场所（鲁艳，1999；罗永忠，2002），有的强调了课程的多样性和适切性（沈家驹和马卓，2006），有的强调了课程开发的过程或者结果（Skillbeck，1976；Eggleston，1980；吴刚平，2002），有的则强调了课程开发参与者的范围（Cohen，1985；Sabar，1994；张嘉育，1999）。另外，对比国内外校本课程开发的定义，会发现国内研究者在校本课程的概念里加入了国家或地方制定的课程纲要基本精神的成分，以符合我国课程开发所特有的历史和现状。

对于以上纷繁复杂的概念界定，徐玉珍（2001：12-13）曾对校本课程开发的本质描述给予了总结，认为大致涉及以下五个视角。

（1）作为一种新的课程开发策略。根据前文提到的美国课程论学者 Short（1983）构建的课程开发策略包括场所、人员和观念的三维模型（详见本书 1.1.3 节），校本课程开发即在实际的教育场所中发生的并可望能够使教师积极地参与并卷入到广泛的相互作用和课程决策之中的一种课程开发策略。

（2）作为一种课程管理制度的变革。学校也是多种因素互相依存的社会制度的一部分，校本课程开发实际上就是要求教育制度内权力和资源的重新分配。因此，可以把校本课程开发界定为基于学校课程需要的自发的行动，促使地方和中央教育当局之间的权力和责任的重新分配；使得学校获得法律、行政和专业的自主权，进而得以从事自身的课程开发过程。

（3）作为课程变革的一种新的模式。历史上的课程变革所遵循的一直是一种自上而下、中心-外围的集权模式，校本课程开发则要建立一种自下而上、遍地生根的"草根"模式，也就是由学校共同体设计并实施的课程变革的模式。

（4）作为学校特色构建的一部分。校本课程的理念传入中国后，我国的学者和教育工作者对其进行了本土化思考，认为它与特色教育理论不谋而合，校本课程开发实际上就是在构建学校自身的特色。

（5）作为国家课程开发的一种补充。校本课程开发最初被提出的背景之一就是表示对国家课程开发的不满足。因此，有些课程学者和教育界人士倾向于从校本课程开发与国家课程开发的关系入手来界定校本课程开发。

吴刚平（2002:61-67）从五个方面诠释了校本课程的本质：① 校本课程开发是民主开放的课程决策过程；② 校本课程开发旨在尊重学校师生的独特性和差异性；③ 校本课程开发是教育制度内权力与资源重新配置的过程；④ 校本课程开发是课程理论和课程实践不断丰富、完善的过程；⑤ 校本课程开发是国家课程开发的重要补充。

在综合了不同视角的定义并兼顾我国课程开发的情况和特点的基础上，徐玉珍（2001:13）把校本课程开发最终界定为"在学校现场发生并展开的，以国家及地方制定的课程纲要的基本精神为指导，依据学校自身的性质、特点、条件以及可利用和开发的资源，由学校成员自愿自主、独立或与校外团体或个人合作开展的，旨在满足本校所有学生学习需求的一切形式的课程开发活动，是一个持续和动态的课程改进的过程"。这一定义较为清晰地阐述了校本课程开发所发生的场所、课程开发的指导精神、课程开发的主体、课程管理的模式、课程开发的资源环境以及开发过程的动态持续性特点，同时，又体现了课程开发的本真目的，具有较高的借鉴价值。

2.6.3 校本课程开发的再定义

综合以上对校本课程开发的阐述，结合我国国内课程开发研究与实践的现状，参照前文后现代课程论的有关思想内容，本研究将校本课程开发进行如下的界定：在我国，校本课程开发指的是学校为了满足学生学习需求和实现自身发展的目标，以国家及地方制定的课程纲要的基本精神为指导，依据学校自身的性质、特点以及可利用和开发的资源，由学校统一部署或者学校内部成员自主、独立或与校内外团体或个人合作开展的持续动态、力促学校、教师、学生三方和谐发展的课程开发活动。

以上对校本课程开发的界定主要体现了以下五个方面的性质特点：

一是校本课程开发的根本目的是要满足特定学校在校学生的需求，以帮助实现教育的个性化，同时还要有利于学校的发展，并对参加课程开发的教师职业发展起到助推作用。

二是校本课程开发意味着课程开发权力的下放和课程管理权力的再分配。1979年，经济合作发展组织在一份有关校本课程开发的专题报告中指出，学校也是多种因素互相依存的社会制度的一部分，社会制度间存在着权力和资源的分配，校本课程开发实际上就是要求教育制度内权力和资源的重新分配，强调的是学校和教师在课程开发中的重要地位。但是，这种权力的分配与下放不是与国家、地方课程开发权利的冲突，校本课程的开发仍然要遵循中央和地方的宏观指导。校本课程在课程结构上的意义在于弥补国家课程和地方课程的不足，满足国家课程与地方课程无法满足的那部分学生的发展需求（吴刚平，2006:14）。

三是校本课程开发强调对学校环境的充分认识和利用，体现以校为本，但不局限于本校资源的利用。比如开发人员可以是学校内部人员，也可以是校外人员或机构以及课程专家。

四是校本课程开发的动态、连贯以及和谐性。它包括外部因素所提供的开发空间和内部因素之间的和谐共生，互相促进。校本课程的开发就是为了尽量达到学校这一生态环境的不断平衡和相对稳定。

五是校本课程开发仍然属于课程开发的范畴，因此，要符合课程开发的一般规律。它们虽然是在教学过程中展开和延续的，在技术路线方面与国家和地方课程的开发相似，也需要确立课程目标、选择和组织活动和学习内容、实施和评价学习内容等课程开发活动。但是，校本课程开发不一定非得从目标开始，而且目标的确立过程与依据也不同于外部课程专家的课程开发（徐玉珍，2010:14）。

2.7 本章小结

任何研究都不应该是无源之水、无本之木，必有其深层的理论基础。整体而言，本研究是外语课程开发设置研究，所选取的视角为校本课程。因此，课程就自然地成了本研究的核心概念。本章从课程概念的起源入手，回顾了纷繁复杂的课程定义和不同研究视角下的课程分类，并在本书中简要提及学校课程（也称校本课程）作为课程的下位概念，是学校教师为主体、基于一所学校及学校所在社区的特殊需要而开发的课程，是国家课程和地方课程的良好补充，也是一种课程创新。

之后对于现代主义范式和后现代主义范式下的各种课程理论流派的介绍显示，课程理论发展的总体趋势显现出了越来越开放、动态、过程性的课程观，为特定学校的个性课程开发提供了理论基础和可能性。本章在此基础上进一步讨论了外语／二语课程论的各种理论和流派，辨析了外语课程论中 curriculum 和 syllabus 两个概念的异同，并通过回顾国外外语课程研究历史的梳理，清晰呈现了外语教学研究从语言学到教育学的转向。本章对国内外语课程理论的研究进行对比，发现它还需要研究者投入更多时间和精力。

接下来本章通过分析目标手段、过程、情景和实践性四种课程开发模式的特点，阐述了校本课程的起源及其产生的教育学理据，并且结合我国国内课程开发研究与实践的现状，对校本课程进行了本研究视角下的再定义。

第3章 校本课程研究综述

3.1 引 言

上一章主要是对本书的理论基础部分，即课程论、外语课程论和校本课程论进行了阐述。作为教育学的一个分支学科，课程论中的一个重要概念就是校本课程论，它强调把课程开发的权力部分下方到学校。而外语课程在从语言教学向外语教育转向的过程中，逐渐形成了系统和动态的研究体系。本章将在此基础上进一步聚焦本书的研究视点，较为系统地回顾国外和国内对于校本课程的研究，为本书研究对象的选取和研究问题的提出进行充分的铺垫。

国外对于校本课程的研究主要涉及校本课程的核心思想、校本课程开发活动的类型学、校本课程开发所涉及的影响因素、校本课程开发中的教师角色和作用、校本课程开发中学生的角色等诸多方面。国内校本课程研究主要受到了国外研究的影响，但也融入了我国的本土特色，主要从校本课程理念解析、开发活动类型划分、校本课程设计流程以及中国特色校本课程研究深化等方面进行了探讨。

为了进一步聚焦本研究的研究对象，本章专门对相关研究领域进行了探讨，对我国高校层面的校本课程研究、我国英语学科校本课程研究（包括中级教育阶段英语课程、高职高专阶段英语课程）、我国大学英语课程设置的演进等进行了挖掘和梳理，借用以上的相关研究推演出本书的核心概念——大学英语校本课程，并归纳分析了我国大学英语校本课程研究的现状。这些都为本研究进一步实施研究设计和提出研究问题提供了参考和借鉴。

3.2 校本课程开发的研究综述

3.2.1 国外校本课程开发研究

在了解校本课程开发概念定义的基础之上，本研究试图对国内外校本课程开发研究的现状进行梳理。总体来看，国外校本课程开发研究的时间上主要集中在20世纪70年代至90年代，之后成为常态化，90年代中后期相关研究逐渐减少。其特点是在方法上表现为以实证研究或个案分析为主导，理论上的论证和建构较少，校本课程开发的策略和实施许多是结合具体的案例加以阐述和说明，在观点或结论上以体现校本课程开发模式的优势居多(陈薇，2006:3)。在校本课程开发的理论探讨方面，国外研究者主要进行了开发理念、校本课程类型学、校本课程开发步骤、校本课程开发影响因素等方面的探讨。

作为校本课程研究的早期介入者，Skilbeck（1984)明确提出了校本课程开发所具有的三个核心思想：

(1) 校本课程开发基于的理念是：课程由学习者的需要和个性特征发展而来的经验组成，要使学生获得有意义的教育经验，课程的多样化是根本；

(2) 要为教师和学生提供充分的自由，这种自由是个性化教育的必要条件；

(3) 学校是由人构成的社会机构，必须与学校自身的环境相适应。

作为校本课程理念的积极倡导者，Skilbeck这种课程多样化、教育个性化、师生教学校本化的思想理念得到了许多研究者的认同和推广，其中包括英语教学研究领域的学者(如Clark，1985；White，1988)。

而在校本课程开发活动的类型学方面，国外学者主要以单维度(Kelly，1989；Eggleston，1979)、双维度(Brady，1987)、三维度(Mash，1990)作为课程开发活动类型的划分依据。根据课程开发的动因，Kelly（1989)把校本课程开发分为“学校内部自发”和“回应外部指令”两大类。Eggleston（1979)根据课程变革的程度把校本课程分为“在国家课程框架内”和“超越国家课程框架”两大类，每一个类别下又有次级类型划分，如表3-1所示。

表 3-1 校本课程开发类型划分(Eggleston, 1979)

在国家课程框架内	(1) 选用国家课程方案
	(2) 调整国家课程方案
	(3) 进一步开发国家课程方案
超越国家课程框架	(1) 做短期的即时性课程创新
	(2) 做长期的课程创新

Brady (1987)从“活动类型”和“参与人员”两个维度对校本课程开发进行了划分,如图 3-1 所示。

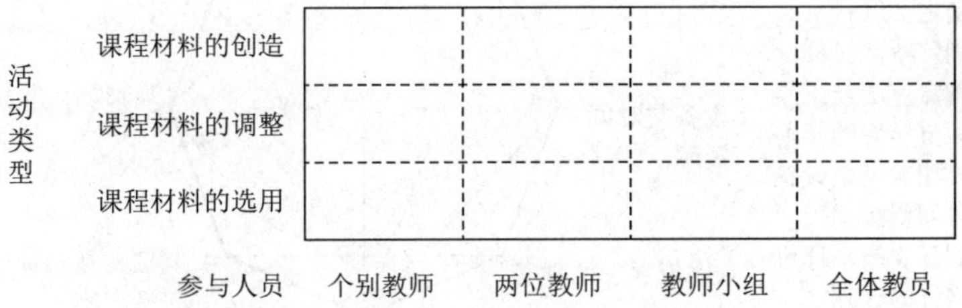

图 3-1 校本课程开发分类(Brady, 1987)

按照这种分类标准,从理论上来讲,两个维度中的因素两两结合,校本课程开发可能会有 12 种类型。

Mash et al. (1990)在总结前人研究的基础上,提出了按照“活动类型”“参与人员”和“投入时间”三个维度对校本课程开发的类型加以划分,据此可以推断出 64 种具体的校本课程开发方式类型,如图 3-2 所示。

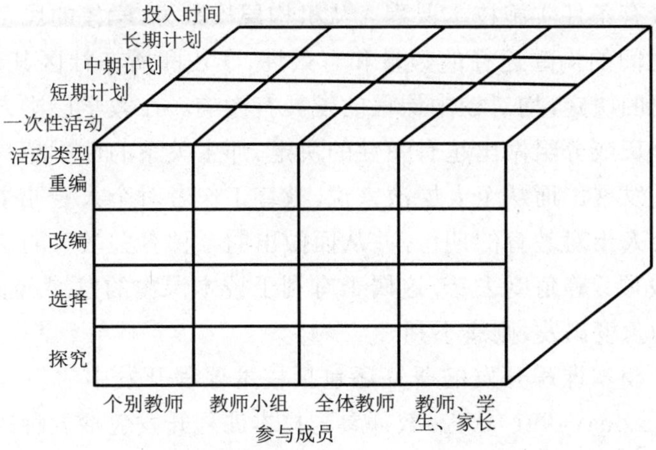

图 3-2 校本课程类型三维度划分 (Mash et al. , 1990)

以上是对校本课程进行的开发理念探讨和开发活动类型的划分，还有的学者探讨了校本课程开发所经历的阶段或步骤。Brady（1992）认为，校本课程开发在 Caldwell & Spinks（1988）所提及的学校协同管理六步骤中展开：确立目标、辨清需求、制定政策、规划项目、核准项目预算、实施和评价。OECD（1979）则提出了校本课程开发具体的程序步骤，并同时展示了各个环节之间错综复杂的相互联系，如图 3-3 所示。

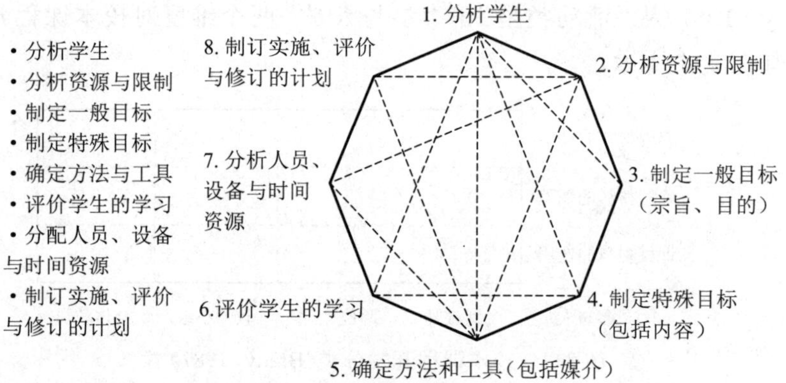

图 3-3　校本课程开发步骤（OECD，1979）

在校本课程开发所涉及的影响因素方面，Goodlad（1979）曾针对校本课程的影响因素问题把涉及的课程决策方分为社会的（Societal）、机构的（Institutional）、教学的（Instructional）和个人的（Personal）四个层次。从社会层次来看，实行地方分权政治制度和教育制度的国家如英国和美国，它们的社会层次的决策权较为分散，因而，较有条件实施校本课程。从机构层次来说，学校的民主化程度、决策者和教职员之间的沟通途径的数量和有效性、学校和所在社区其他机构的关系和因此而做出的决定，均对校本课程的发展有影响。在教学层次方面，对学生进行教学时的分班或分组做出越有弹性的决定、师生关系的性质越具人性化，校本课程越有条件发展。而从个人层次来说，教育工作者对个人专业生涯的看法，家长和其他社会人士对教育的期待，并从而做出的各种有关教育的决定，如果是从“生长”和“发展”等角度去看，这属于有利于校本课程的发展；但如果只从“训练”“复制”的角度出发，则属不利。

国外对于校本课程开发的研究还包括校本课程开发中的教师角色、作用和行动研究。Bezzina（1991）认为，教师参与校本课程开发包括五种行为：收集背景信息、规划、执行、评价和与他人合作。Elliot（1997）提倡回归自下而上的课程和教学改革以及学校教师和学术界的联手行动研究。Keys（2000）认为，作为校本课程主要参照的大纲文件应当简洁易懂便于教师课堂使用，并充分考虑如何在校本课程实施阶段向教师提供支持和专业发展指导，从而让教师更好地理解自己在校本课程开发的过程中如何行动起来。

国外研究者们还认为，校本课程开发中学生的角色绝对不容忽视。Macan Ghaill（1992）认为，来自官方的课程决策因学生角色的缺失而导致了课程革新的最大局限性。Brooker & Macdonald（1999:83-97）探讨了在课程开发活动中倾听来自学生的声音的必要性以及可行的方法、策略，如把学生纳入课程开发委员会等。

3.2.2 国内校本课程的开发研究

国内对于校本课程研究的介入较之于国外稍晚，大约开始于20世纪末期。具体而言，1999年教育部转发的《中共中央国务院关于深化教育改革全面推进素质教育的决定》提出“调整和改革课程体系、结构、内容，建立新的基础教育课程体系，试行国家课程、地方课程和学校课程”，由此引发国内教育界对校本课程开发研究的关注。近年来，我国学者主要从校本课程理念解析、开发活动类型划分、校本课程设计流程以及中国特色校本课程研究深化等方面进行了探讨。

就校本课程的开发实施价值而言，研究者们比较一致地给出了肯定的答案。崔允漷（2001）从课程决策的角度分析了世界课程改革的历程，提出“走向课程决策分享”是世界各国课程改革的共同趋势。刘宇和张华（2008:12）在对我国课程与教学改革三十年进行了回顾之后，认为课程与教学改革不进入到学校层面就不具有实质性的意义，而每一所学校的环境条件又如此千差万别，所以推进课程与教学改革的“校本化”“特色化”实施将是未来课程与教学改革的核心课题。吴刚平（2002:53）则从课程哲学的角度，深入地分析了课程开发的基本结构特征和课程钟摆的摆向与时代落差，强调校本课程开发在我国兴起的时机已经到来。

在校本课程开发的理念方面，台湾学者欧用生（2000）提出了校本课程开发的四个理念：“每一位教师都是课程设计者，每一间教室都是课程实验室，每一所学校都是教育改革中心，课程即社区。”台湾学者杨龙立（2005）则从不同的角度分析了校本课程的核心理念所在，认为校本课程是强化学校课程质量的一种学校层次的改革方式，有好的校园文化才比较可能孕育出好的校本课程，而学生的学习改善是校本课程追寻的终极目标。钟启泉(2007:284-286)根据国内外学者的研究,把校本课程开发的基本理念概括为:① 基于学生差异性、独特性的需要是校本课程开发的出发点;② 学校及教师是校本课程开发的主体,这是校本课程开发内在的规定性要求,也是在校本课程开发的过程中必须坚持的基本理念;③ 校本课程开发必须作为基础教育课程体系中的重要组成部分,才能具有强大的生命力。

在校本课程开发活动类型学方面的研究中,王斌华(2000)将校本课程分为显性的校本课程和隐性的校本课程两种。显性的校本课程是指确实由学校全体、部分或个别教师编制、实施和评价的课程;而隐性校本课程是指在实施国家课程的过程中处处体现的"课程扩张"倾向,主要表现为拓宽课程范围、适应个别需要和发挥创新意识。另外,校本课程的类型可以从教师的参与范围和课程的开发形式两个维度加以划分,如表3-2所示。其中最靠右下角的一格是最成熟层次的校本课程,最靠左上方一格是最初步的校本课程。

表3-2 校本课程开发活动类型(王斌华,2000)

教师参与形式 / 校本课程形式	个别教师参与	部分教师参与	全体教师参与
筛选已有课程			
改变已有课程			
开发全新校本课程			

崔允漷(2000:80)综合了国内外学者对校本课程开发活动的分类方法,参照我国国内校本课程所特有的建设情况,将其分类参照维度调整为开发主体(谁在开发)、开发范围(开发多少)和如何开发(活动方式),如图3-4所示,并指出:根据校本课程这一多层次、全方位的立体网状结构,绝对意义上的课程开发是指学校共同体的全体人员对学校的全部课程进行独立自主的开发,一般意义上的课程开发可能更多地是涉及上述诸多方面的若干组合类型,而绝对意义上的校本课程开发几乎是不存在的(崔允漷,2000:82)。吴志玮(2008:10-11)认为,依据开发的幅度或范围,校本课程包括学校课程结构的调整(如科目的增减和组合、课时比例的调整、不同科目之间的整合等)、部分课程的开发、个别课程的开发、隐性课程的开发(如校园文化环境的设计、有特色的实践活动的开展等)。校本课程开发的具体方式有课程引入(不仅包括引入校外的课程开发项目,如社区课

程、校企联合办学课程，也包括引入他校开发的课程项目等）、课程选择（如在国家或地方提供的课程项目清单中选择所要开设的课程项目，在不同版本、不同编著者的不同风格的教材中选择适合自身特点的教学材料及配套资料等）、课程改编（根据自身的条件和办学要求以及教学情境对国家规定的核心课程的某种形式的改进以求适应；包括对引入的课程的重新改组；也包括对学校自身开发的课程的进一步改进）、课程整合（有对不同学科的整合，也有同一学科内部不同教学内容的整合）、课程创新（如学校自己开发新的课程项目或单元、学校自编教材或自己设计某种具有特色的校园环境或社会活动专题）等。

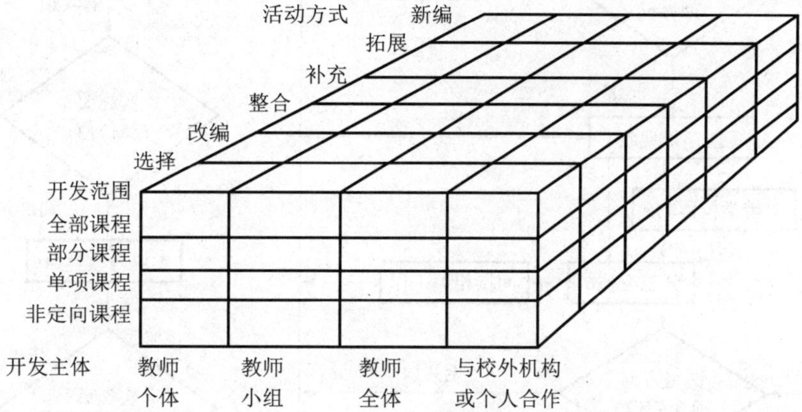

图 3-4　校本课程开发活动类型（崔允漷，2000）

钟启泉（2007:286-287）倾向于把校本课程开发活动根据相对独立的单维度进行类型划分，认为校本课程的类型因选取的角度和划分的方法不同而有所差异。根据校本课程开发基础框架的变化，有以国家开发框架为基础和以学校内部课程框架为基础两种；根据课程开发主体的变化，可有个别教师、两位教师、教师小组、全体教师与校外机构或个人合作的校本课程开发类型；根据课程开发的主体参与度的变化，可把校本课程开发类型分为选用、改编、拓展和新编四种；而根据课程开发范围的变化，校本课程开发可以分为非定向课程（如校园环境的开发）、单项课程开发、部分课程开发和全部课程开发四种。

在校本课程开发的具体实施步骤方面，杨龙立（2005）曾提出了较为详尽的校本课程设计的参考流程，如图 3-5 所示。

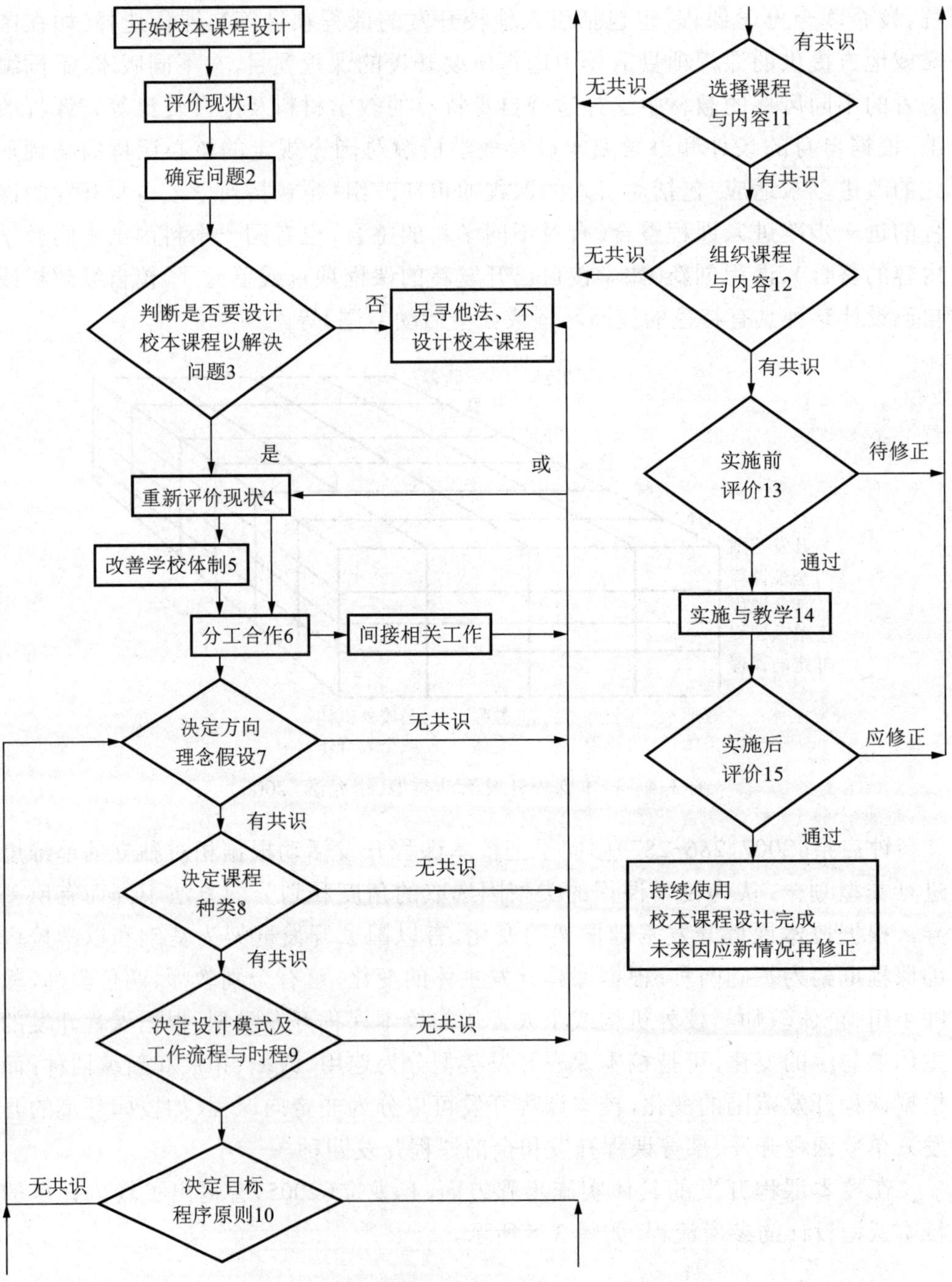

图 3-5　校本课程设计参考流程(杨龙立, 2005)

而沈家驹和马卓(2006)认为,校本课程开发可以遵循以下程序,如图 3-6 所示。

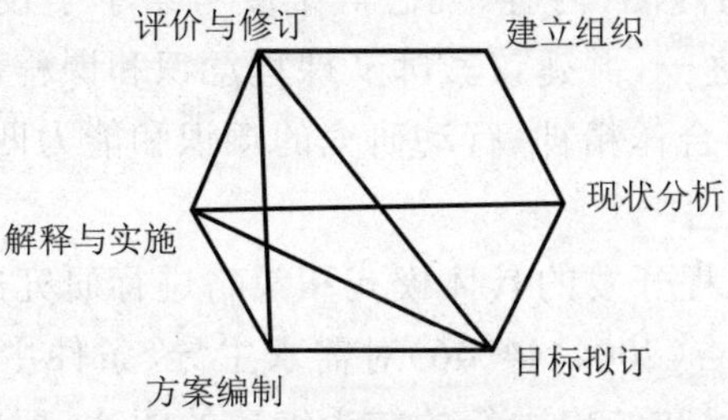

图 3-6　校本课程开发程序(沈家驹和马卓, 2006)

具体而言,各程序包括:① 成立课程委员会或相应的工作小组;② 进行现状分析,包括需求评估、资源调查和问题反思等环节;③ 校本课程开发的目标拟定,一个是针对教师的专业发展目标及其相应的开发成果,另一个是针对学生的课程目标;④ 教师从事校本课程开发,掌握课程编制的方法和手段是最基本的;⑤ 对校本课程的解释与实施;⑥ 对校本课程的评价与修订。

在我国校本课程开发的影响因素研究方面,刘彩霞(2006:8-10)认为校本课程开发存在着一个由课程政策、课程领导、学生发展需求、教师课程意识和能力、课程信息、课程资源等因素组成的系统。这个系统具有多样性、不确定性、双重动态性的特征。校本课程开发系统有四个层次上的关系协调且有稳定联系的五种等价类。系统辨识模型为校本课程开发系统因素的预测、控制和优化提供了逻辑基础。张炳意(2012:30)将校本课程的影响因素分为主体因素(校长和教师)、资源因素(学校的物质资源和文化资源)和环境因素(政策环境和教师利益诉求)三方面。程福蒙(2006:11)使用了如下的概念图(见图 3-7)来表达校本课程的影响因素。其中心部分主要是学校内部自发实行校本课程开发的三项内在因素,是核心部分,外部的六个变项则随时影响着学校内部的动力和课程发展历程。

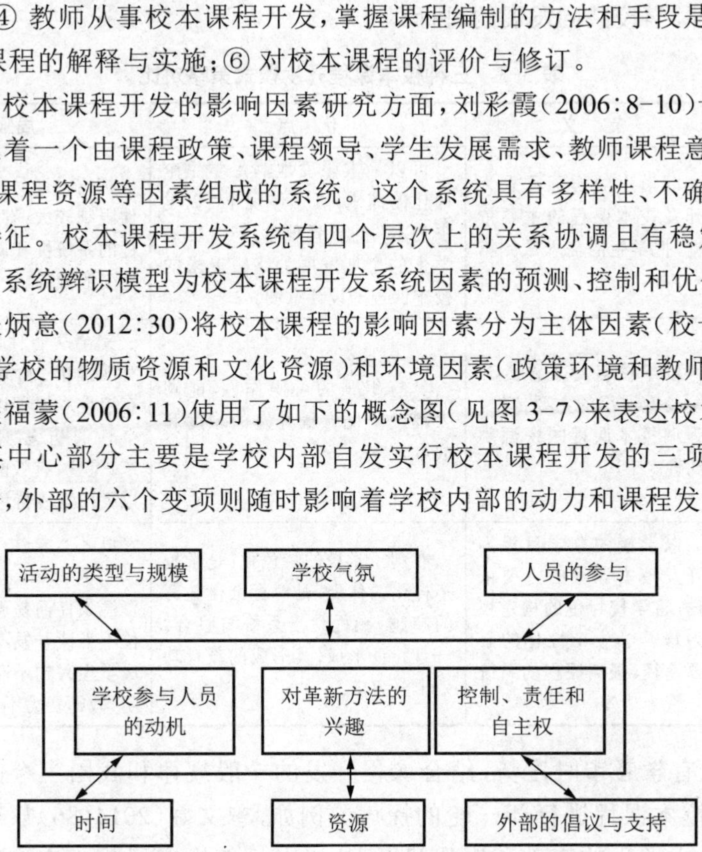

图 3-7　校本课程的影响因素(程福蒙, 2006:11)

也有学者探讨了教师在校本课程开发中的关键性作用。傅建明(2001:56-59)从校本课程开发的内涵、内容、理念等维度考察了学校教师是决定校本课程开发成败的重要因素之一,并建议教师从课程意识和课程观念、课程知识与课程开发能力、参与意识与合作精神、行动研究的意识和能力四个方面为校本课程开发做好准备。

另外,对于校本课程开发的具体模式和策略进行研究的文献较为罕见,这里有必要介绍一下朱新吉(2004:44-46)对需求主导、条件主导和目标主导三种常见的校本课程开发模式和策略进行的较为细致的阐述,要点整理如表3-3所示。三种模式各有利弊的情况下,朱新吉(2004:46)认为,"开发校本课程以任何一种模式作为校本课程开发的主要突破口都是可取的,但随着课程开发工作的深化,就越来越必须从战略的高度来加以把握,将'校本'与'人本'相结合、'需求'与'条件'相结合、'系统化'与'个性化'相结合,才能最大限度地发挥校本课程促进学生、教师、学校共同发展的目标。"

表3-3　三种校本课程开发模式策略对比

开发模式	定　义	优　点	局限性
需求主导模式	以学生的实际需求为开发校本课程的主要依据,把学生的需求放到第一位。	可以最大限度地满足学生个性化的需求,真正体现了"以学生为本"的教育理念;符合促进学生的个性发展为终极追求的校本课程的设计意图。	按需设课受学校的资源、条件限制较大;存在降低校本课程的系统性和质量、走向兴趣主义的倾向。
条件主导模式	以学校自身条件为开发校本课程的主要依据,强调校本课程的资源制约性。	具有很强的可操作性,能够大幅度降低课程开发的难度和成本。	完全从条件出发的课程带有明显的"师本课程"痕迹,有违校本课程以生为本、发展个性的初衷,不利于建立系统、完整、有效的课程体系,难以突出学校特色。
目标主导模式	以学校的办学目标为开发校本课程的主要依据,将学校特色的构建视为培养学生个性化的必要途径,强调课程的系统与整合功效。	有利于学校的特色化,是学校多样化的体现,是对标准化教育的超越;课程易于系统与整合;一旦特色形成,其形成的教育功效十分突出。	既不"专注"于学生而受学生的青睐,也不"专注"于资源条件而易于开发;一旦定位不当或开发不力,则可能造成学生兴趣不高、学校特色不明、教师费力不讨好的局面。

当然也有学者审时度势,结合课程开发的一般规律和我国当今的课程开发新形势,对校本课程进行新一轮的探讨。例如,曾文婕(2014:86)从理论层面探讨了我国校本课程的突破和深化问题,认为在价值维度层面,"应该确立学习为

本的开发理念，践行基于学习理论的课程开发”；在主体维度层面，“需要引导教师立足学习理论参与课程开发，鼓励学生扮演多重角色推动课程开发”；在形态维度上，“需要重视校本视频微课和现场微课，创新校本课程的存在方式”；在环节维度上，则要“从重视课程规划和实施，走向重视课程评价环节”，“强调以评价促进校本课程开发”。余潇（2013）的研究以完善校本课程开发组织、规范校本课程开发行为为目的，提出了校本课程开发共同体的构建，论述了校本课程开发共同体的概念、理论基础，探讨了校本课程开发共同体的实质，校本课程开发共同体必须具备主体多元、相互体认、权力共享、和而不同等特征，并指出结成一个校本课程开发共同体的标志。

综上所述，我国学者对于校本课程的研究许多来源于对国外校本课程理念的介绍或模仿，同时，也有对校本课程理念本土化的思考。陈薇（2006:4）认为，从总体研究状况来看，与国外的校本课程开发的研究相比较，我国的校本课程研究存在两方面的问题：一是在研究方法上，对校本课程开发的理论研究较多，具有独特“校本”色彩的实证研究或个案分析较少；二是在研究内容上重点偏于对校本课程开发的必要性的论证与宣讲，对我国实施校本课程开发的可能性与现实性问题给予的重视相对不够。赵丽和范蔚（2009:102）曾对我国1999—2008年的校本课程的开发研究状况进行了综述，发现校本课程的开发研究成果较为丰富，研究总体状况良好，但也存在一些不足，如研究主体分布不合理，多为高校的课程理论研究工作者，一线教师进行的校本课程研究较少；研究范围存在较大差异，研究重点主要集中在东部城市学校；研究内容深化不足，多数仅停留在对文献和经验的总结之上，很少提出独到的见解；研究方法和视角单一，主要以定性研究为主，定量研究或定性与定量相结合的研究很少；较多关于单一学科的研究，缺乏课程的整合研究等。赵丹婷（2014:33）认为，十几年来我国校本课程研究已经建立起囊括学前教育至高等教育各阶段，涵盖了宏观政策理论、微观教学实践等研究内容的全景式发展的格局。但其不足表现为研究范围深度不够，基础教育和中等教育层次的校本课程研究较为深入，高等教育层次的研究尚处起步阶段。

3.2.3 我国高校校本课程研究

前文已经提到，校本课程开发在20世纪七八十年代成为部分发达国家（如英国、澳大利亚、美国）课程改革的一个重要趋势。20世纪80年代，校本课程开发引起了我国台湾和香港地区课程专家的重视。20世纪90年代中后期，校本课程开发的理念被引入我国大陆地区，并在教育部门倡导的国家、地方和学校三级课程开发模式的背景下，率先在我国基础教育阶段得以实施。许洁英(2005:35)认为，从国家课程、地方课程和校本课程各自的含义和目的以及我国的国情来看，从小学到中学再到大学的不同教育阶段，三类课程具体的比例应该随着学段的不同而做相应的改变，也就是说，从层面上看，大学课程应该更多体现课程的校本化，如图 3-8 所示。

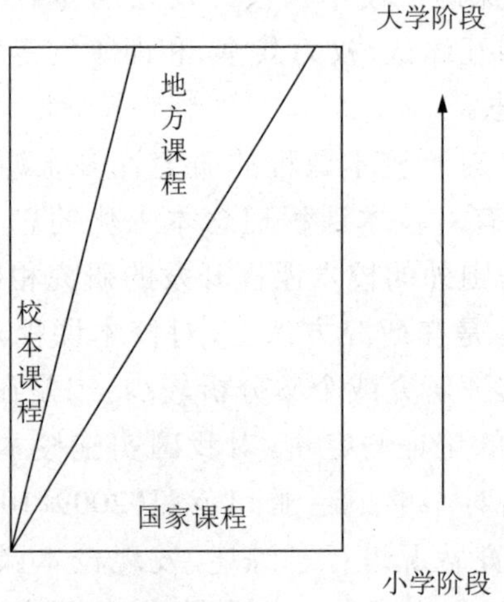

图 3-8　各教育阶段学校课程中三级课程比例示意图(许洁英，2005:35)

从图 3-8 我们可以看出，在国家、地方和学校的三级课程中，校本课程的比例呈现倒三角的形状，也就是说，自小学到中学再到大学阶段的校本课程比例应该是越来越大。高校从专业申报、学生录取、授课内容、人事考核、毕业审查以及学位授予等方面均具有高度的办学自主性，越是到了高等教育阶段，各高校的课程设置应该表现出更多的个性化特征，以体现人才培养的多元化，避免高等教育的同质化倾向。近几年，校本课程开发逐渐被引介到高校课程建设与改革的研究中来，它“既是学校办学特色的体现和品牌学校的重要标志，又是促进教师专业成长和学生个性能力发展的有效途径”(邵晓云等，2011:575)。今后，我国高校的课程与教学改革，“应更多地立足本校、积极开展校本研究与实践，以此解决学校自身存在的问题，形成能指导本校课程与教学改革的有效理论，从而扎扎实实地促进高质量人才的培养”(罗尧成等，2009:14)。然而，我国高等学校的校本课程开发的研究却进展缓慢。在前文对我国校本课程的研究概况有所了解的基础上，本小节将聚焦国内高等教育层面校本课程的开发研究现状。

部分学者对我国高等教育阶段的校本课程的建设情况进行了描述，认为其形势不容乐观。如董艳芹（2003:26-27）借用德国古典哲学家康德的哲学术语“二律背反”独特视角，认为21世纪初我国高校校本课程开发中的“二律背反”表现为几对矛盾：① 从课程内容上来说，是“以学校为本”与“以学生为本”的矛盾；② 从本校特色课程建设上来说，是“开放”与“闭合”的矛盾；③ 从校本课程开发和实施来看，是“自上而下”还是“自下而上”的矛盾。胡晓娟（2006:26-27）对我国普通高校校本课程的开发现状进行了总结，认为目前高校校本课程开发缺乏专业化、整体化，缺乏课程专家的意见，以一门课程开发为主，缺乏学科体系规划，而且缺乏对教学过程的开发。邵晓云等（2011:575）认为，目前我国高校校本课程的开发收效甚微，其局限性的突出表现均与课程开发主体教师有着密切的关系，包括教师校本课程开发的意识和理念淡薄、理论知识不足、课程资源开发利用能力薄弱以及合作意识和协调能力较差等四个方面。

也有学者通过对文献研究和对国外校本课程理论的借鉴，针对我国的高等学校校本课程开发给予了客观的思考。杨明权和袁书卷（2003:77-78）根据我国高校办学的具体情况，明确提出了成功进行高校校本课程开发的基本条件包括明确而独特的教育哲学观和办学宗旨、民主开放的学校组织结构、适当的教师在职培训、学生主体参与开发、增加投入和自觉自律的内部评价与改进机制等。杨健（2005）借用管理学领域的术语提出了校本课程效益的概念，指出影响高等教育校本课程教育性效益的因素包括是否了解整个高等教育领域课程改革的发展趋势、是否有明确的课程开发方向和定位、是否具备校本课程开发的基本条件以及文化因素的影响等。胡晓娟（2006:25-26）从高等教育的人本性、专业性、高深性入手，探讨了高等教育课程的特征，即课程结构的学科性、课程内容的高深性以及课程开发的校本性。高等教育校本课程开发的研究，应该是在初等教育校本课程开发的理论研究的基础之上，寻找并构建高等学校的校本课程开发的理论体系。吴志玮（2008:51）提出高校人本化校本课程开发，遵循人的认知和发展规律，以师生为本，使校本课程开发的全过程充分体现人文关怀，既关注学生的全面发展和个性培养，又注重教师的专业化发展和课程开发的参与度，而最终达成学生个性化发展、教师专业发展和学校特色形成的三赢目的。

据前文所做的文献搜索可发现，我国对高校层面的校本课程开发的研究并未形成明显的体系，研究者们所关注的焦点较为分散，研究方法上以质性思辨为主，深入的实证及个案研究明显缺乏。

3.3 我国英语校本课程研究

首先，国内对英语校本课程这一概念界定的文献较为稀少。顾名思义，英语校本课程属于校本课程开发中的单门课程，即英语课程开发。理论上来说，英语校本课程的开发可以发生在小学、中学、高职高专以及大学等各个教育阶段的学校中。

沈家驹和马卓（2006:26-27）借用了教育学中的校本课程理论，认为英语校本课程开发主要包含两层含义：一是使国家课程校本化、个性化，即学校和教师通过选择、改编、整合、补充、拓展等方式，对国家制定的英语课程进行再加工、再创造，使之更符合学生、学校和社区的特点和需要；二是学校设计、开发新的英语课程，即学校在对本校学生的需求进行科学的评估并充分考虑当地社区和学校课程资源的基础上，以学校和教师为主体，开发旨在发展学生个性特长的、多样的、可供学生选择的课程。杨树芳（2009:8）则探讨了参与校本课程开发会使英语教师在教学观念、专业知识和职业技能方面得到提高，从而促进其专业化发展。尽管以上对于英语校本课程的论述没能充分体现英语这门语言类课程的特点，但是对本书即将进行的研究确实有一定的借鉴意义。杨振（2005:37）分析了英语校本课程与国家英语课程的关系，认为两者“共为一体、互为补充。它们有各自的教学目标和教学任务，但又密不可分”。

众所周知，我国的英语教育属于远离目的语环境的外语教育，仍以各级学校课程设置为主要表现形式，主要包括中学层面和大学层面的英语教育（小学阶段的英语课程因为没有在我国境内普遍开设而不在本研究的讨论范围之内），以下对中学阶段、高职高专阶段的英语校本课程研究情况进行探讨，以期为本书的核心研究问题提供参考和铺垫。

3.3.1 中等教育阶段英语校本课程开发的研究

国内学者对于校本课程的开发研究最初的关注得益于我国基础教育阶段的相关方针政策的出台。1999 年 6 月颁布的《中共中央国务院关于深化教育改革全面推进素质教育的决定》中首次明确提出“调整和改革课程体系、结构、内容，建立新的基础教育课程体系，试行国家课程、地方课程和学校课程”三级课程政策。2001 年 6 月颁布的《国务院关于基础教育改革与发展的决定》在加快构建符合素质教育要求的新的基础教育课程体系方面，再次提出“实行国家、地方、学校三级课程管理”，“在保证实施国家课程的基础上，鼓励地方开发适应本地区的地方课程，学校可开发或选用适合本校特点的课程”。2001年6月同时颁布的《基础教育课程改革纲要（试行）》同样指出，“为保障和促进课程适应不同地区、学校、学生的要求，实行国家、地方和学校三级课程管理”，建议“学校在执行国家课程和地方课程的同时，应视当地社会、经济发展的具体情况，结合本校的传统和优势、学生的兴趣和需要，开发或选用适合本校的课程”。在明确的三级课程管理成为基本课程政策动向的背景之下，教育界对于基础教育和中等教育阶段校本课程的开发研究应运而生。

本研究特别关注了中等教育阶段的英语校本课程开发研究的情况。有些研究者采用思辨方式对中学阶段的英语校本课程主要进行了理论层面的探讨，例如，白培（2011:208-209）依据校本课程开发的相关理论，建议了中学英语校本课程开发的三种形式：筛选已有课程、整合和改编现有课程以及创编全新课程。她认为，校本课程资源在参照中学英语课程标准的同时，可以挖掘日常生活、风土人情和跨文化交际方面的内容。王惠东（2004:45-47）也关注了中学英语校本课程资源开发的特征和意义，认为校本课程资源应该具有“系统性、可选择性、参考性和校本特征”，而且有效的校本资源开发将有利于“教师理念的进步”和“师生双方的发展”。张惠敏（2010:9-10）则探讨了中学英语校本教材的开发问题，认为富有学校自身特色的校本教材是中学英语校本课程得以顺利实施的重要保证，建议除了具有趣味性、生活化、多样性的特点之外，校本教材中应渗透文化教育并体现对学生学习策略的指导。

另有研究者采用以某所中学英语课程开发为依托的方式进行中学英语校本课程的个案研究并得到一些启示。例如，钱瑛（2003:31-32）以我国较早开展校本课程实践的江苏锡山高级中学的英语校本课程为个案进行了探讨，把其实施程序描述为四大步骤，分别是成立课程开发委员会或相关工作小组、确定参与成员及程序、拟定课程发展方向目标与计划和开发课程活动、课程纲要或教材（含教学策略及评价方式）；其英语校本课程的活动类型主要分为课程补充类和课程拓展类；并提出了本校在英语校本课程开发实施过程中出现的问题。关绮绫（2004）通过对某中学高中英语校本课程开发历程较为深入的考察，探讨其最终失败的原因，发现目前高中英语校本课程开发存在诸多困境，并针对这些问题提出了相应的提升措施。徐兰芳（2004）对武汉市部分中学的英语校本课程开发进行了现状调查，认为虽然课程改革为校本课程的发展奠定了相当的基础，但是也有现实的情况阻碍校本课程的发展。覃浩（2010）选取江阴市成化高中英语校本课程开发为研究对象，总结了高中实施英语校本课程开发的特点，探讨了在高中实施英语校本课程开发的理论意义及实践意义，并提出校本课程开发实施所涉及的因素。

更多的研究者选用依托具体的一门英语校本课程的途径展开研究。例如，杨芳(2006)通过对某中学初中英语校本课程《英语故事汇》(*Stories Collection*)开发的个案研究，得到的启示是校本课程的开发关系到学校、教师、学生等多个层面，并分析了各层面的职权以及责任所在。吴丽佳(2007)参照OECD所提出的校本课程开发程序，选取"中美文化对比"的中学英语校本课程对某中学两个教学班进行了为期一个学期的实证研究，分析了该课程开发的理论基础、自身特点、操作流程以及该课程开发所带来的启示。曹秀娟(2013)以某中学高中英语校本课程"新余之美(The Beauty of Xinyu)"开发的过程为个案展开研究，发现众多现实因素制约了校本课程开发，同时，提出了有针对性的应对措施。俞海波(2014)通过对嘉兴一中英语校本课程"发现嘉兴(Discovering Jiaxing)"开发过程的跟踪研究，得出的研究启示与教材建设、教育理念、现实措施、评价方式、教师角色转换意识等因素有所关联。

本研究特别关注了以上中学英语校本课程研究中有关课程开发影响因素方面的探索，大致总结并绘制了表格(见表3-4)。对表3-4内容进行总结后可以看出，影响中学英语校本课程建设的因素大致可划分为外部的社会影响、国家课程与校本课程定位、课程开发主体的范围、教师因素、校本课程资源开发、课程评价体制、各层面支持措施等诸多方面。这些研究所带来的结论虽然缺乏一定的普适性，也没有对校本课程理论进行有力度的创新，但是研究者们进行了实地的考察，融入了我国本土环境下校本课程所具有的特征，无疑对本书接下来的研究提供了宝贵的参考价值。

表3-4　中学英语校本课程开发影响因素汇总

作　者	发表时间	文献题目	关于英语校本课程影响因素的分析
钱瑛	2003	英语校本课程的开发与探索	——国家英语课程与英语校本课程关系不够协调； ——过分重视学生的兴趣忽视教学目的； ——课程开发过分局限于教师本位。
关绮绫	2004	高中英语校本课程开发的困境与对策之探索	——教师的教育观念陈旧，教师认识缺位； ——教师负荷过重，开发校本课程的动机弱化； ——教师参与者的角色准备不足，课程素质亟待提高； ——教师的工作惯性滑移，教学方式亟须变革； ——校本课程资源欠缺，共享机制有待建立； ——评价制度革而不新，校本课程开发的评价体制缺失。

续表

作　者	发表时间	文献题目	关于英语校本课程影响因素的分析
杨芳	2006	初中英语校本课程开发的实践与探索	——学校层面应掌握校本课程开发的原则、条件和方法并对校本课程开发进行合理督导管理； ——教师要转变陈旧观念，提升专业化水平； ——时代的发展、学科知识的发展、学校的发展以及学生的发展决定了校本课程的开放性特点。
吴丽佳	2007	“以学生为中心”的中学英语校本课程的开发	——校长的课程领导和支持是英语校本课程开发的关键； ——英语教师是真正的课程研究者和设计者； ——校本课程的发展也是英语教师的专业发展。
覃浩	2010	校本课程开发的研究	——上级的大力支持； ——时间与资金的充分保证； ——具有先进教育理念和掌握现代教育技术的英语教师主体引导； ——学校、社会、家庭的共同配合。
曹秀娟	2013	校本课程开发的现状及其对策研究	——高考制度和国家课程； ——学校领导和教师的陈旧观念； ——教师课程开发的素质； ——评价体制不完善； ——课程资源匮乏； ——教师工作负担过重。
俞海波	2014	高中英语校本课程开发研究	——有吸引力的教材和有趣味性的教学活动； ——明确学校的教育教学理念； ——建立专门的教师小组来开发实施校本课程； ——改进课程评价方式； ——教师角色转换意识。

当然，也有研究者将校本课程理论与其他理论相结合，从不同的角度探讨中学英语校本课程的开发。例如，顾岩冰(2014)采用实验法和问卷调查法考察了某中学“西方文化概览”英语校本课程的开发实施情况，其数据分析结果显示：校本课程的成功开发离不开学校和教研组的支持，校本课程开发对英语教师的专业发展有极大的推动作用，在以国家课程改革和《普通高中英语课程标准》为参照的前提下，特别提出用多元智能理论指导校本课程开发有助于拓宽教学思路，实现智能优化发展。而钮伟荣(2012)的研究重点是教育技术在校本课程开发中的使用，作者根据网络教学理论和教学实践，探讨了基于Moodle平台的英语校本课程的开发和实现，并以英语校本课程“走遍中国”开发和实施的有效实践为例，总结了研究结果、梳理了存在的问题、明确了进一步研究的方向。虽然这些并非本书关注的重点，但是研究角度的多样性无疑有利于英语校本课程的发展。

3.3.2 高职高专英语校本课程的开发研究

与中学的基础教育和大学的本科教育不同，高职高专教育培养的是技术、生产、管理、服务等领域的高等应用型专门人才，其英语课程目前所遵循的是教育部高教司2000年10月颁布的《高职高专教育英语课程教学基本要求》的相关精神，提出“英语课程不仅应打好语言基础，更要注重培养实际使用语言的技能，特别是使用英语处理日常和涉外业务活动的能力”。但打好基础要遵循“实用为主、够用为度”的原则，也就是强调“打好语言基础和培养语言应用能力并重”和“语言基本技能的训练和培养实际从事涉外交际活动的语言应用能力并重”的原则。在此文件的指导下，也有学者对高职高专英语校本课程进行了探索和研究。

在为数不多的高职高专英语校本课程研究文献中，大部分都借用校本课程论的相关内容，进行了校本课程开发理论层面的探讨，如袁秀丽（2009:111-112）概述了高职高专英语校本课程开发的必要性和意义，以及开发的一般步骤和策略；朱依萍（2008:31-32）认为，高职院校的英语校本课程开发应立足地方经济发展的实际，了解市场、了解学生的需求；虽然教师是英语校本课程开发的主体，但其支持系统是包括校领导、教师、学生及课程专家、教育督导机构和家长在内的广阔群落；方良（2005:98）关注了高职英语教师在校本课程开发中的角色，通过分析当前职业学校英语教师的状况，提出了英语教师在校本课程开发中应具备的素质，并探讨了培养教师素质的途径。周丽敏（2013:89-90）对高职高专英语校本教材编写进行了思考，提倡突出就业导向和能力本位，从而体现高职教育的鲜明特色，顺应高职教育课程结构与课程内容发展的趋势。这些理论层面的思考在校本课程一般理论的基础上注意结合了高职高专英语教学的特点，是对校本课程理论的补充和验证，但其研究方法一般以思辨性陈述为主，缺少一定的说服力。

也有少数学者展开了对高职高专英语校本课程开发实践的个案研究，如赵晖（2009）以我国高职校本课程开发相关政策为指导，以需求分析理论以及专业英语理论为依据，对上海工艺美术职业学院校本课程“艺术英语”的开发进行了个案研究，得到的启示是校本课程开发的关键在于教师综合素质的提高与专业发展，要以人为本考虑学生的实际情况，并且需要取得学校领导的大力支持和教学资源的全面整合与统一管理。陈静（2013）把安徽广播影视职业技术学院旅游管理专业83名学生作为受试，以我国高职校本课程开发相关政策为指导，遵循校本课程设置的一般流程，采用行动研究法于2012年2月至6月间进行了为期一个学期的实证研究，发现高职英语校本课程开发不仅切实可行，而且有助于学生提高英语语言应用能力、实践能力和职业素质。同时，实践证明，高职英语校本课程开发本身是一个长期的、需要不断完善的过程，其关键在于高职英语教师专业知识和综合素质的提高。

这些高职高专阶段英语校本课程的开发研究文献虽然数量不多，在研究方法、研究范围、研究对象、文献质量等方面也有待进一步扩充和提高，但它们毕竟结合我国高职高专英语教育的实际状况进行了一定的探索，给本书的研究提供了一定的参考价值和借鉴作用。

3.4 大学英语课程设置和校本化研究

前文中我们对中学阶段和高职高专的英语校本课程进行了回顾，为大学阶段的英语校本课程研究提供了一定的借鉴参考，下文将对本书的主要研究对象高等教育中的大学英语课程进行必要的阐述。众所周知，大学英语是指我国各高校为非英语专业大学生开设的英语课程，是一门几乎每一位大学生必修的重要基础课。事实上，从1949年至1985年大学英语一直被称为“公共英语”课，1985年2月教育部批准印发《大学英语教学大纲(高等学校理工科本科用)》后，正式更名为“大学英语”。

3.4.1 大学英语课程的历史变迁

Dubin & Olshtain(1986:5)认为，二语外语课程设置的首要环节就是进行课程所处环境的社会因素调查，并指出相关数据可以通过两种基本途径获得：一是从政府和机构的文献中收集，二是开展问卷调查或访谈。首先，我们借助文献对我国大学英语教学所处的社会环境和发展脉络进行简要的梳理和回顾，并由此引出大学英语校本课程的概念。

整体而言，中国大学的逐步发展是近代中国在现代化历程中学习西方的产物，而外语一直是高等学校外语专业以外的其他专业学生学习的公共基础课之一，其兴衰浮沉受到国家经济、政治、外交、军事等各方面影响。Gao (2009:61-62)曾从英语的地位、体用之关系、英语教育的特征等维度对英语教育在中国历史各个阶段的地位进行过总结，如表3-5所示。

表 3-5　英语教育在中国历史各阶段的地位(Gao, 2009:61-62)

阶　段	时　间	历史背景	英语的地位	“体·用”关系	英语教育的特征
晚清	1861—1911	两次鸦片战争(1840—1860)暴露出中国保护自己不受西方侵略的能力严重不足,中国人有强烈耻辱感。	了解西方科学技术的工具:“师夷长技以制夷”。	“中学为体,西学为用”:局限于为技术学习服务。	见于为传播科学知识而建立的教育机构课程设置;1903年之后见于中学和大学课程设置。
新文化运动	1911—1923	新文化运动(1917—1923)对儒学传统展开批判,并从西方引进了各种“主义”,汉语规范从古文转到白话文。	探索西方哲学社会思想的载体。	西学之体(各种“主义”)参与中国社会文化转型。	中学和大学的课程设置。
民国时期	1924—1949	在抗日过程中,中国与西方结盟。执政的国民党力图得到美国的支持,在一段时期内效仿了美国的教育模式。	与西方进行外交、军事和智性交流的载体。	以(军事、外交、政治之)用为主。	中学和大学的课程设置。
新中国建立之后,“文革”之前	1949—1960	20世纪50年代前期,中国与苏联紧密结盟对抗西方,但这一关系在50年代后期破裂。	20世纪50年代前期俄语地位大幅提升,英语地位大幅下降;50年代后期趋势反转。	“用”之地位起伏变化。出于政治原因,英语失宠,但后期被视为对现代化有价值。	20世纪50年代只有少数中学和大学的课程设置有英语;60年代初期,在中学和大学课程设置中得到推崇。
“文革”时期	1966—1976	以阶级斗争为纲的政治运动;教育受到冲击。	英语与帝国主义资产阶级联系起来;西学受批判。	如果说有“用”的话,是政治宣传的工具。	从中学和大学的课程设置中排除;后期部分恢复。
改革开放	1978—今天	从计划经济到市场经济的转型;经济改革与发展;中国加入WTO。	英语被视为现代化的重要工具。	“用”的巨大价值;经济发展之工具。	在中学和大学课程设置中占有重要比例。

从表 3-5 我们可以看出自 19 世纪末期以来我国英语教育的主要发展脉络。由简短历史回顾可见,我国英语教育很早就得到重视,在 20 世纪最初就进入了中学和大学的课程设置,成了学校课程体系不可或缺的组成部分。但是,“英语教育在中国的地位、主流文化对于英语教育的态度,一个半世纪以来在高低褒贬之间钟摆式地往复摇摆”(高一虹,2015:6)。具体到大学英语教育,以 1949 年新中国成立为界,之前的大学公共外语课曾经以英语为主。新中国成立以后,我国高校的外语教育较多受到外交政策的影响。解放初期,因为受以美国为首的西方国家的封锁,我国的外交一度实行向苏联“一边倒”的政策,严重影响了高校

的外语教学。1954年4月政务院批准颁布了《关于全国俄文教学工作的指示》，明确要求高校"应开设俄文课"（李传松和许宝发，2006:213），因此，导致了高校的外语教育呈现出俄语一枝独秀的片面发展，公共英语教学受到了很大的限制。该局面一直持续到1956年才有所松动。

20世纪60年代初中苏关系恶化，高校的外语教学开始重新调整。先是规定高等学校的第一外语是"俄语或英语"，并颁布两种外语的教学大纲草案，后又出台《外语教学七年规划纲要》，规定高校公共外语课的语种可以是英、俄、德、法、日中的其中一种，但以英语为第一外语（李传松和许宝发，2006:230-231）。

1966年"文化大革命"的爆发几乎中断了高校外语教育的发展。1970—1976年，当时全国的近300所大专院校虽然主要把英语作为公共外语，但因为工农兵学员文化水平参差不齐，英语水平非常低下，大学的外语课程名存实亡，外语教育水平也直线下降。1976年，随着"文化大革命"的结束，我国的教育事业包括外语教育事业慢慢开始复苏。1978年，继全国科学大会和全国教育会议之后，全国外语教育座谈会也在北京召开，研究了加强外语教育、提高外语教育质量的办法和措施，同时，确定了今后一个时期的外语教育发展的方针。这次座谈会的召开可谓意义非凡，把搞好外语教育提高到了"战略意义"的高度（王守仁，2009:3）。

1978年12月，中国共产党十一届三中全会确定了我国实行对外开放、对内搞活的经济方针，促进了对外经济、外交、文化、教育、学术、人员等方面的交流，营造出了一个十分有利于外语教育的外部环境，为高校大学外语教育的发展提供了难得的契机。而从教育系统的内部环境来说，中学外语教育的逐步改善以及英语科目在高考中地位的提高，都为高校外语教育的发展提供了良好的基础和条件，帮助其走向了健康发展的轨道。

王守仁（2009:13-38）把1978年以来30多年的高校公共英语（后称大学英语）教学大致分为三个阶段，各阶段的出台的相关教育文件和发生的重要事件以及做出的重要决定如表3-6所示。从表3-6我们可以看出，我国的大学英语课程从20世纪70年代末以来，经历了恢复期、稳定发展期和教学改革期三个阶段，其发展的外部环境越来越有利，国家相关教育部门的支持性政策越来越明朗，所开展的课程改革活动越来越丰富，改革的力度越来越大，为大学英语校本课程的规划实施提供了较为良好的外部条件。

表 3-6　高校大学英语教学发展三阶段信息汇总

	时间节点	阶段名称	出台的相关教育文件	重要事件或决定
第一阶段	1978—1984	恢复阶段	（1）《加强外语教育的几点意见》（1978） （2）《英语教学大纲（高等学校理工科本科四年制试用）（草案）》（1980） （3）《1980 年至 1983 年高校英语教师培训计划》（1980） （4）《高等学校公共英语课教学经验交流会纪要》（1982） （5）《大学英语教学大纲（草案）》（1984）	（1）全国外语教育座谈会召开（1978） （2）教育部批准成立高等学校理工科公共外语教材编审委员会（1980） （3）中国公共外语教学研究会成立（1982） （4）高等学校公共英语课教学经验交流会召开（1982） （5）高考外语成绩 100％计入总分（1983）
第二阶段	1985—2001	稳定发展阶段	（1）《大学英语教学大纲（高等学校文理科本科用）》（1985） （2）《大学英语教学大纲词汇表》（1987） （3）《大学英语教学大纲增订本（高等学校理工科本科用）》（1987） （4）《大学英语教学大纲（征求意见稿）》（1998） （5）《大学英语教学大纲（修订本）》（1999） （6）《大学英语教学大纲词汇表》（2000）	（1）设立大学外语教材编审委员会（1985） （2）公共外语教学研究会更名为中国大学外语教学研究会（1986） （3）大学英语四级考试（CET-4）首次举行（1987） （4）大学英语六级考试（CET-6）首次举行（1989） （5）高等学校大学外语教学指导委员会成立（1991） （6）《面向 21 世纪的大学英语课程教学内容与课程体系改革研究与实践》项目组成立（1996） （7）大学英语四六级考试口语考试（CET-SET）开始实施（1999） （8）党中央、国务院做出扩大高校招生规模的决定（1999）
第三阶段	2002—今天	教学改革阶段	（1）《大学英语课程教学要求（试行）》（2004） （2）《全国大学英语四、六级考试改革方案（试行）》（2004） （3）《教育部关于进一步深化本科教学改革，全面提高教学质量的若干意见》（2007） （4）《大学英语课程教学要求》（2007）	（1）教育部正式启动“高等学校教学质量和教学改革工程”，包括大学英语教学改革（2003） （2）教育部高教司启动 180 所院校大学英语教学改革试点工作（2004） （3）教育部高教司启动第二批 195 个大学英语教学改革扩展项目（2005） （4）教育部高教司启动 31 所院校大学英语教学改革示范点项目（2006） （5）教育部高教司启动第二批 34 所高校大学英语教学改革示范点项目（2007）

注：表格根据《高校大学外语教育发展报告（1978—2008）》第 1 章相关内容整理而成。

3.4.2 大学英语课程设置的发展历史

以上是对我国大学英语教学从无到有、从弱到强的发展轨迹的简要梳理。那么，这种发展从课程开发设置的角度看有着怎样的意义呢？从我国历年颁布的大学英语教学有关的大纲或者教学要求，我们可以较为清晰地看到一些线索。表 3-7 是本研究以历年制定的大学英语教学大纲或者教学要求文本为根据，从课程开发设置的角度对几十年来我国大学英语课程发展进行的整理。

表 3-7 我国大学英语课程开发设置的回顾

年 代	文件名称	课程安排	课程举例	性 质	课程开发模式	备 注
1962	《英语教学大纲(试行草案)》	学时 240，分四个阶段，在 1～4 学期开设。	未列出	指令性文件	目标模式	教学大纲说明书中提出教学方法问题。
1980	《英语教学大纲(草案)》	(1) 基础英语教学：工科学时 240，理科学时 300，1～4 学期；(2) 专业英语阅读：每周 2 学时，持续 2～3 学期。	选修课：高级阅读、翻译、听力、会话、科技英语写作	指令性文件	目标模式	考虑到学生需求，鼓励学生选择适合自己水平的内容。
1985/1986	《大学英语教学大纲》(理工科本科用/文理科本科用)	(1) 基础阶段：240～280 学时，安排在 1～4 学期，每周 4 学时； (2) 专业阅读阶段：5～7 学期，每周 2 学时，必修课。	未列出	指令性文件	目标模式	实行分级教学，推行大学英语四六级考试。
1999	《大学英语教学大纲(修订本)》	(1) 基础阶段：同上； (2) 应用提高阶段：专业英语课为必修，高级英语课为选修。	未列出	指令性向指导性文件过渡	目标模式向情景模式过渡	分类要求，因材施教，英语四年不断线。
2004	《大学英语课程教学要求(试行)》	将必修课和选修课有机结合，使用信息技术，体现个性化。	综合英语类、语言技能类、语言文化类和专业英语类等	指导性文件	情景模式	引入“课程设置”概念。

续表

年　代	文件名称	课程安排	课程举例	性　质	课程开发模式	备　注
2007	《大学英语课程教学要求》	同上，另有开发建设基于网络和计算机的课程。	同上。	指导性文件	情景模式	同上。
2015	《大学英语教学指南》（待颁发）	（1）与基础目标和提高目标相关的通用英语课程为必修课。 （2）与发展目标相关的课程建议为限定选修课，在大学二年级及以上阶段开设。	通用英语、专门用途英语和跨文化交际三个部分，由此形成相应的三大类课程。	指导性文件	情景模式与目标模式的融合	提倡反映本校特色、动态开放、科学合理的大学英语课程体系。

注：此表格除最后一行《大学英语教学指南》有关信息外，均由《中国外语教育发展研究（1949—2009）》相关内容整理而成。

从表 3-7 可以看出，我国的大学英语课程历史演变的发展规律基本遵循了二语 / 外语课程论所分析的发展趋势。首先，从名称上来说，自 20 世纪 60 年代到 90 年代的 30 年间，我国颁布的四个有关大学英语课程的国家级文件均被定名为“教学大纲”，自 2004 年开始改用“课程教学要求”（称“教学指南”则更是新近出现的事情），名称的转变从课程设置的角度来说有着不可忽视的深层含义。蔡基刚（2006: 121）曾从课程论的角度区分了“课程要求”和“教学大纲”两个概念，认为“课程要求”主要涉及宏观的教学目标、语言标准和教学评估等，而“教学大纲”则指较为具体的教学安排、教学内容和教学方法的选择（与本研究前文分析的关于 curriculum 与 syllabus 的区别较为相似）。两者最大的不同是“教学要求”回避了具体的安排，并把统一的教学要求和目标分解到具体的等级目标中去，供不同地区、不同对象根据自己的情况去确定自己要达到的内容等级标准，从而避免了教学大纲提出的统一或单一目标和要求的缺陷。魏芳（2009: 122）曾指出过，指令性的教学大纲给大学英语教学带来了问题，其中一个就是“统一的安排和要求忽视了各高校在地区和生源上的差异以及不同专业学生的需求，‘一刀切’的方法造成了教育资源不足或不能充分利用的情况”。

就我国的大学英语课程而言，早期的教学大纲接近 syllabus 的概念，较为详细地规定了课程实施过程中的具体细节安排。例如，20 世纪 80 年代之前的几个版本的教学大纲都较为详细地规定了大学英语课程开设的总学时数以及开设的具体时间安排等，并对全国高校做了统一要求。其中 20 世纪 60 年代的大学英语教学大纲所附带的使用说明中还强调了教学方法的问题。

而从课程开发主体和课程管理权责划分的角度来看，在2003年启动最近一轮的大学英语课程改革和2004年颁布《大学英语课程教学要求（试行）》之前，我国的大学英语课程的开发模式以传统的目标模式为主，课程开发主体以专家开发为主，课程管理模式也是清一色的中央集权的统一管理模式，由相关专家制定出统一的课程要求和标准，下达到各高校，各高校竭尽全力忠实执行，地方课程和校本课程在高校英语课程开发体系中几乎没有任何机会得以体现。这种全国高校大一统的课程开发和管理模式终于在上个世纪末，也就是1999年的《大学英语教学大纲（修订本）》中有所松动，开始由彻底的课程开发的目标模式向情景模式过渡，提出"分类要求，因材施教"的原则，但是，对各高校如何有效执行并没有做出明确的指导。

2004年由教育部审时度势颁布的《大学英语课程教学要求（试行）》，阐明了大学英语的教学性质和目标，并因我国幅员辽阔、各地区以及各高校情况差异较大，而把大学阶段的英语教学要求分为一般要求、较高要求和更高要求三个层次。更重要的是，首次明确使用课程设置的概念，建议"各学校应当根据本校的实际情况，按照《教学要求》确定本校的大学英语教学目标，并以此为基础设计自己的大学英语课程体系"。此文件与2007年的正式版本都清楚体现了大学英语课程开发模式变得更加灵活、民主，已经由完全意义上的目标手段模式和国家课程开发，开始转向国家课程指导校本课程开发、目标模式与情境模式互相融合的状态。

3.4.3 大学英语教学以及课程改革

显而易见，随着社会各项事业的发展，学校课程也在不断发展、变化，其形式、内容均在或快或慢地变动和更换。"一般说来，课程改革既包含于课程变迁之中，也是课程变迁的实现机制。而课程研制则是课程改革和课程变迁实现的具体化"（廖哲勋和田慧生，2003:498）。国内外课程改革的机制可以归纳为三种类型：政府统一行为、学校自主行为和学术研究行为，这三种类型的课程改革运行机制各有利弊。

政府统一行为是由政府以行政权威来组织所辖学校统一进行课程改革，其长处是动力比较大，容易形成整体效应，使所有学校都受益；缺点是整齐划一，容易陷入经验性和盲目性的泥潭，一旦出了问题，导致的后果比较严重。学校自主行为是由学校自行组织师生独立进行课程改革。其长处是因校制宜，比较容易控制，容易收到效益；缺点是受校长等个人因素的影响较大，也容易陷入经验性和盲目性的泥潭。学术研究行为是由教育学者和课程学者以学术权威身份来组织进行研究性学术改革。其长处是学术理性居于支配地位，容易出现课程创新，具有理论指导价值；缺点是比较理想，容易与多数学校实际情况相脱离，实际操作推广价值不大。在课程改革实际中，三者紧密联系，只是可能某一行为占主导作用，形成主导机制。

课程的变革在课程论中通常被称为“curriculum innovation”。Nicholls（1983：4）把 innovation 定义为“从个人或集体角度认可的新概念、新事物或者新举措，意在引发与既定目标相关的改进，这些改进从性质上来讲是根本性的，从形式上来讲是有计划、有意识的”。李霄翔和杨军（2003：14）指出，从国外的经验来看，如同其他课程一样，大规模的语言类课程改革，通常只有结合自下而上的改革策略才能真正产生持久的效果（White, 1988; Markee, 1993）；20 世纪 80 年代起发起于国外教育领域的“校本管理”运动就是这种改革策略的集中体现，其特征是强调权力下放，以校为本的理念和运作模式（Ogawa & White, 1994; Wohlstetter & Mohrman, 1993）。

1）大学英语课程改革机制

随着经济全球化时代的到来和我国经济、政治、外交的不断发展，大学英语课程也不能脱离与时俱进、不断变革的发展轨迹。首先来看一下我国的大学英语教育政策层次结构，如图 3-9 所示。可以看出，我国大学英语教育政策共有三大层次，其中教育部位于政策制定者的最高层，其领导下的大学英语教指委、教材编写团队和大学英语考试委员会作为大学英语国家课程政策的直接制定者，给省级大学英语教学研究协会提供直接指导，这一层次的政策制定者对课程改革的实施者，也就是各所高校起到政策引领的作用，也可以认为是学校课程改革的外部影响因素。然而，Richards（2001）认为，由上而下的改革（如高层的政策制定者修订和推行新的课程大纲）不能确保课堂实施课程（implemented curriculum）马上就能产生实质性的变革。所以我们更加应该看到各高校大学英语教学部的行政领导层以及进行课程具体实施的大学英语教师和同学们，而这两个层次可以被称为大学英语课程的内部影响因素。Tsui（2003）和 Zheng（2005）的研究表明，英语教师是课堂的实践者、决策者和改革者，他们在多大程度上接受改革、为什么要改、如何改等会直接影响课堂教学改革的效果。因而，对大学英语教学改革中的关键人物——英语教师进行深入、细致的研究显得尤为重要（王晓群和郑新民，2005：48-53），这也是本研究选取教师作为研究视角的主要原因。

进入 21 世纪以来，我国大学英语课程最突出的特点就是改革。自 2003 年教育部启动大学英语教学改革以来，前十年所取得的成就是有目共睹的，“重视交流能力培养，重视计算机网络技术在外语教学中的应用，重视发展学生自主学习能力，不仅抓住了历史机遇，也适应了时代的要求，有其历史的合理性和必要性”（王守仁，2013:10），也就是说，改革前期的重点放在了教学模式和学生自主学习能力培养方面。然而，虽然通过中央政府的行为启动了改革，对大学英语课程建设起到了较大的推动作用，但是，如果没有学校的自主改革行为予以真正实现和深化，没有课程的学术研究行为相辅相成，给以引导，也不能达到良好的效果。课程的实施如果只停留在模式的转变上，也不能达到改革的本来目标。

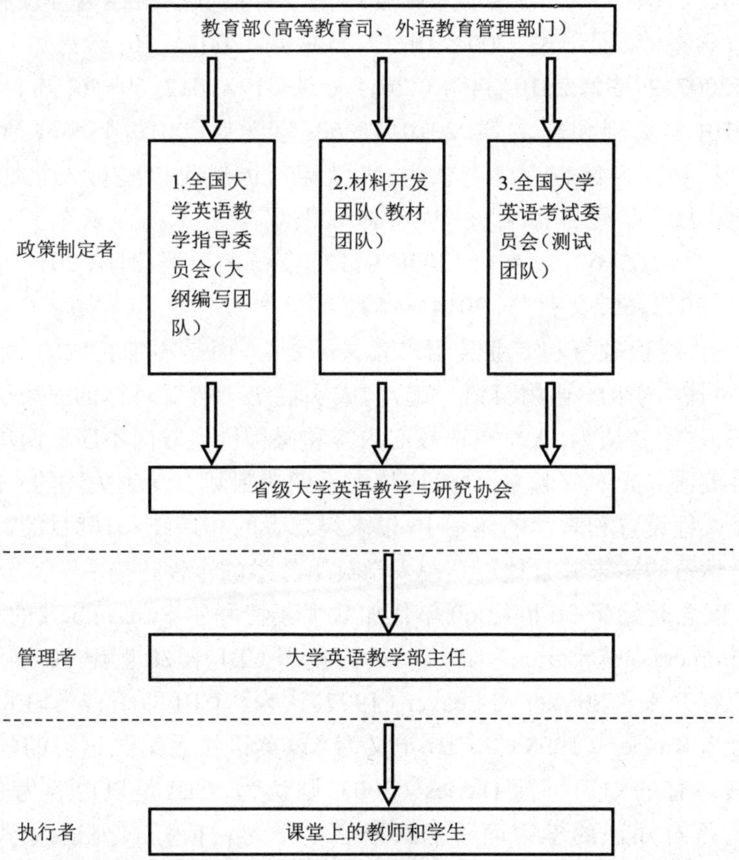

图 3-9　中国大学英语教育政策层次示意图（改编自 Hong Wang，2006: 7）

2）由模式向内容的转变

自 2010 年开始，大学英语教学改革的重心已经悄然转向了课程和教学内容。

对于大学英语课程的核心内容人们曾有过所谓的"通专之争"。2010年5月召开的"全国大学英语信息化教学改革成果总结暨外语通识教育与课程设置高层论坛"上，与会者提出了教学改革的关注点将由教学"模式"转向"内容"以及"外语通识教育很可能成为中国外语教学的一个重要转折"等观点。而蔡基刚等(2010:20-25)很快对此提出质疑，力主专门用途英语才是未来大学英语的主要教学内容。也就是说，"通派"强调以英语为教学语言推广通识教育或在大英教学中加入中外文化及各学科知识，增加课程的文化内涵(王哲和李军军，2010:3-8；吴鼎民和韩雅君，2010:9-13；柴改英，2010:14-19；王二霞，2011:46-50；陈坚林和顾世民，2011:3-8)；"专派"则强调大学英语教学应结合学生的专业，培养学生的科学素养(程雨民，2002:10-12；章振邦，2003:2-6；秦秀白，2003:79-83；蔡基刚，2007:27-32，2010:34-40，2011:609-617，2012:69-76；陆俭明，2010；杨惠中，2010；蔡基刚和廖雷朝，2010:47-50；赵学旻，2010:43-46；孙有中和李莉文，2011:1-4)。当然也有学者认为，大学英语仍然应该坚持人文性与工具性并重的原则，大英课程目标应该"以整体知识观与整体教育观"解决两者的分歧(吴鼎民，2005:65-67；成镇权，2008:9-12；殷和素和严启刚，2011:9-14；赵林静和柳华妮，2012:69；文秋芳，2014:1-8)。

事实上，通识教育和专业英语二者并不矛盾，而是相辅相成的，都是以内容为依托的，并且"与大学通用英语一起，构成实现统一教育目标的三个层面"(杨帆，2014:123)。笔者认为，大学英语核心内容和课程价值取向不应该简单地把通识教育和学科英语二元对立起来，而是应该把近期在国际上受到关注的CBI，理念纳入大学英语课程设置和教学的体系中，以求得二者的和谐统一，其目的都是为了满足学生英语学习的需求并且体现学校大学英语教学的个性化。

CBI理念起始于20世纪60年代加拿大蒙特利尔St. Lambert的"沉浸式"实验项目(immersion program)，其成功经验使得CBI于20世纪80年代在美、英等国逐渐流行开来。Stryker & Leaver (1997)认为，"CBI即语言学习和内容学习的完全融合"，Kasper (1998)将CBI定义为"以英语作为第二语言的学生利用英语来扩展其现有的知识"，而Davies (2003)则认为，CBI是以内容为基础的教学，其强调的是对知识的学习而不是对语言的学习。依托式外语教学的基本原则是将外语作为学习各种学科内容的媒介(medium)，使学科内容成为学习语言的源泉，语言能力的获得则是理解这些学科信息及内容的副产品(Genesee, 1987)。Leaver & Stryker (1989)还归纳了CBI的四个显著特征，并被其他研究者广为传播：① 以学科知识为核心；② 使用真实的语言材料；③ 学习新信息；④ 课程设置符合不同学生群体的需要。

CBI 在不同的教学环境中的运用也已见成效，其中比较典型的教学环境有大学水平通用英语教学（university-level general English）、学术英语教学（EAP, English for academic purposes）、专门用途英语教学（ESP, English for specific purposes）以及职业培训英语教学（English for occupational/vocational/ professional purposes）等（Leaver, 1989）。CBI 在国外用于学科教学方面，Briton（1989）将 CBI 附加模式应用在人类学、计算机、地理、政治、心理学等学科的教学中进行了教学实践，倡导学生把语言读写的学习和内容的学习相结合；Johnson（1997）进行了基于地理、历史、文学等学科的保护式 CBI 教学实践，丰富并验证了真实语料和真实学习情境对提高学习者综合语言应用能力的有效性；Smoky（2001）针对 CBI 教学与培养学生批判性思维能力的相关性进行了深入的实践研究，完善了关于在 CBI 教学模式中兼顾学习者学习体验和技能发展的相关理论（转引自刘曲和马丽娣，2014:109）。因此，孙有中和李莉文（2011:1）认为，中国外语界应该高度关注对于内容依托教学领域的研究，积极大胆地开展教学改革实验，实现我国高校英语专业和大学英语教学的历史性转型和升级。

近十年来，不少学者关注了大学英语教学环境下 CBI 的应用问题，有的对 CBI 应用于大学英语教学进行了实证研究（徐德宽，2006:29-33；袁平华和俞理明，2008:59-64；顾飞荣和施桂珍，2009:32-34）或行动研究（王丽娟，2009:75-79），通过数据收集和分析证明了 CBI 理念在大学英语相关课程中的应用是有效的。有的直接指出大学英语改革的出路，特别是四级后大学英语教学应该是 ESP 和 CBI（王蒙，2006；蔡基刚，2011；俞理明和韩建侠，2012；李晓媛，2013），因为 ESP 回答了"教什么"、CBI 回答了"怎么教"的问题（孙有中和李莉文，2011:2-4）。

Crandall & Tucker（1990）认为，CBI 是一个包含众多内容的概念，它既包含课程设计、教学项目，也包含语言教学手段和方法。Stryker & Leaver（1997）认为，CBI 是语言和内容学习的综合，它把语言学习的焦点从以往传统的注重语言学习本身转移到通过学习内容来掌握语言技能，并进一步指出 CBI 是一种真正意义上的、全面的外语教育观念，它"可体现为一种哲学理念、一个教学方法体系、某一课程的大纲设计或是某一门课程的教学安排"。

从以上分析可看出，CBI 教学理念与我国本次大学英语教学改革中倡导的"各个学校应当根据本校的实际情况，按照《课程要求》确定本校的大学英语教学目标，并以此为基础设计自己的大学英语课程体系"是不谋而合的。在对综合英语类、语言技能类、语言应用类、语言文化类和专业英语类等必修课程和选修课程有机结合，进行校本的课程设置时，本校的大学英语教学目标完全可以通过与各校专业的学习内容有机结合，以实现内容驱动语言学习并同时体现校本特色的目的。也正是有了这样的教学理念，才使得大学英语课程的校本化有了更加清晰的落脚点。

3.4.4 大学英语校本课程概念的界定

在进入大学英语校本课程概念界定之前，我们有必要再次对校本课程的含义以及我国的校本课程开发现状进行概述。路华清等（2011:131）指出校本课程开发从字面上看有两个层面的含义：一种是“校本课程的开发”，即把校本课程视为与国家课程对应的课程板块，把校本课程开发活动限定在允许的有限课程范围之内。国家授予学校一定的自由或自主性，允许它们决定部分在学校中实施的课程。这个部分是国家课程、地方课程以外的领域。另一种是“校本的课程开发”，它的重心在“校本”上。其权限和范围要远远大于前者，既指根据本校实际，对国家课程和地方课程进行“再加工与整合”，从而“校本化”地实施；又指根据学校实际，开发出与国家课程、地方课程相对应的“课程板块”（校本课程）。即学校按照自己的教育哲学思想对学校的部分或全部课程进行不同程度或层次的开发。

我国目前还处于校本课程开发的初级阶段，按“校本的课程开发”来对校本课程做硬性的规定并不符合实际，应相对模糊“校本的课程开发”和“校本课程的开发”的界限，以便鼓励各种层次和水平的校本课程开发（路华清等，2011:131）。因此，把“校本课程开发”界定为：为满足本校所有学生的学习需求，以国家课程政策为指导，基于学校自己的办学理念、特点和条件以及体现学校特色的课程资源，由学校成员自愿、自主、独立或与校外机构（团体或个人）合作进行的课程规划、设计、编制、实施和评估活动。前文（详见本书3.3节）提及沈家驹和马卓（2006:26-27）在界定英语校本课程开发时也表达了几乎同样的观点，认为其主要包含两层含义：一是使国家课程校本化、个性化；二是学校设计开发新的英语课程。

通过以上对校本课程和我国特有的大学英语教育发展历史的梳理，本研究拟将大学英语校本课程（college English school-based curriculum development，简称 CESBCD）界定为：

> 各高校以国家的大学英语教学相关文件为指导，依据学校自身的定位、性质、特点、水平以及可开发利用的资源，由学校或院系统一部署或学校教师自主进行，独立或与校内外团体或个人合作开发，旨在满足本校非英语专业大学本科生的英语学习需求并体现本校专业特色的英语教学规划、设计、实施和评价活动。

从以上定义可以看出，原则上每个学校都有自己的大学英语校本课程开发活动，并且是一个动态持续的过程，只是开发程度有所不同。总体来说，大学英语校本课程首先应该符合校本课程三方面的含义：一是为了学校；二是在学校中；三是基于学校。“为了学校”体现在使课程校本化或者开发全新课程以体现学校的办学特色和满足本校学生的需求；“在学校中”指的是课程的规划、实施和评价均在本校范围内进行；“基于学校”指的是以学校的教师为课程开发主体，以学校所能获取的课程资源为开发基础。另外，大学英语课程还要体现其学科特征，比如课程内容的多元化（通用英语、通识教育、跨文化交际、专门用途英语、学术英语、职场英语等）以及与学生专业学习的融合（如以内容为依托的教学理念）。

具体而言，本研究对大学英语校本课程的定义体现了以下几个要点：

要点一：大学英语校本课程开发应该以国家的大学英语教学的相关文件为指导，并非漫无边际的自由开发。高校的课程中，没有哪一门像大学英语这样受众如此之广，因而也没有哪一门课程受到教育部如此关心并接连出台相关文件政策给予引导。正如接受笔者访谈时一位外语教育专家提到的，对于大学英语课程的开发，即将出台的大学英语教学指南在鼓励各高校考虑自己的实际情况的同时，也有一定的规范，提供了课程设置的不同菜单给各个高校参考，酌情进行选择，并非课程想怎么设置就怎么设置。

要点二：依据学校的定位、性质、特点、水平以及可开发利用的资源，同时，还应该符合英语课程开发的基本规律。正如前文提到的 Graves（2000）和 Nation & Macalister（2010）所给出的动态设计观一样，大学英语校本课程在课程开发的规划、设计、编制、实施和评价活动中，各环节没有硬性规定的起点，设计者可以从任何一个环节开始，在评估和反馈的作用下不断调整改进，以顺应学习者和学习环境的要求，同时，发挥教师的创造性（王峰和刘雪勤，2011:69）。

要点三：正如崔允漷（2000）所指出的那样，绝对意义上的课程开发是指学校共同体的全体人员对学校的全部课程进行独立自主的开发，那么最理想的校本课程开发动因就是教师自愿自主进行的。但是，鉴于我国大学英语课程特有的历史条件和现状，本书所探讨的大学英语校本课程开发中，由学校或院系审时度势进行的统一部署，也视为校本课程的开发的动因之一。

要点四：“一般认为，校本课程资源是指在校本课程设计、实施和评价等整个课程编制过程中可利用的一切人力、物力以及自然资源的总和，它包括教材及学校、家庭和社会中所有有助于提高学生素质的各种资源”（刘旭东等，2003）。虽然校本课程开发的场所发生在学校内部，但其对人力资源的利用绝不局限于某所学校本身，大学英语校本课程开发人员不仅仅是校内教师独立或校内教师合作，也可以是校内教师与校外人员或机构的合作。

要点五：本书所指的大学英语校本课程宗旨是满足本校非英语专业本科生的英语学习需求，暂不包括非英语专业研究生课程和高职学院学生的课程。但是，个别院校英语课程在英语专业和非英语专业的学生中有所交叉重叠，也在本书研究的范围之内。

要点六：校本课程开发的范围不能简单地归结为某一种课程类型，它可以有不同的变式、不同的类型，可以是活动课、选修课，也可以是必修课。本书所界定的校本课程可以是正式的课程，也可以是非正式的课程，如为了满足学生的需求而开展的英语角、英语活动月等，但是，一定是校方或院系有组织的英语活动，学生的自主学习活动不在本书所探讨的校本课程范围之内。

要点七：校本课程开发是课程开发的其中一种形式，一般应涉及课程的规划、组织、实施、评价等课程开发的惯常环节，不仅仅指某一个单独的开发环节。

要点八：有学者把英语校本课程的活动类型分为补充类课程和拓展类课程。就大学英语校本课程的活动类型而言，语言技能类的大学英语课程虽然教学目标、教学组织管理、考核评价体系等也会因校而异，但毕竟难以体现大学英语课程开发的校本特色，可以被看作国家课程的校本化。本书所述的更为典型的大学英语校本课程，通常是指依托通识教育、特殊用途英语、职业英语、学术英语、跨文化交际等内容的大学英语课程。

3.4.5 大学英语校本课程的研究现状

史光孝（2012：113）关注了隐性课程在外语课程设计中的作用，认为外语课程设计应该情景化，也就是要开发校本课程。他认为，长期以来我国奉行的“行政型”的课程决策管理模式形成了一种“上定下行”的“专制化”课程管理体制。从本书第3章（详见3.4.1节）中对大学英语课程历史变迁的回顾我们也可以清晰地看到，大学英语课程的开发管理也没有逃脱此种境况，相当长的一段时期内实施的都是“一纲一本”、权力高度集中的“国家本位”课程开发模式和课程管理体制。因此，在这种情况下探讨大学英语校本课程开发就具有特别的重要意义。

“大学英语校本课程”的概念在国内虽然少有研究者提及，但的确有学者将其纳入自己的研究范围中。因为这一主题是本书的研究核心所在，所以，有必要对数量稀少的相关论文进行一一解读。总体来说，国内对于大学英语校本课程的研究基本上都是由教育学中校本课程概念引发的理论层面的探讨，内容涉及概念定义、性质特点、可行性、开发的必要条件、开发模式和途径、课程资源建设以及对于教师专业发展的促进作用等。

首先，研究者们对大学英语校本课程及其开发的概念试图进行了定义。吴寒(2011:73)认为，既然校本课程开发是“一个以学校为基础、教师为主体，课程专家、学生、行业、企业专家共同参与对学校课程教学内容的规划、编制、教学实施和考核评价的过程”，那么，由此衍生而来的大学英语校本课程开发即以各高校为基础、以大学英语教师为主体，课程专家、学生、行业、企业专家共同参与对高校大学英语课程教学内容的规划、编制、教学实施和考核评价的过程。这一定义强调了课程开发的过程性，偏向于动态的解读。而王伟(2012:59)的定义是“学校根据本校的教育哲学，通过跟外部力量的合作，采用选择、改编、新编英语教学材料或设计英语学习活动的方式，实施和建立内部课程评价机制的各种专业活动，为学生提供优质的英语课程资源”，突出的是大学英语校本课程开发的最终目的，就是为学生们提供优质的英语课程资源，偏向于静态的解读。笔者认为，这两种概念的解读各有其道理，但都没有达到全面细致的高度。

在大学英语校本课程的性质特点方面，朱翠华(2008:452-453)认为，大学英语校本课程开发需要三个必备条件：① 建立稳定的大学英语教师队伍，充分授予教师专业自主权；② 不断进行资源环境建设，提供充足的校本开发资源；③ 建立有效的校本课程管理机制，保障教学改革的成果。冯淑霞(2012:233-234)认为，高校实施英语校本课程开发旨在形成开放性英语课程体系，沟通英语课程内部各部分之间、英语与其他学科之间乃至英语与现实生活之间的联系，从而增加英语课程的弹性，以适应不同学生的个性化需求。王伟(2012:60)强调英语校本优质课程开发既要符合学生实际、满足学生的需求，又要突出教师在课程开发的主体地位并关注英语教师的专业发展，同时，以校为本，形成和体现学校特色。王毅(2012:95)提出建立英语校本优质课程的三点启示：① 英语教学要有很强的针对性；② 教师是课堂质量的保障；③ 职业英语是大学英语教育的发展路线，对接社会是大学英语教育的生命线。

而在课程资源建设方面，冯淑霞(2012:233-234)建议通过充分利用互联网上的英语教学资源、积累校园网中的英语课程资源和开展英语教学课件制作的横向交流来进行课程资源建设，而且在实践型英语校本课程内容网络平台的建构方面提出了自己的意见。楼敏盛(2008:166-168)、杨廷君等(2009:290-294)、钟雪和张维益(2011:36-37)关注了大学英语校本教材开发的问题，论述了校本教材开发在增强学生兴趣与提高教师科研能力方面的重要意义、校本教材开发的必要性与可行性、校本教材开发的层次与校本教材的编写原则等。杨港

(2014:162)认为,随着大学英语教学改革的深入,校本课程开发必将成为提升高等学校英语教学质量的有效途径之一,但是,"成功的大学英语校本课程范例少之又少,校本教材建设也十分缓慢"。他的研究在分析相关理论和实证研究数据的基础上给出了基于立体化教材的大学英语校本课程设计模式,如图 3-10 所示。

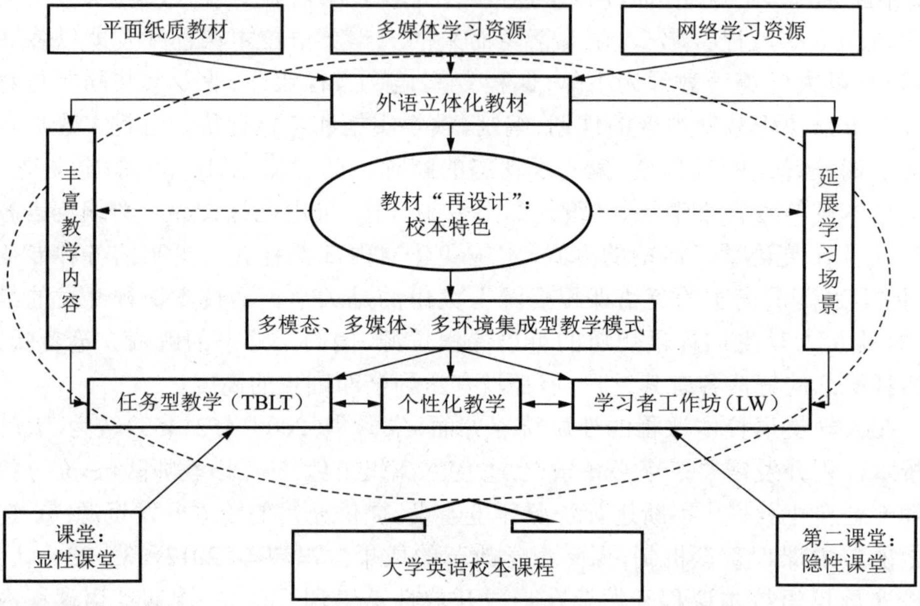

图 3-10 基于立体化教材的大学英语校本课程设计(杨港,2014:163)

在大学英语校本课程的建设和开发方面,王伟(2012:59-60)借鉴了校本课程建设理论中的需求主导、条件主导、目标主导三种开发模式。朱翠华(2008:453-454)认为,大学英语校本课程开发的途径和措施也有三种:① 针对国家大学英语课程设置的不足,大学公共英语校本课程要以本校学生的英语基础和学校的办学特色为依据,遵循英语的学习规律进行合理设置;② 编写符合学生实际需要的大学公共英语校本教材;③ 进行大学公共英语校本课程的科学评价,包括对校本课程本身的评价和校本课程实施过程中对学生的评价。赵丹婷(2014:34)认为,大学英语校本课程开发的内容包括课程的目标、内容与评价的开发;而大学英语校本课程开发的策略包括明确学校办学理念和教育目的、制定具体的课程目标、设计课程规划方案、制定实施方案以及制定评价修正方案等。

在校本课程与教师职业发展方面,丁锡民(2010:271)认为,在大学英语校本课程开发中教师的角色是缺失的,其原因主要在于传统教育体制的影响、英语教师的课程惰性和英语教师课程开发能力的欠缺。吴寒(2011:71-75)重点关注了校本课程开发对青年外语教师科研能力提高和专业发展的重要作用,认为在课程开发的过程中,青年外语教师作为校本课程开发的参与主体,其专业自主权受到尊重是不言而喻的。同时,参与校本课程开发也会从三个方面提升其职业发展:一是不断强化科研意识,促进研究能力的提高;二是不断更新和深化自身知识;三是促使青年教师将自己的教学活动作为研究的对象,以改进自己的教学过程。

在信息技术与大学英语课程结合方面,研究者们主要关注了自2012年以来迅速席卷全球的慕课对于大学英语课程校本化的影响,认为这既是挑战也是机遇。马武林和胡加圣(2014:50-53)认为,慕课对于大学英语课程的教学质量、教学内容和评价方式都带来了极大的挑战,并依据高校的不同层次针对性地提出了利用慕课资源助力大学英语课程校本化的建议。黄林林(2015:178-218)考察了慕课资源如何与大学英语课程教学整合以促进学生英语语言能力的培养的问题,从国内外慕课校本化设置和大学英语慕课校本化开发两个层面论述了多元化大学英语慕课课程的设置与开发。

不能忽视的是,另有一些研究者虽然没有明确提出大学英语校本课程作为自己的研究对象,但其文献的字里行间却流露出对校本课程构建与开发的期冀。如王海啸(2004:21-25)明确提出从大学英语教学的需求和条件分析入手,制定"个性化教学大纲",其中需求分析除了从社会需求角度来看,更多涉及的是具体高校的学生、教师和教学管理者层面;而大学英语教学条件分析除了外部的社会环境分析之外,更多的是对本校的校园环境、学习者状况、教师状况和教学管理状况等进行的条件分析。而在此之后"对学校大学英语课程做总体的教学安排,选择课程类型、设置班型、分配课时与学分、制定课程教学大纲、建立教学评估与教学管理等体系,以及建设教学环境等",无一不能被包含在课程开发的规划、实施以及评估的三大环节中。事实上"个性化教学大纲"的制定所探讨的正是大学英语课程的校本化设置问题。吕丽珊(2013:143)也认为,目前高校的大学英语应该"衡量当前国际发展、学校师资力量以及高校教育规划等因素,根据不同的地区和学校发展,全面统筹、分类指导……既要有全球视野,也要关注本土化的发展需要、学生的就业需求,朝着人文化、个性化、多样化、专业化的教育发展"。

从以上对英语校本课程研究、大学英语校本课程的研究文献进行综述后可以发现,虽然我国高校的大学英语课程已进入内涵式发展、个性化转向的关键时期,大学英语课程校本化开发的问题迫在眉睫,但是目前对大学英语校本课程的研究不但文献数量极少,而且大都是对理论层面的思辨探讨和个人体会的主观阐述。

鉴于大学英语校本课程的设置与开发符合新时期大学英语课程改革的主流方向，是避免当前我国大学英语课程千校一面的唯一出路，是实现大学英语个性化教学诉求的根本途径，是打造高校特色办学的有效手段，是满足大学生英语学习需求的解决方案，也是与后现代课程观所倡导的知识观、价值观、课程观相一致的课程发展观，尤其契合新的大学英语教学指南所倡导的大学英语课程服务性定位，有望成为今后一个阶段大学英语教学和课程改革的主流趋势。因此，大学英语校本课程设置开发的相关研究不仅有着很大的研究空间和实际意义，而且十分紧迫。

3.5　本书的概念框架和研究路线

（1）本书的概念框架。

基于前述的理论回顾和文献综述，可以看出，校本课程设置的主体是教师、学生以及课程管理者。他们在校本课程建设中会受到来自各方面因素的影响，这些影响大致可以分为学校的外部因素和内部因素，其中外部因素包括（但不限于）国家层面的发展战略和政策（尤其是外语教育政策）、高等教育领域的发展趋势、其他高校的影响等，内部因素大致包括（但不限于）学校的传统和文化、学校及课程领导者的意愿和支持、课程管理方式、学生需求及参与度、课程资源、教师课程开发水平、课程评价机制、教师信念和时间精力投入等。笔者借鉴郑新民（2005:82）提出的教师专业发展框架的模式，提出了本研究的概念框架，如图 3-11 所示。

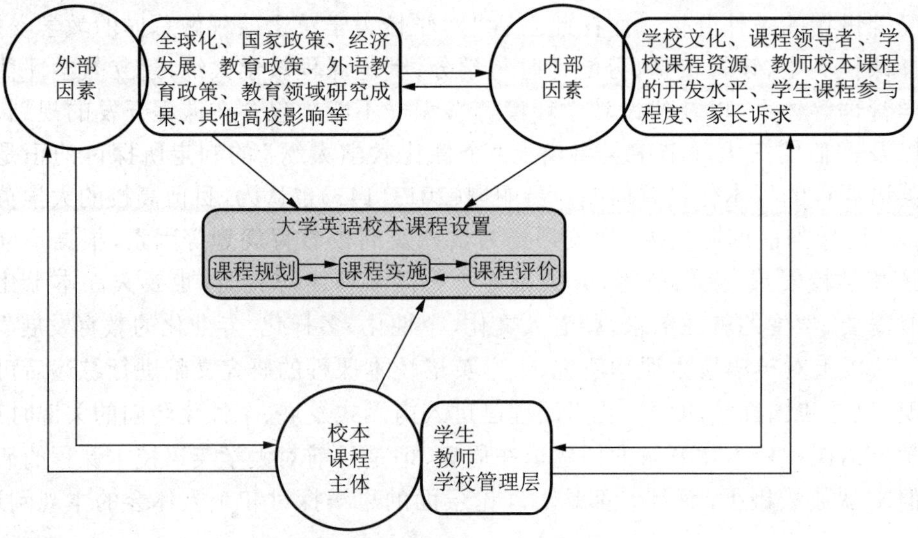

图 3-11　大学英语校本课程的研究框架

从以上框架可以看出，大学英语校本课程主要是学校内部课程主体共同开发的结果，这个过程受到了诸多外部因素和内部因素的影响，各因素之间也有着错综复杂的关系。比如，外部因素与内部因素之间、内部因素本身之间都有程度不同的相关互动；再比如，大学英语校本课程内部的三个环节（即课程规划、课程实施和课程评价）之间也是互相关联形成的一个动态发展的整体。虽然在校本课程设置开发中存在三个方面的主体，但其中教师主体起着决定性的作用，在我国当前环境下的大学英语课程设置和开发现实中尤其如此。因此，本研究将主要从教师主体视角探究我国大学英语课程设置开发情况及其影响因素，而暂不深入考察学生和课程管理者主体。此外，大学英语校本课程内部是个动态创生的系统，三个环节之间涉及诸多因素错综复杂的联动和影响。限于笔者精力和本书篇幅，本研究将其视为一个整体，对内部三个环节的关系暂不做深入探讨。因而上述的概念框架在本书中可以聚焦为图3-12。

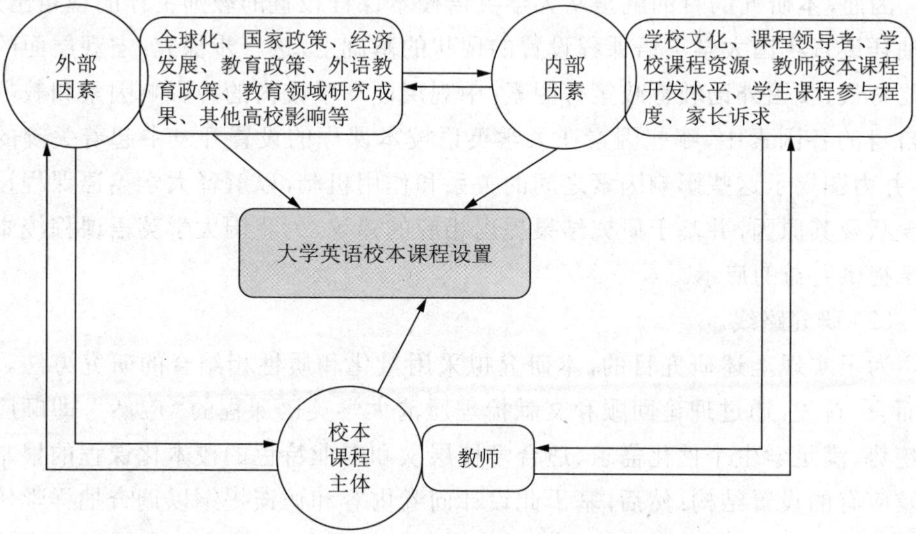

图3-12 本书的大学英语校本课程的研究框架

如果把全球化背景、国家政策、外语教育政策等学校外部因素作为宏观层面的因素，学校文化、课程领导者、课程资源、学生参与度等学校内部因素作为中观层面因素，上图可以理解为在宏观层面的各个因素影响下，学校相关因素与教师主体互相作用，并与教师主体共同决定了大学英语校本课程的设置开发。据此，本研究的概念框架可以更为直观地展示如图3-13所示。

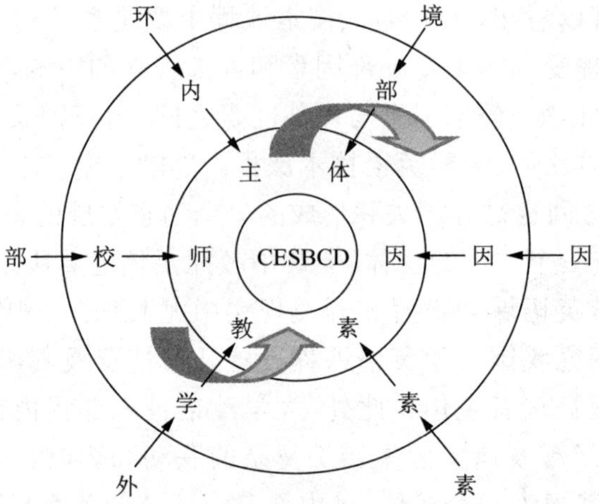

图 3-13　大学英语校本课程设置的概念框架

因而，本研究的目的就是从大学英语校本课程设置的教师主体的视角出发，在抽样调查我国大学英语课程设置的现状的基础上，进一步探究：宏观层面的全球化背景、我国外语教育政策等因素；中观层面即学校内的各影响因素和教师主体自身的各因素中，哪些因素在大学英语校本课程的设置开发中起着关键的作用，并力图揭示这些影响因素之间的关系和作用机制，以解释大学英语课程设置的现状及其原因，并基于研究结果提出相应的建议，为我国大学英语课程校本化改革提供有益的启示。

（2）研究路线。

为了实现上述研究目的，本研究拟采用量化和质性相结合的研究方法。具体而言，首先，通过理论回顾和文献梳理厘清大学英语课程的“应然”，即顺应时代趋势、满足学生个性化需求、适合学校层次和专业特色的校本化课程的根本目标及应有的设置结构；然后，基于此设计问卷内容和访谈提纲以调查抽样学校的“实然”，即被调研学校的大学英语校本课程的设置与开发现状；之后用探索性因子分析界定哪些层面的哪些因素影响了我国当前大学英语课程的校本化设置；在这个基础上构建大学英语校本课程影响因素的相互关系模型，并用访谈获取的质性数据进行三角验证。整个研究路线大致如图 3-14 所示。

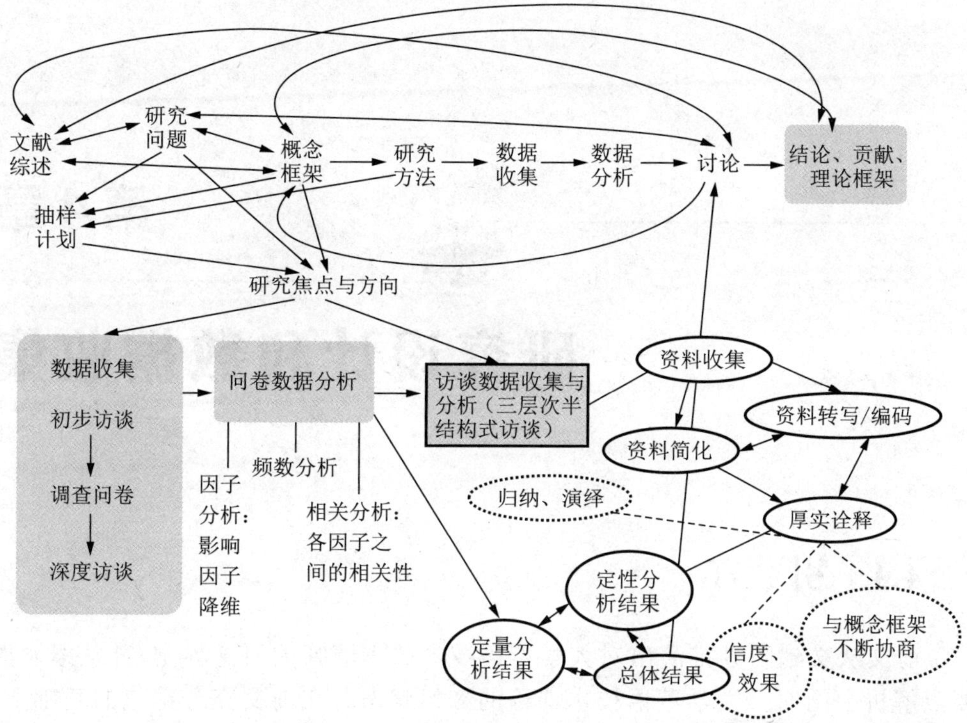

图 3-14　大学英语校本课程设置研究路线

（改编自郑新民，2014）

3.6　本章小结

由于研究的出发点和角度不同，对同一个概念的界定往往不尽相同。但是，在进行学术问题讨论时，我们需要把自己对核心概念的认识及理解明确地表达出来，为试图所做的研究提供清晰可辨的逻辑前提。

在第 2 章进行了理论基础的阐述之后，本章首先从宏观层面回顾了国内外对于校本课程的研究，之后的文献综述和研究现状回顾力图从各层面贴近本书的研究对象。回顾内容包括我国高校层面的校本课程研究、我国英语学科校本课程研究（包括中级教育阶段英语课程、高职高专阶段英语课程）、我国大学英语课程设置的演进等，并由以上相关内容层层推演出本书的核心概念——大学英语校本课程。随后，本章归纳分析了我国对于大学英语校本课程这一主题的研究现状。本章结尾处力图清晰呈现本书研究的概念框架，展现研究路线，为下一章提出研究问题、进行研究设计提供了充分的准备。

第4章

研究设计和数据收集

4.1 引　言

前文从文献回顾推演出对大学英语校本课程清晰的概念界定，并从概念的要点解析中阐明了大学英语校本课程的应然状态。在前文充分铺垫的基础上，本章主要对本书的研究设计进行了描述。任何一个目的明确的研究首先应提出具体、清晰的研究问题，本章开门见山地提出了本书的三个核心研究问题。对照大学英语校本课程的理想状态，第一个研究问题主要用于了解大学英语校本课程的现状，也就是其实然态，考察分析后发现与应然之间有着很大的差距；接下来的第二个研究问题力图找寻造成应然、实然之间差距的主要原因；第三个研究问题则进一步探查主要影响因素之间的互动情况。

接下来紧密围绕研究问题报告研究对象的抽样和确定，本章最终选取了不同地区、不同层次、不同专业特色的25所高校及其部分大学英语教师作为研究对象，并根据研究问题的性质选择了问卷、简短书面访谈和三层面深入访谈等研究工具。另外，本章还对数据收集方式以及拟使用的数据分析方式进行了报告。

4.2 研究问题和研究思路

4.2.1 研究问题

本书将主要围绕以下三个核心问题展开研究。为了使研究更加方便和充分，每一个核心问题又分化出三个密切相关的次级问题，具体内容如下：

（1）关于大学英语校本课程的现状。

① 我国大学英语校本课程的开发现状如何？

② 呈现出哪些校本课程的类型？

③ 在不同层次和不同专业特色的高校中有着怎样的共性和个性？

（2）关于大学英语校本课程的影响因素。

① 影响大学英语校本课程设置和实施的主要因素有哪些？

② 各自的影响力度如何？

③ 不同层次和不同专业特色的大学英语教师群体对主要影响因素的看法有无差异？

（3）关于大学英语校本课程影响因子之间的关系。

① 大学英语校本课程设置主要影响因素类别如何划分？分别包含哪些维度？

② 大学英语校本课程设置各类别内的主要影响因素之间关系如何？

③ 大学英语校本课程设置不同类别主要影响因素之间的关系如何？其整体互动机制是怎样的？

4.2.2 研究思路

上节所述的第一个核心研究问题的次级问题主要设计为描述性问题，拟通过对不同地域、不同层次、不同专业特色的高校大学英语课程的问卷调查搜集相关数据，并以质性访谈进行交叉验证。首先，描述所调研的高校大学英语课程的总体情况，然后，分析不同层次、不同专业特色院校的大学英语校本课程的建设概貌，并通过对文献回顾中相关研究的归纳分析，设计出校本课程类别划分的维度标准，对所调研的高校的大学英语校本课程进行类型学分布考察，试图发现其共性和个性特征。

在研究工具之一的调查问卷设计中，第一部分收集答卷人的个人信息和所在学校的信息，其中个人信息部分包括性别、年龄段、教龄、学历、学位、职称等；而学校相关信息则包括院校的层次、类别、大英课程开设时间以及本校大英课程是否较好服务于院校的特色专业等。而最能够直接回答大学英语校本课程的开发现状这一问题的，是问卷调查选择题板块的第二部分，即大学英语校本课程开发的现状调查。根据前文对校本课程的文献综述，以及大学英语课程的实际情况，本研究共设计了11个问题，前四个问题为单项选择题，后七个问题为多项选择题，问题所涉及的大学英语校本课程的维度包括课程开发参与人员范围、课程资源开发方式、课程的开发范围、课程开设模式、课程开发的性质、课程开发人员合作方式、课程开发动因、课程开发支持层面、课程开发支持措施、课程开发参照文件或标准、课程开发中学生的配合度、课程评价等。

在对所调研的高校的大学英语校本课程进行总体描述之后，本研究还将对所收集到的数据进行分类专门处理，并根据高校的层次和专业类型分别进行比照性描述，用于回答不同层次和不同专业特色的高校中大学英语校本课程的共性和个性问题。

质性访谈拟选取三个层次的访谈对象：一是全国大学英语教学指导委员会的部分专家；二是部分高校大学英语课程管理层的人员；三是部分大学英语教师。三个层次的访谈因为访谈目的有所不同而设计了不完全相同的访谈提纲。在专家层面的访谈中，访谈提纲中包含有关于目前我国高校大学英语课程校本化的整体程度的题目，期待借助专家的视角，从为国家外语教育政策制定提供建议者的高度俯瞰，以探究大学英语校本课程在我国境内高校的总体情况。在对课程管理层的访谈中，整个访谈的第三部分问题都围绕着被访人所在高校的大学英语课程开设和校本课程开发现状展开，通过课程管理层的讲述能够近距离了解部分高校大学英语课程的实际建设情况。在对大学英语教师的访谈中，则较多设计了关于他们所教授的具体大学英语校本课程的相关情况的问题，拟从具体案例反思验证第一个研究问题的答案。

第二个核心研究问题的次级问题主要设计为探索性问题，拟通过问卷调查和质性访谈来获取数据，并通过因子提取寻找主要影响因素，通过数据比照发现不同层次和不同专业特色高校大学英语教师群体对于大学英语校本课程观念的异同。

在前期文献收集整理和分析以及小范围问卷试测的基础上，初步确定影响大学英语校本课程开发的主要维度，设计出用于因子提取的里克特五级量表，并通过使用较大范围的问卷试测，进一步确认影响因素的涉及范围和题目数量，形成问卷中量化数据的收集工具，然后进行正式的较大规模的问卷发放。问卷回收后拟使用社会科学统计软件包SPSS19.0的探索性因子分析提取出大学英语校本课程开发中主要的影响因子，建立影响大学英语校本课程开发影响因素的构念，并描述主要影响因子的影响力度。之后对不同层次和不同专业特色高校的数据进行分类整理和比照，试图找出其异同。

同时，对问卷中的开放式问题的答案进行归纳整理和分析，以收集质性数据对量化数据加以佐证。另外，适当使用三个层次质性访谈中的相关问题答案进行进一步的三角验证。

第三个研究问题设计为解释性问题，探究大学英语课程校本化的各种影响因素之间的互动关系，以解释造成大学英语校本课程开发现状的原因，以便为推进大学英语校本课程建设提供启示和建议。本研究问题拟主要对大体量访谈数据进行编码，从自由节点逐级向上抽象，直到建立起基于因子分析得到的影响因素的树形节点以及它们之间的概念关系图，由此挖掘各种影响因素之间的互动关系，以帮助建立大学英语校本课程影响因素及其互动关系的框架模型。

4.3 调查院校的确定

根据以上所列研究问题的性质和需要，依据按比例抽样和方便抽样相结合的原则，考虑了高校的层次、专业特色、地域分布和数据的可获得性等相关因素，本研究共选取了中国大陆境内25所院校作为开展研究的院校。这25所院校同时按照两个不同的标准进行了划分，其一是院校层次的划分，其中“985工程”（同时也是“211工程”）的院校4所，“211工程”院校5所，普通本科院校16所，三个层次院校数量的比例大约是1:1:3。另一个划分标准是院校的专业设置特点，分为综合类、准综合类（以农林牧水产、地矿、财经、政法、语言等为主体专业并逐渐向综合类发展的院校）、理工类、师范类和专业院校类（如医学、艺术、体育、军事、警察等院校）等一共五类院校，力图使本研究的抽样更加具有代表性和说服力。本研究所选取的院校及其代码汇总如表4-1所示。

表4-1 调查院校及其代码汇总

院校层次及代码	样本比例	院校数量	院校代码	院校所在地域
“985工程”院校和“211工程”院校（代码1）	16.7%	4	1-1、1-2、1-3、1-4	东北、华北、华东、华南
“211工程”院校（代码2）	20.8%	5	2-1、2-2、2-3、2-4、2-5	华北、华东、华中、西北

续表

院校层次及代码	样本比例	院校数量	院校代码	院校所在地域
普通本科院校（代码 3）	62.5%	15	A. 综合类（代码 3-1）：3-1-1、3-1-2、3-1-3、3-1-4 B. 准综合类（代码 3-2）：3-2-1、3-2-2 C. 理工类（代码 3-3）：3-3-1、3-3-2、3-3-3、3-3-4 D. 师范类（代码 3-4）：3-4-1、3-4-2、3-4-3、3-4-4 E. 专业院校类（代码 3-5）：3-5-1、3-5-2	东北、华北、华东、西南

每个学校参与调查的教师均采取随机抽样和方便抽样相结合的原则。参与调查的教师总人数为 450 人，详细情况见本书 4.5 节和 4.6 节。

4.4 研究工具与方法

4.4.1 调查问卷

本研究拟首先对抽样学校的部分教师通过调查问卷收集数据，以了解我国大陆境内高校大学英语校本课程设置的现状，并调查教师对大学英语校本课程各种影响因素的看法，以便从量化分析的角度回答研究问题一和研究问题二。

1）调查问卷的研制

笔者虽然进行了大量的前期文献搜索，但是未能获取与本研究密切相关并且具有较高信、效度的问卷，所以本研究的第一步就是要开发专门用于本研究的调查问卷。

(1) 大学英语校本课程的两层描述框架的建立。

针对第一个研究问题即大学英语校本课程设置开发现状的问题，本研究拟使用选择题来收集数据。为了将各高校的大学英语校本课程归入不同的类型，首先需要建立大学英语校本课程的分类框架。Marsh et al.（1990）建立的三维校本课程描述框架中，使用了“开发活动类型（即校本课程资源建设方式）”、“参与人员”和“投入时间”三个方面来划分不同类型的校本课程。显然，鉴于大学英语校本课程的复杂性，三个维度远远不能满足本书对大学英语校本课程的现状进行准确的描述，因此，本书借用了该描述框架的理念，并根据本研究的需要和大学英语课程的特点，构建了一个分层的描述框架，把"参与人员""校本课程资源建设方式""校本课程的开发范围"和"校本课程的开设形式"四个核心维度归拢起来。每个维度从一个方面体现了大学英语校本课程开发从起步到整合、再到成熟阶段的递进程度，作为大学英语校本课程的第一层(核心层)，即"大学英语校本课程成熟度"，设计成四个单项选择题题项，如表4-2所示。

表4-2 "大学英语校本课程成熟度(核心层)"描述框架

校本课程相关指标	起步 ——→ 整合 ——→ 成熟			
教师参与面	几乎没有教师参与	仅少数教师参与	一半以上教师参与	几乎全员参与
校本课程资源的建设途径	选用现成资源	对现有课程资源补充修改	对现有课程资源进行改编整合	创编本校全新课程资源
校本课程的多样化程度	只有非定向课程	一门大学英语课程	几门核心大学英语课程	体系化大学英语课程群
课程开设的具体模式	只统一开设语言技能类课程	统一开设以语言技能类课程为主修学分课程，拓展类课程为辅	统一开设以拓展类课程为主修学分课程，语言技能类课程为辅	并列开设语言技能类课程和拓展类课程，学分可以自由组合

此外，把"课程发起者""课程开发缘起""课程支持措施""课程目标参照标准""课程开发支持层面""学生态度""课程评价"七个维度作为第二层(辅助层)，即"大学英语校本课程辅助描述维度"，分别设计成七道多项选择题。由此得到的大学英语校本课程的两层次描述框架如图4-1所示。

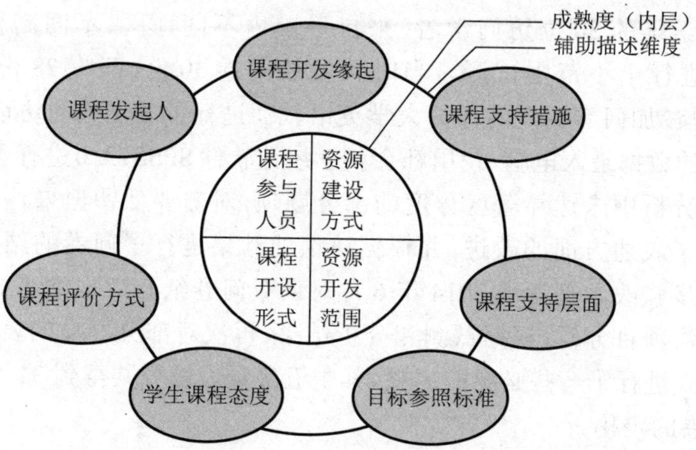

图4-1 大学英语校本课程现状的两层描述框架

为了方便对所调查的高校大学英语校本课程进行归类和讨论，本书尝试对上述校本课程现状的四个指标进行量化，依据开发现状把大学英语校本课程大致按照开发成熟度归为三种类型：初始型、整合型和成熟型。具体做法为：基于问卷数据的四个单选题进行加权后统计总分，每道题目选项1为1分，选项2为3分，选项3为6分，选项4为10分，并把四个分数相加，得到的总分小于等于10分的为“初始型”，总分介于11到24分之间的为“整合型”，总分大于25分的为“成熟型”。

（2）大学英语校本课程设置开发影响因素的初步界定。

对大学英语校本课程设置开发的各种影响因素及其影响程度的调查拟通过调查问卷采用五级李克特量表（Likert Scale）的形式进行数据收集，以回答研究问题二。国内一些学者从不同角度探讨过我国校本课程的影响因素，但是没有形成较为统一的构念结构，而且均是研究者直接借用校本课程理论或者进行思辨的结果，没有得到实证的支持或检验，更没有专门针对大学英语校本课程的影响因素研究。综合前文文献综述（详见本书3.2.2节）中刘彩霞（2006:8-10）、程福蒙（2006:30）、张炳意（2012:11）以及中学英语校本课程研究中（详见本书3.3.1节）所提及的校本课程各种影响因素，本研究初步将其划分为校外环境因素和校内因素两大部分。校外环境因素指宏观教育环境和教育政策等因素，而校内因素又细分为管理层支持、教师主体因素、学生、学校环境和政策、课程评价、课程基础和课程开发管理等诸多方面。笔者据此编制了调查问卷的草稿并进行了第一轮试测。

本研究所使用的调查问卷的草稿完成于2014年5月，并在上海市某高校2013—2014学年的30位访问学者（来自于国内不同地区、不同高校的大学英语教师）中进行了小范围试测。当时共发放问卷30份，回收28份，回收率为93.3%，并对参加问卷调查的部分大学英语教师进行了非正式的访谈。之后，笔者将所收集的数据录入电脑，使用社会科学统计软件SPSS19.0进行了项目分析，删除了项目分析中未达显著区分度的部分题项，对需要保留但未达显著区分度的部分进行了表述方面的改进，并根据访谈的结果进行了问卷的结构和语言表述方面的初步修改。笔者于2014年6月对调查问卷纸介版实施第二次试测，并进行了第二次项目分析，根据试测和分析结果，再次对部分题项的表述方式和问卷的整体格式进行了一些必要的调整，其中五级量表部分共得到31个题项。

（3）问卷的定稿。

在将部分问题进行反向处理后，为进一步保证数据收集的真实性和有效性，笔者添加了两道测谎题，就此得到终测的定稿问卷。整个问卷结构如表4-3所示。

表4-3 调查问卷组织结构

问卷构成		题项形式	题项数目	主要内容
Ⅰ概念简介		书面陈述	0	对大学英语校本课程概念的简要介绍
Ⅱ个人信息		选择题	10	答卷人性别、年龄、教龄、学位、学历、职称、院校层次、院校类别、大学英语课程基本情况
Ⅲ选择题	现状调查	单项选择题、多项选择题	11	共十一个题项：参与人员、资源开发方式、课程开发范围、课程开设形式、发起者、课程开发缘起、课程支持措施、课程目标参照标准、课程支持层面、学生因素、课程评价
	课程影响因素教师观念调查	李克特五级量表	34	外部环境因素加学校内部因素如管理层、教师主体、学生、学校环境和政策、课程评价、课程基础与课程管理方式等
Ⅳ简答题		书面陈述	2	对大学英语校本课程开发、实施的关键影响因素的进一步调查

2）问卷的发放与回收

本书调查问卷的发放和回收主要在2014年9月至10月共两个月的时间内进行。因为调查对象涉及我国大陆境内多达25所高校，考虑到答卷人的配合意愿以及问卷回收的快捷和有效等多方面的因素，本研究在所研对象的每一所高校都有一位直接联络人。

另外，为了让问卷使用更加方便，回收更为快捷有效，本研究共设计了两种不同形式的问卷：纸介版和电子版（两种形式的问卷内容完全一致），并与联络人商议其所在高校倾向于使用的问卷形式。纸介版由笔者打印备好，附带一份问卷注意事项，邮寄给所研对象院校的联络人，并委托联络人将问卷一一发送至答卷人手中，问卷答题结束后，由联络人负责统一收取后标注发放和收取的时间、数量等相关信息，并邮寄至笔者处。电子版由笔者连同问卷注意事项通过电子邮件发送到所调研的高校的联络人处，再由联络人将电子邮件转发给答卷人，并告知回收日期。调查问卷答题结束后，由联络人通过电子邮件收取电子版问卷，汇总后依然通过电子邮件发给笔者。

3）问卷开放式问题答案的收集与处理

本研究所使用问卷的最后一部分为开放式问题。为了保证问卷的简洁性和答卷人的情感因素的正面性，笔者共设计了两个极为相关的开放式问题，分别是："1. 您认为影响大学英语校本课程开发的最重要因素是什么？为什么？"；"2. 您认为目前推进大学英语校本课程开发面临的障碍有哪些？为什么？"，以挖掘答卷人可能会提供的其他数据，并验证从李克特量表中获取的本研究核心研究问题的答案。

在归并开放式问题答案的过程中，笔者主要采用手工归并的方式，依据答案的语言描述，参照前文所提取的影响因素构念，将答案首先归并到几个主要维度中，在各个维度范围内，设立较为详细的因子项目，并一一进行频度和百分比统计，以比照验证问卷调查所收集的量化数据，进一步从大学英语教师的视角探讨大学英语校本课程的影响因素，增加研究的信度。

4.4.2 访谈

前文所述的问卷调查主要是以量化形式（问卷中的开放式问题除外）收集与大学英语校本课程设置开发现状以及教师对于课程开发影响因素的信念等相关的数据，并通过因子分析的手段建立起大学英语校本课程设置开发的影响因素的构念效度，使得影响大学英语校本课程设置开发的各因素有了一个初步的解释框架。众所周知，社会科学的研究借助自然科学领域的量化研究方法是一个突破，但仅仅依靠量化数据的研究在研究效度和深度方面受到了较多的质疑，三角验证（triangulation）是得到越来越多研究者认可的研究范式。因而本书设计了访谈环节，其总体目的是试图从质性数据分析的角度弥补量化分析在深度方面的不足，以更好地回答本书的三个研究问题。

本研究根据前期查阅资料和问卷调查的数据分析，结合我国高校课程开发与管理的宏观、中观和微观三个层面的情况，最终确定了三个层次的访谈对象，分别是全国大学英语教学指导委员会部分委员、部分所调研的高校的大学英语课程管理层和部分所调研的高校的大学英语校本课程授课教师。除先期的试访谈和后期的追加访谈之外，本研究作为数据收集工具的访谈计划主要在 2014 年 10 月至 12 月之间进行。除时间或条件所限个别采用小组访谈和个人录音访谈、书面访谈的形式之外，本研究采用的访谈形式主要是个人面对面半结构性访谈。

初步与被访人联络沟通之后，本研究访谈对象以及访谈过程的相关信息等计划如表 4-4 所示。

表 4-4 CESBCD 研究访谈计划一览

访谈类别	访谈对象	访谈对象身份	计划访谈时间	访谈地点	访谈方式	访谈提纲版本	预计访谈持续时间
专家访谈	专家之一	大学英语教指委委员	2014年10月	待定	半结构性面对面个人访谈	专家访谈提纲	约45分钟
	专家之二	大学英语教指委委员	2014年10月	待定	半结构性面对面个人访谈	专家访谈提纲	约45分钟
	专家之三	大学英语教指委委员	2014年10月	待定	半结构性面对面个人访谈	专家访谈提纲	约45分钟
课程管理层访谈	管理层人员一	某省属医学院大外部主任	2014年11月	待定	半结构性面对面个人访谈	管理层访谈提纲	约40分钟
	管理层人员二	某“211工程”高校大外部副主任	2014年11月	待定	半结构性面对面个人访谈	管理层访谈提纲	约40分钟
	管理层人员三	某“985工程”高校外语学院院长	2014年11月	待定	半结构性面对面个人访谈	管理层访谈提纲	约40分钟
	管理层人员四	某省属师范大学大外部主任	2014年11月	待定	半结构性面对面个人访谈	管理层访谈提纲	约40分钟
	管理层人员五	某省属综合性大学大外部主任	2014年11月	待定	半结构性面对面个人访谈	管理层访谈提纲	约40分钟
	管理层人员六	某“985工程”高校外语学院副院长	2014年12月	待定	半结构性面对面个人访谈	管理层访谈提纲	约40分钟
	管理层人员七	某“985工程”高校大外部教研室主任	2014年12月	待定	半结构性面对面个人访谈	管理层访谈提纲	约40分钟
		访谈对象目前所授课程					
课程设计和实施教师访谈	课程教师1	暂时未知	2014年12月	待定	半结构性面对面个人访谈	教师访谈提纲	约30分钟
	课程教师2	暂时未知	2014年12月	待定	半结构性面对面个人访谈	教师访谈提纲	约30分钟
	课程教师3、4、5	暂时未知	2014年12月	待定	半结构性面对面小组访谈	教师访谈提纲	约60分钟

续表

访谈类别	访谈对象	访谈对象身份	计划访谈时间	访谈地点	访谈方式	访谈提纲版本	预计访谈持续时间
课程设计和实施教师访谈	课程教师6	暂时未知	2014年12月	待定	半结构性面对面访谈	教师访谈提纲	约30分钟
	课程教师7	暂时未知	2014年12月	待定	半结构性面对面访谈	教师访谈提纲	约30分钟

本研究所设计的三个层次的访谈分别使用了三种不同的访谈提纲，每种访谈提纲都有不同的关注点，简要描述如下：

（1）专家访谈。

访谈的第一个层次针对的是大学英语课程设置和大学英语教学研究领域的专家，主要是教育部大学英语教学指导委员会的委员，共计划访谈三位专家。实施这一层次访谈的目的是从国家层面大学英语教育政策和规划视角来了解我国大学英语课程设置的整体现状，了解大学英语课程改革的未来发展的趋势，挖掘大学外语教育领域的专家对于大学英语校本课程的态度、看法和建议。

专家访谈内容计划包括三个部分：第一，大学英语课程所处的外部环境描述以及对课程建设的影响；第二，对大学英语校本课程内涵的理解和阐释；第三，大学英语校本课程开发现状以及对未来趋势的了解，根据各位专家研究领域和关注角度的不同，可能会就不同的问题进行追问。

本层次访谈内容主要从宏观角度出发，访谈所要达到的目的主要包括：① 了解我国的语言政策和外语教育规划背景下大学英语课程所处的位置；② 厘清国家教育政策对大英课程的影响；③ 了解专家对大学英语校本课程建设现状的看法；④ 了解专家对大学英语校本课程建设影响因素的观点；⑤ 了解专家对大学英语校本课程建设的建议。

（2）部分高校大学英语课程管理层访谈。

访谈的第二个层次针对的是大学英语课程的管理层人员，计划访谈6～8人，主要是部分所调研的高校外语学院院长或教学副院长、大学外语教学部主任或副主任、大学外语教研室主任等。

第二个层次的访谈对象主要是从实施问卷调查的20多所高校中，根据数据的代表性和资源的可获得性原则选取6～8所院校，对其外语学院的院长或副院长、大外部的主任或副主任进行访谈。主要目的是深入了解所研学校大学英语课程的现状，了解课程管理层对于大学英语校本课程的观念、看法、做法和建议。

访谈内容主要包括：① 对受访者个人教学与管理工作的简单了解，根据对受访人之前的了解，包括 2 ～ 3 个问题；② 对受访者所在学校的层次、招生、人才培养、特色专业、学生入校英语水平以及毕业生去向等概况进行了解，包括 4 ～ 5 个问题；③ 对受访者所在学校的大学英语课程开设和校本课程开发情况进行了解，包括 10 个左右的问题；④ 了解受访者从课程管理层角度对大学英语课程校本化的看法和态度，大约包括 5 个问题。

本层次访谈内容所要达到的目的主要包括：① 了解所研学校招生概况以及大学英语课程概况；② 了解所研学校大学英语校本课程的现状和做法；③ 了解管理层对于大学英语校本课程建设的观点和建议；④ 挖掘大学英语校本课程建设影响因素的相关维度。

（3）部分大学英语校本课程授课教师。

作为课程的直接代言人，工作在大学英语教学一线的教师是本研究关注的重点研究对象。第三个层次的访谈针对的就是由大学综合英语转型大学英语校本课程的一线教师，拟从所调研的高校中尽量根据不同的年龄段、教龄、职称、学历、所授课程等，有代表性地选取 6 ～ 8 位教师进行深度访谈。这样做的主要目的就是为了了解具体的大学英语校本课程实际建设过程和情况，了解授课教师的教学经历、课程建设的概况以及他们对大学英语校本课程的观念、反思和期待。

这一层次访谈内容拟包括 4 个方面：① 了解受访者概况，主要是其从事大学英语校本课程教学的经历等，有 3 ～ 4 个问题；② 从授课教师的视角了解受访人所在学校的大英校本课程概况，包括 5 ～ 6 个问题；③ 具体了解受访人所授的大英校本课程概况，包括课程的规划、建立、实施、评价、得到的支持和遇到的困难等，有 10 ～ 15 个问题；④ 访谈大学英语校本课程教师对大英课程校本化的真实观点和态度，包括 6 ～ 8 个问题。

本层次的访谈所要达到的主要目的包括：① 了解所访教师的个人教学经历；② 了解所访教师对于本校大学英语课程的看法；③ 了解所访教师校本课程设计、教学以及评价的现状；④ 了解所访教师课程设计和实施过程中的亲身感受和体会；⑤ 了解所访教师对大学英语校本课程的理解和期望。

4.5 数据收集与处理

4.5.1 问卷的收取与量化数据处理

本研究累计发放问卷450份,其中纸介版250份,电子版200份,共回收问卷432份,问卷总回收率为96%;经初步核查后,剔除无效问卷22份,剩余有效问卷共计410份,回收的问卷有效率为94.9%;其中纸介版223份,有效问卷比例为89.2%;电子版187份,问卷有效率为93.5%。

调查问卷回收之后,笔者使用SPSS19.0对数据进行了编码并录入到原始数据文件中保存。之后,首先进行了测谎题的检验,即以互为反向题形式出现的题项中选择项不应该出现在同一侧,如对A阐述同意时不应该同时又对非A阐述同意,以此筛选出有效的问卷数据进行进一步的统计分析,以提高调查问卷的信度。筛选的结果是,410份调查问卷中,有效问卷共计388份。这388份有效的问卷数据进入了下一步统计分析,而没有通过筛选的22份问卷数据则予以剔除。

接下来是量表所有题项的项目分析,以检验本次调查问卷数据的每个题项是否达到了显著性区分度。首先,要进行反向题的数据处理。为了避免调查者因连续的正面提问而出现思维趋同倾向,问卷中设计了三道反向题,即一个陈述以否定的形式进行阐述的题项。在归并到相关维度进行统计分析前,必须把题项的数值反转。笔者按照SPSS19.0中的反向题处理步骤"transform-record-into the same variables",设定好后反转了三道题项的数值,如图4-2所示。

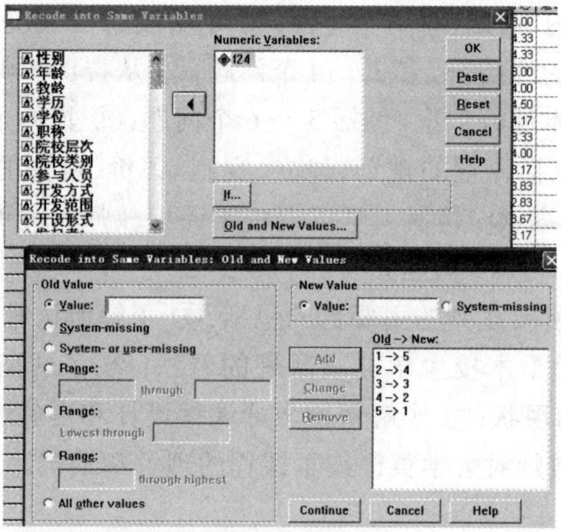

图4-2 问卷五级量表反向题处理步骤示意图

然后，根据因子分析得到的构念维度把各个题项进行归并，求出每个维度的均值，再把六个维度的均值相加求出每个教师的量表总分。依据总分对所有教师进行高低分分组，把总分得分最高的27%共105名答卷教师归入高分组，总分得分最低的27%共105名教师归入低分组，每一道题项进行两个组的独立样本T检验。检验结果表明，所有题项均有显著差异，也即所有题项都有显著性区分度。问卷题项设计的质量较好。

之后，进行五级量表部分的信度分析，选择ALPHA模型，分别对六个维度和量表总体进行检验，得到克朗巴赫α信度系数，如下所示。

信度分析

课程基础
Alpha = 0.6801　　Standardized item alpha = 0.6839
教师信念
Alpha = 0.8044　　Standardized item alpha = 0.8142
学校支持
Alpha = 0.7528　　Standardized item alpha = 0.7706
评价机制
Alpha = 0.5887　　Standardized item alpha = 0.6019
教师课程开发素质
Alpha = 0.7443　　Standardized item alpha = 0.7425
教师课程价值认同
Alpha = 0.5508
量表总信度：
Alpha = 0.8952　　Standardized item alpha = 0.9054

从以上分析可见，量表除了教师校本课程价值认同和评价机制两个维度略有不足之外，整体信度较好。

4.5.2 问卷开放式问题答案的处理

对通过调查问卷获取的个人信息部分选择题、大学英语校本课程现状调查选择题和大学英语教师校本课程观念五级量表获取的量化数据进行相应的处理之后，笔者对调查问卷的最后一个部分，即开放式问题的答案也进行整理和分析。

首先,笔者统计了所获取的388份有效问卷中对开放式问题进行回答的问卷数量,共得到370份有效答案。开放式问题的特点之一就是答案的自由发散性。由于答卷人对问题有着不同的思考和答题方式,所提供的答案会呈现出无规律的多样性状态。在归并开放式问题答案的过程中,本研究主要采用手工归并的方式。本次问卷的最后一部分共包含两个开放式问题:"1. 您认为影响大学英语校本课程开发的最重要因素是什么?为什么?";"2. 您认为目前推进大学英语校本课程开发面临的障碍有哪些?为什么?"对于这两个开放式问题答案的整理采取了以下方式:

第一步,以所调研的学校为单位,对所有提供了开放式问题答案的问卷进行编码。

第二步,依据答案的语言描述,参照前文所提取的大学英语校本课程影响因素构念,将答案首先归并到校外环境因素和校内因素两大主要维度。因为校外环境因素不是本书所要探讨的重点,所以没再进行细分。校内因素方面按照校本课程所涉及的人员情况,主要分为管理层、教师、学生三个方面。另外,将课程本身的因素也归并在校内因素的维度中,得到两个大致的统计表,如表4-5和表4-6所示。

第三步,按照编码的顺序,将答卷人所提供的开放式问题答案逐一进行细致阅读和思考,将其归到不同的维度中,并随着答案种类的增加而在不同维度的具体项目列表中一一列出,如遇相同项目则增加其频度一次。如此循环,直至所有开放式问题答案归并完毕。

第四步,在所有答案归并完毕后,计算外部因素和内部因素各自所占的百分比,计算每一条项目在其所属维度中所占的百分比,并与量化数据进行比照。具体统计结果将在结果与讨论部分报告。

表4-5 CESBCD最重要影响因素统计表示例

<table>
<tr><th>问题序号及内容</th><th>答案涉及维度归类</th><th>答案涉及维度细分</th><th>具体项目列表</th><th>频 次</th><th>百分比</th></tr>
<tr><td rowspan="5">1. 您认为影响大学英语校本课程开发的最重要的因素是什么?为什么?</td><td>校外因素</td><td>校外因素列举</td><td></td><td></td><td></td></tr>
<tr><td rowspan="4">校内因素</td><td>校方管理层因素</td><td></td><td></td><td></td></tr>
<tr><td>师资因素</td><td></td><td></td><td></td></tr>
<tr><td>学生因素</td><td></td><td></td><td></td></tr>
<tr><td>课程自身因素</td><td></td><td></td><td></td></tr>
</table>

表 4-6 CESBCD 最大制约因素统计表示例

问题序号及内容	答案涉及维度归类	答案涉及维度细分	具体项目列表	频 次	百分比
2. 您认为目前推进大学英语校本课程开发面临的障碍有哪些？为什么？	校外因素	校外因素列举			
	校内因素	校方管理层因素			
		师资因素			
		学生因素			
		课程自身因素			

4.5.3 质性访谈数据的收集与处理

按照既定的访谈实施计划，本研究进行了 15 次共涉及 17 人的访谈，具体情况如表 4-7 所示。

表 4-7 CESBCD 访谈一览

访谈类别	访谈对象	转写文档编码	访谈对象身份	时 间	地 点	访谈方式	访谈提纲版本	访谈持续时间
专家访谈	专家之一	1-1	大学英语教指委委员	2014 年 10 月 27 日	某高校附近咖啡馆	半结构性面对面个人访谈	专家访谈提纲	约 60 分钟
	专家之二	1-2	大学英语教指委委员	2014 年 10 月 28 日	某高校逸夫楼办公室	半结构性面对面个人访谈	专家访谈提纲	约 60 分钟
	专家之三	1-3	大学英语教指委委员	2015 年 4 月 26 日	某高校逸夫馆会议室	半结构性面对面个人访谈	专家访谈提纲	约 40 分钟
课程管理层访谈	管理层人员 1	2-1	某省属医学院大外部主任	2014 年 6 月 22 日	某高校生活区宿舍楼内	半结构性面对面个人访谈	管理层访谈提纲	约 60 分钟
	管理层人员 2	2-2	某“211 工程”高校大外部副主任	2014 年 11 月 3 日	某高校图书馆一楼会谈区	半结构性面对面个人访谈	管理层访谈提纲	约 45 分钟
	管理层人员 3	2-3	某“985 工程”高校外语学院院长	2014 年 11 月 8 日	某宾馆餐厅	半结构性面对面个人访谈	管理层访谈提纲	约 40 分钟

续表

访谈类别	访谈对象	转写文档编码	访谈对象身份	时　间	地　点	访谈方式	访谈提纲版本	访谈持续时间
课程管理层访谈	管理层人员4	2-4	某省属师范大学大外部主任	2014年11月9日	某宾馆餐厅	半结构性面对面个人访谈	管理层访谈提纲	约35分钟
	管理层人员5	2-5	某省属综合性大学大外部主任	2014年11月9日	某宾馆餐厅	半结构性面对面个人访谈	管理层访谈提纲	约30分钟
	管理层人员6	2-6	某"985工程"高校外语学院副院长	2014年12月17日	某咖啡馆	半结构性面对面个人访谈	管理层访谈提纲	约30分钟
	管理层人员7	2-7	某"985工程"高校大外部教研室主任	2014年12月18日	某高校图书馆大厅	半结构性面对面个人访谈	管理层访谈提纲	约30分钟
课程设计和实施教师访谈			访谈对象目前所授课程					
	课程教师1	3-1	英语演讲艺术：理论与实践	2014年12月4日14:00—14:35	某高校教学区教师休息室	半结构性面对面个人访谈	教师访谈提纲	约30分钟
	课程教师2	3-2	跨文化交际	2014年12月4日15:00—15:35	某高校教师办公室	半结构性面对面个人访谈	教师访谈提纲	约30分钟
	课程教师3、4、5	3-3	海洋经济与文化英语、商务英语、旅游英语视听说	2014年12月5日下午	某高校教师办公室	半结构性面对面小组访谈	教师访谈提纲	约60分钟
	课程教师6	3-4	传媒英语	2014年12月18日	某"211工程"高校校园内	半结构性面对面访谈	教师访谈提纲	约30分钟
	课程教师7	3-5	商务英语	2015年1月9日收到访谈书面稿	电子邮件书面访谈	半结构性书面访谈	教师访谈提纲	略

访谈现场征得被访人的同意后，将进行访谈过程的全程录音。在所有的访谈结束后，计划将访谈的全部内容进行文字转写，并进行编号归类，标注访谈转写稿中的话轮编码，以方便检索和使用。访谈数据的分析主要借助扎根理论的思

想，对照因子分析中提取出的因子，结合自下而上和自上而下两种过程进行。扎根理论最早由 Glaser & Strauss（1967:3）提出，是一种运用系统化的程序，针对现象加以分析整理得出相关结果的一种研究方法。具体而言，在分析过程中，结合访谈提纲对三个层次的访谈转写文字进行反复阅读和审视，将文本材料分解、分析、概念化并逐级建立编码，对同一个概念提取出关于校本课程现状和影响因素的相关表述并进行阐释，以对通过问卷调查收集的量化数据进行补充和验证，并比较分析多个访谈者的观点，用于补充回答第一个（关于大学英语校本课程的现状）和第二个（关于大学英语课程开发的影响因素）研究问题。

此外，以因子分析中提取出的影响因子作为树形节点，对教师访谈提纲中出现的反复阅读中萃取出的关键字进行逐层编码，再通过关键字定位的方式提取出汇聚某个关键字概念的所有语料进行归类，并比照相关文献的研究结果，通过概括和归纳，逐渐揭示树形节点（影响因子）之间的联系。由此得到各种影响因素之间的关系和作用机制，最终构建出概念（因子）之间的联系和作用机制，即大学英语校本课程影响因素互动机制图，以回答第三个研究问题。

4.6 参与调查的教师和学校概况统计

如前文所述，本次调查的有效问卷总数为388份，问卷的第一部分是参与本次问卷调查的教师和所属学校的基本情况和基本信息。教师个人信息方面包括答卷人的性别、年龄段、教龄段、教育程度、学位、职称等六个方面，如表4-8所示。

表4-8 问卷调查教师个人信息统计

信息项目	选 项	频 度	百分比(%)
性 别	男	67	17.3
	女	321	82.7
年 龄	30岁以下	35	9.0
	31～40岁	239	61.6
	41～50岁	93	24.0
	51岁以上	21	5.4
教 龄	5年下	43	11.1
	6～15年	216	55.7

续表

信息项目	选　项	频　度	百分比(%)
教　龄	16～25年	106	27.3
	26年以上	23	5.9
教育程度	专科	1	0.3
	本科	83	21.4
	研究生	304	78.4
学　位	学士	39	10.1
	硕士	317	81.7
	博士	32	8.2
职　称	助教	28	7.2
	讲师	250	64.4
	副教授	102	26.3
	教授	8	2.1

对这些信息进行简单汇总后可以看出，大学英语教师队伍以女性教师居多，年龄大多集中在31～40岁，教龄也相应集中于6～15年，具有研究生学历的占大多数，他们所获学位以硕士为主，目前他们的职称以中级所占比例最大，其次为副教授。

关于参与调研的高校本身的信息方面，本研究共考察了学校层次、学校类别、大学英语课程开设持续时间和是否有针对本校特色学科的英语课程4个方面。前文已经提到本次参与调研的学校共有“985工程”高校4所、“211工程”高校5所和普通本科院校16所，在类别上分成了综合类、准综合类、理工类、师范类和专业院校类5种，在此不再赘述。

关于大学英语课程的开设持续时间，大部分院校(85.1%)遵循了2年4学期的传统做法，仅有极少数院校的开设时间达到3年(约7.2%)甚至4年(约7.2%)。关于是否有针对本校特色专业的英语课程，55.7%的教师给予了肯定的回答，24%的教师认为自己的院校没有这样的大学英语课程，另有20.4%的教师对此情况表示不确定有还是没有，后两者相加与回答“有”的数量大致相当，如表4-9所示。

表 4-9　问卷调查大学英语课程的开设时间及特色统计

项目信息	选项内容	频　度	百分比(%)
大学英语开课时长	1 年	2	0.5
	2 年	330	85.1
	3 年	28	7.2
	4 年	28	7.2
针对特色学科的英语课程	有	216	55.7
	没有	93	24.0
	不确定	79	20.4

4.7　本章小结

本章在前文界定了本书的核心概念——大学英语校本课程的基础上，对本书的研究设计进行了陈述。首先，选取大学英语教师作为研究的切入点，明确提出了本书的三个核心研究问题，即大学英语校本课程设置现状(描述性问题)、大学英语校本课程设置的影响因素(探索性问题)和大学英语校本课程设置的影响因素之间的互动方式考察(解释性问题)。然后，针对研究问题提出了相应的研究工具：调查问卷和质性访谈，并较为详细地介绍了问卷的建构依据以及访谈的分层次设计，并对将收集到的数据如何进行处理和提炼以回答本书的核心研究问题进行了阐述。最后，对量化和质性数据实际的收集过程和处理方式进行了较为详尽的说明，并报告了参与本次问卷调查的教师和所调研的高校的基本信息。

第5章

结果与讨论(一):大学英语校本课程的设置现状

5.1 引 言

何谓理想的大学英语校本课程?本研究对大学英语校本课程进行的概念界定(详见本书3.4.4节)中指出,大学英语校本课程应该"满足本校非英语专业本科大学生的英语学习需求并体现本校专业特色",而一位接受笔者访谈的英语教育专家做过更为详细的描述(访谈转写稿1-3):学校首先应从政策上重视大学英语校本课程的设置开发,在学校层面的整个课程体系中分配给大学英语足够的学分,课程的门类和内容足够丰富(既有基础技能类的通用英语,又有跨文化交际和各类学术英语、职场英语等),既能满足不同专业学生的学习需求,也能满足不同英语水平学生的英语学习需求,同时,课程设置呈现出各模块之间互通共赢的有机体系。

对照关于大学英语校本课程之应然的理想描述,大陆境内高校的大学英语课程又呈现出怎样的状态呢?为此,本章主要通过对调查问卷中的相关量化数据和访谈中的相关质性数据的收集结果报告,分三个小节来逐一回答本书第一个研究问题的三个次级问题:

(1) 我国大学英语校本课程的开发现状如何?

(2) 呈现出哪些校本课程的类型?

(3) 在不同层次和不同专业特色的高校中有着怎样的共性和个性?

5.2　大学英语校本课程现状概述

根据前文(详见 4.2.2 节)的叙述,问卷第二部分是为了调查我国高校大学英语校本课程现状而设置的,该部分的四道单选题和七道多选题是基于本书提出的大学英语校本课程两层描述框架而制定的(详见 4.4.1.1 节),数据统计结果将在下面的几个小节中一一呈现。

5.2.1　大学英语校本课程的成熟度

大学英语校本课程的成熟度的考察主要从四道单选题的结果中获取。为了方便对所调查的高校大学英语校本课程进行归类和讨论,本书尝试对成熟度的指标进行量化,按照设置开发成熟程度把大学英语校本课程依据现状大致归为三种类型:初始型、整合型和成熟型。具体做法为:基于问卷的四个单选题所获数据进行加权后统计总分,每道题目选项 1 为 1 分,选项 2 为 3 分,选项 3 为 6 分,选项 4 为 10 分,并把四个分数相加,得到的总分小于等于 10 分的为"初始型",总分介于 11 到 24 分之间的为"整合型",总分大于 25 分的为"成熟型"。

但是,各校教师所提供的问卷数据可能因个人理解而存在一定的偏差,为了对各个学校的大学英语校本课程类型有一个较为准确的把握,同时,验证问卷所获数据的可信度,本研究在调研的过程中增加了一个研究设计中没有经过提前规划的环节,即在每所高校选取了一名联络教师,进行上述题项内容的验证性简短书面访谈,以交叉验证各校大学英语课程的现状信息,并对每一种指标的问卷数据汇总和简短书面访谈数据汇总进行两两对照,具体情况如下。

1)课程成熟度四维度统计

就大学英语教师校本课程参与面而言,对比表 5-1 中两种途径获得数据各选项所占的百分比可以看出,总体来看,表格里所呈现的趋势相似,选中最多的都是选项 2,其次为选项 3。但选项 1(几乎没有教师参与)教师们认为占不到 10%,但实际上根据简短书面访谈结果,25 所高校中接近四分之一的院校还停留在几乎没有教师参与的情况。另外,选项 4(全体教师都参与并加入了课程开发小组或教研室)在教师们的想法中大约占到了 10%,而实际调查发现此比例为零,也就是说在本研究调查的高校中,大学英语教师全部参与到校本课程建设中的高校目前几乎连一所都没有。大学英语教师在校本课程开发中的参与面之小,恐怕比教师们想象的情况更加严重。

表 5-1 CESBCD 教师参与面

选 项	按各校联络人访谈统计		按教师问卷数据统计	
	频 度	百分比(%)	频 度	百分比(%)
(1)几乎没有教师参与	6	24.0	33	8.5
(2)仅有小部分教师参与	12	48.0	205	52.8
(3)大部分教师都有参与	7	28.0	113	29.1
(4)几乎全部教师参与	0	0.0	37	9.5
总 计	25	100.0	388	100.0

对此,质性数据方面也获得了大体一致的佐证,教师在大学英语校本课程建设中的参与面相对偏小。某省属综合型高校大外部主任坦言(访谈转写稿 2-5),大部分教师还是在按传统的四级前课程上课,"要是说四级过后的高级课程吧,还是少部分老师(在参与),因为毕竟我们学校过四级的学生不多",因此,大部分教师的教学对象还是在四级之前的传统课程班级。某"985 工程"高校外语学院院长在访谈中提及(访谈转写稿 2-3),"目前,我们真正参与到新课程建设中的教师人数很少,但是现在院里要有大动作,已经有一半的教师报名参与。"某省属重点师范大学大外部主任在访谈中说(访谈转写稿 2-4),"现在开设这个校本课程基本还是在自愿的原则之下……但对于英语为教育背景的我们这些所谓的老师来说,开设这些学科英语确实是很费劲"。因此,目前为止,参与到校本化后续课程或者拓展课程里的教师还是少数。

在校本课程资源的建设途径方面,对比表 5-2 中两种方式统计结果可以看出,总体来看,两者所呈现的趋势大同小异,选中最多的都是答案 1,其次为 2,两者相加后比例高达 75%以上,说明只有大约 25%的教师脱离了简单的资源选用和补充的课程建设方式,会对现有的课程资源进行改编、优化和整合,而其中进行自主创编的比例很低。本应作为课程开发和设计者的教师,仍然停留在对手头现有的课程资源进行直接使用的比例竟高达近 50%,值得深思。

表 5-2 CESBCD 课程资源建设途径

选 项	按各校联络人访谈统计		按教师问卷数据统计	
	频 度	百分比(%)	频 度	百分比(%)
(1)直接选用现有资源	10	40.0	188	48.5
(2)对已选用的课程资源进行补充和内容拓展	9	36.0	103	26.5

续表

选　项	按各校联络人访谈统计		按教师问卷数据统计	
	频　度	百分比(%)	频　度	百分比(%)
(3) 对已选用的课程资源进行改编和优化整合	2	8.0	62	16.0
(4) 创设全新的课程资源	4	16.0	35	9.0
总　计	25	100.0	388	100.0

对此,尽管各高校的做法不甚相同,以下这些访谈中的相关描述大体验证了问卷和简短访谈所获取的信息。某省属综合型院校大外部主任在访谈中介绍说,如果是“针对大学英语这个基础课程,应该是直接使用现有课程资源的比较多,但是我们(开设)拓展(课程)之后呢,就应该是后面的两种情况了”,就是对资源进行补充、组合、改编和优化;至于全新的课程资源也有,只是比较少,如发动大外部大部分教师参与制作了大学英语写作的慕课课程。(访谈转写稿 2-5)某“211 工程”综合院校的大学外语部负责人之一在访谈中说,“我们是根据老师自己的特长,老师再根据学生的要求开发一些课程资源。就是他可能将几种教材糅合在一起,再经过自己的一种加工吧。虽然也有老师自己去编写这个教学材料的,但是应该是有个别的,比如翻译,是由我们老师自己编写的教材。”(访谈转写稿 2-2)某省属重点师范大学大外部主任在访谈中说,“我们现在呢,实际上还是在使用现有的资源,包括两个:一个是传统的纸质教材这一类;另一个是网络教学平台这样的。”(访谈转写稿 2-4)

表 5-3　CESBCD 开发数量和丰富程度

选　项	按各校联络人访谈统计		按教师问卷数据统计	
	频　度	百分比(%)	频　度	百分比(%)
(1) 只有课外活动类型的非定向课程	3	12.0	62	16.0
(2) 只有一门课程	3	12.0	77	19.8
(3) 主要开发了几门核心课程	14	56.0	168	43.3
(4) 若干适合不同专业 / 方向的课程群	5	20.0	81	20.9
总　计	25	100.0	388	100.0

前文的文献回顾(详见本书 3.2.1 节)中提到,课程的多样性是校本课程的根本理念之一(Skilbeck, 1984)。问卷第三道单选题目主要调查了所调研的高校大

学英语校本课程开发的课程丰富性和多样性程度，从只有以营造英语学习氛围为目的的课外活动类型的非定向课程（如英语角、英语文化节等）到只有一门统一的正式课程（如大学英语精读或大学英语读写或综合英语等），再到主要开发了几门核心课程，最后到形成了若干适合不同专业 / 方向的课程群体系共四个阶段。

这里有必要对课程群的概念进行概述。课程群是与单门课程相对应的一种课程建设模式，我国对于高校课程群的研究始于二十多年前，当时称为“课群”，后来又有学者提出“课程集群化”的说法（王嘉才等，2001：71），但是更多的研究者采纳了“课程群”的称谓。目前，国内研究者对于“课程群”这一概念有不同的定义（范守信，2003：25；李慧仙，2006：73），龙春阳（2010：139）对前人的研究进行了总结、归纳和创新，认为“课程群是指以现代教育思想和理论为指导，围绕同一专业或不同专业的人才培养目标要求，为完善相应专业学生的知识、能力、素质结构，将相应专业培养方案中的知识、方法、问题等方面具有逻辑联系的若干课程重新规划、整合构建而成的有机的课程系统。”课程群的建设绝对不是简单地把几个单门课程笼络在一起，而是以人才的培养为出发点对课程建设涉及的各方面因素的整合和优化。这一点与《教学要求》在课程设置这一板块提出的“各高等学校应根据实际情况，按照《课程要求》和本校的大学英语教学目标设计出各自的大学英语课程体系，将综合英语类、语言技能类、语言应用类、语言文化类和专业英语类等必修课程和选修课程有机结合，确保不同层次的学生在英语应用能力方面得到充分的训练和提高。”之精神是完全吻合的；同时，也有学者提出就大学英语而言，“各校根据实际情况，建立充分体现英语语言知识、应用能力和文化素质的综合课程群”，甚至“可以自行确定大学英语课程的总学分数”（沈骑，2006：131）。本研究把开发出若干适合本校不同专业 / 方向的课程群体系作为大学英语校本课程开发的理想状态。

在大学英语校本课程的开发数量和丰富程度方面，表 5-3 里的两种途径获取的数据也表现出很大的相似性，最常见的情况发生在课程开发的第三阶段，即主要开发了几门核心课程，加上第一阶段和第二阶段，近 80% 的教师认为，自己所在院校的大学英语校本课程没有进入较为成熟的课程群体系阶段。这点也可以从以下访谈材料获取的数据中得到印证。

当被问及有没有开设富有校本特色的英语课程时，来自某“985 工程”高校外语学院的院长坦白答道，“针对这些，长期以来我们还真没有，但目前打算与经济管理学院合作，满足他们部分学生出国读研的学习需求。”“另外，从明年（即 2015 年）9 月份正式启动课程全面改革时起，出国考试、通用英语、学术英语、通识英语这四个模块中,每一个模块初步打算先开设两三门课程。”(访谈转写稿2-3)而某省属重点师范大学大外部主任这样描述了自己学校目前的课程设置情况,“(我校)还是比较粗放的分级教学,满足一些基本的学习条件,满足最基本的个性化学习需求,教学形式、教学内容,用的教材都是基本统一的,就是进度不一样而已。”也就是说,“我们现在的课程主要集中在语言应用类的听、说、读、写、译,还跟我们之前老师的知识结构有关系。至于ESP这类课程呢,还没有。通识的这一类呢,实际上也是目前的这几类课程,还是要借助我们的专业背景,文学、文化这一类的还比较多。至于像哲学方面、自然科学方面、技术方面的还没有。”(访谈转写稿2-4)

前文的大学英语校本课程概念界定中(详见3.4.4节)提到,“语言技能类的大学英语课程可以被看作国家课程的校本化,更为典型的大学英语校本课程通常是指依托通识教育、特殊用途英语、职业英语、学术英语或者跨文化交际等内容的拓展类大学英语课程”。从第四道单选题的答案统计结果(见表5-4)来看,比例最大的(接近50%)是“以语言技能类课程为主修学分课程,拓展类课程为辅”的情况;然而,传统型的“只开设语言技能类课程”的情况并不罕见,占到四分之一以上,比较少见的是“以拓展类课程为主修学分课程,语言技能类课程为辅”,而“语言技能类课程和拓展类课程并列开设,学分可以自由组合”的开设模式显然更为机动灵活,也更容易满足学生多样化的需求,但是实际开设这种模式的高校数量最少,仍然处于起步阶段。也就是说,目前大部分(接近75%)高校已经脱离了本轮次大学英语教学改革之前只开设语言技能类课程的情况,并在大学英语课程多样化的道路上进行探索和尝试,但是离较为理想的状态还有比较大的距离。

表5-4 CESBCD课程的基本开设模式

选 项	按各校联络人访谈统计		按教师问卷数据统计	
	频 度	百分比(%)	频 度	百分比(%)
(1)只开设语言技能类课程	7	28.0	103	26.5
(2)以语言技能类课程为主修学分课程,拓展类课程为辅	11	44.0	197	50.8
(3)以拓展类课程为主修学分课程,语言技能类课程为辅	6	24.0	47	12.1
(4)语言技能类与拓展类课程并列开设,学分可以自由组合	1	4.0	41	10.6
总 计	25	100.0	388	100.0

对此,大量质性数据也表明了非常相似的趋势。首先,来看目前以语言技能

类课程为主体，正在计划开设拓展类课程的实例，西南地区某地方医学院大学外语部主任在接受笔者访谈时说，“（我校的）大学英语呢，目前实际上还是按照老常规在做，就是基础读写课和听力课，但是从去年开始，我们有一些改革，相当于是把前面的一、二、三共三个学期用来上基础英语……到了第四个学期，我们搞一个高级英语，我们（一学期）有64个课时，初步决定还是要拿出一半的课时来上医学英语，就是ESP这个方向，那剩下的32个课时暂定以一个大学视听英语为主……”（访谈转写稿2-1）来自华北地区某“985工程”高校的外语学院院长介绍说，“我校本科生第一年设有听、说、读、写的综合英语课，第二年的英语课就是分课型的，如阅读、写作、翻译、听力等，是分技能的课，学生可以进行选修。不过两年的英语课还是主要偏重技能类。”（访谈转写稿2-3）东北地区某省属重点师范大学外语部主任这样描述了本校大学英语课程的开设情况，“还没有在一年级的时候就尝试这种课程的分类和区分不同学习需求、不同教育对象的区别，也就是说，前三个学期还是通用英语。应该是从第四学期开始，就针对那部分学有余力、基础较好的学生……开设就是我们前面所说的技能类的和后续课程，以及也有ESP这个打算。”（访谈转写稿2-4）

访谈中也提到了小比例开设拓展类课程的高校实例。某省属综合性大学大外部主任提到本校的大学英语课程时说，该校的大学英语课程分为传统课程和高级课程两大模块，“我们将通过四级之后的（学生）分班，这个是统一的”，四级后的课程中“我们可能有3个班专门针对六级，还有2个班针对口语……就是专门锻炼口语的，然后还有一些跨文化交际等相关的一些课程，还有商务英语”。至于与学生的专业密切相关的英语课程，则是在大三、大四由各院系的专业英语教师完成的。（访谈转写稿2-5）

相比来说，位于华东地区的某综合类“211工程”高校的大学英语课程开设模式更显灵活，其大外部负责人之一在访谈中提及，“目前来说，我们开设两年大学外语，第一年开设公共外语，第二年开设拓展类课程，技能应用类方面比较多一些，但是也有一些诸如英美概况、翻译、文化、中级口译笔译、法律英语、商务英语等。我觉得课程的难度、知识性和深度都（比基础英语课程）有提高，但学生对这些选修课还是比较感兴趣的。”（访谈转写稿2-2）华北地区某“985工程”高校的外语学院副院长介绍了他们更为灵活机动的课程开设形式，该校大学英语课程共开设六个学期，分为基础英语课程和高级英语课程两个阶段，基础课程实行分级教学，即传统的四个级别课程，高级课程实行分类教学，如语言技能类、语言文化类、ESP和EAP，两个阶段要求修满共12个学分，至于每个学生各需要修多少基础课程和高级英语课程的学分，则与学生本人的高考英语成绩和分级考试

成绩相关，并同时参考学生的个人兴趣和意愿。(访谈转写稿2-6)

综上所述，基于本小节对问卷数据的四个单选题答案(即大学英语校本课程成熟度的四个指标)的统计结果整体来看，所调研高校的大学英语教师校本课程开发的参与面较小，课程资源建设途径大多数还停留在低水平，以选用现有资源和对选用的课程资源进行补充和内容整合为主，课程多样性不够丰富，绝大多数院校的大学英语校本课程没有进入较为成熟的课程群体系阶段。课程开设形式也不够灵活，多以“语言技能类课程为主修学分课程，拓展类课程为辅”的模式，很少有高校能够“打通语言技能类课程和拓展类课程的界限，学分自由组合”，更无针对各院系或专业的个性化英语课程项目的理想模式，也就是说，所调研高校大学英语校本课程的成熟度普遍偏低。同时，对比上面四个表格可见，两两对照的各选项百分比数据基本趋势大致保持一致，侧面反映了通过教师问卷所获取的数据较为可信。

2）所调研学校的校本课程类型分布

根据本小节开头提出的校本课程量化方案，综合上述结果，计算出每个学校的大学英语校本课程现状总分后，得到三种可以反映大学英语校本课程成熟度的课程类型(初始型、整合型、成熟型)的分布情况，由两种途径得到的信息汇总如表5-5所示。

表5-5 大学英语校本课程类型分布

校本课程类型	由388份有效问卷统计		由各校联系人访谈统计	
	频 度	百分比(%)	频 度	百分比(%)
初始型	117	30.2	7	28.0
整合型	215	55.4	16	64.0
成熟型	56	14.4	2	8.0
总 计	388	100.0	25	100.0

注：得分1～10分为初始型；得分11～24分为整合型；得分25分及以上为成熟型。

由数据分析表5-5可以看到，目前参与调查的高校中，由教师通过问卷提供的相关数据使得初始型、整合型和成熟型三种大学英语校本课程大约的百分比分别是30.2%、55.4%和14.4%，呈现出3:5.5:1.5的态势。通过教师简短书面访谈获取的校本课程初始型、整合型和成熟型的数量分别是7、16和2，其所占百分比分别是28%、64%和8%，其比例大体呈现了3:6:1的态势，两种方式获得的数据基本符合，互相支撑，互为验证，证明了数据获得的真实性和有效性。

由两种途径获取的量化和质性数据同时表明，在目前所抽样调研的高校中，大学英语校本课程的三种类型均有存在，其中整合型校本课程所占比例最大，也就是说，大多数高校都注意到了大学英语课程校本化的必要性并采取了一些行动进行了校本课程的设置开发，只是还没有进入绝大多数教师参与、对课程资源进行针对学生需求的原创、开发出系列课程群来满足本校学生个性化学习需求、接近或达到成熟型校本课程的状态。另外，高达三分之一的学校依然在校本课程的初始型状态徘徊，急需有关研究成果帮助他们厘清概念，树立信念，朝着整合型甚至成熟型的校本课程类型迈进。

5.2.2 大学英语校本课程的现状辅助指标

为了更充分了解大学英语校本课程的开发设置现状，接下来的七个多项选择题用于调查大学英语校本课程的第二层描述维度：课程开发动因、参与开发的人员范围、得到的具体支持措施、所参照的文件及方案、学生对于校本课程的态度以及课程的评价情况。

多项选择题5调查了高校大学英语校本课程发起的动因。正如前文的文献回顾（详见本书3.4.4节）所指出的那样，最理想的校本课程开发动因是教师自愿自主进行开发（崔允漷，2000），但鉴于我国教育体制的现状和大学英语课程特有的历史条件，更多时候是由学校或院系审时度势，响应教育部门的号召进行的统一部署，这当然也被视为校本课程开发的动因之一。表5-6中的统计结果显示，在所有选项总共811次选择次数当中，选项2和4的选中次数分别为273和254，远远高于其他选项的选中次数，占了总选择次数的33.7%和31.3%；选项1为98次，占总选择次数的12.1%；而选项3（是应其他专业院系的要求而发起的）为51次，仅占总选择次数的6.3%。

表5-6 CESBCD动因统计

选项内容	选择次数	占总频次的百分比（%）
（1）部分教师个人或课程小组自主发起	98	12.1
（2）大学英语教学部或外语学院发起	273	33.7
（3）应其他专业院系的要求而发起	51	6.3
（4）应学校对大学英语课程改革的要求而发起	254	31.3
（5）为了响应省／自治区／直辖市一级的教育文件精神而发起	42	5.2
（6）为了响应教育部的相关文件而发起	93	11.5
合　计	811	100.0

可见,大学英语校本课程开发的主要动因还是来源于课程的主要开设单位外语学院和大学外语教学部,同时,学校层面的决策和导向也起到了较为关键的作用(大学外语教学部或外语学院有可能是因为学校统一要求而发起动议的)。教师个人和个别的课程小组出于兴趣而进行的校本课程开发所占比例较小,这点与本书(详见3.4.4节)所使用的大学英语校本课程的操作定义是吻合的。

2007年教育部颁布了目前还在执行的《大学英语课程教学要求》,提倡"将综合英语类、语言技能类、语言应用类、语言文化类和专业英语类等必修课程和选修课程有机结合,确保不同层次的学生在英语应用能力方面得到充分的训练和提高",但是,具体的课程设置开发的确要通过学校和外语学院或大学英语教学部的工作部署才能得以实现,这种情况得到了某些管理层访谈所提供的信息的验证。比如,某"211工程"高校大外部副主任认为,他们学校的大学英语校本课程设置"是学校领导可能跟其他学校交流以后把这个观点带给我们学院的,我们再根据他这个观点去进行相应的改革,应该不是自下而上进行的"。(访谈转写稿2-2)某"985工程"高校外语学院院长也认可大学英语校本课程应该还是以外语学院的倡导为直接的发起动因。(访谈转写稿2-3)另一所"985工程"高校外语学院副院长介绍说2007年的《教学要求》出台后,作为试点高校之一"只是在教学手段和教学模式上有些改变",在2010年前后"当然在我们条件具备的情况下,在课程设置上做了一些动作","是跟那个《教学要求》里边的较高要求和更高要求的结合"。同时,她认为最直接的原因其实来自学校,"学校校领导对于大学外语的重视是超过专业英语的",他们认为"培养我们的这个尖端的人才,具有国际视野的高端人才,必须得有非常好的外语水平作为支撑,学校一直有这个要求"。(访谈转写稿2-6)而某省属重点师范大学大外部主任这样说自己学校的大学英语课程设置,虽然2007年《课程要求》就已经颁布并且明确倡导了多元化课程设置,但"确切说,在2012年之前我们都没有什么变化。具体原因一个是学生结构的问题,更主要的是生师比能够把正常的教学任务承担下来就已实属不易了",也就是说,国家纲领性文件的颁布是有一定的影响,但是更多的,我们还是要关注自己学校具体的情况。(访谈转写稿2-4)

"应其他专业院系的要求而发起的"情况在大多数被调研的高校中较为罕见,这个结果应当在预料之中,表明专业院系和外语学院或大外部之间的课程开发合作还有待进一步拓展。为什么大学英语校本课程的开发动因最少的选项是"为了响应省/自治区/直辖市一级的教育文件精神而发起的"呢?文献查阅显示,除了上海出台了《上海市大学英语教学参考框架(试行版)》以外,国内其他各省、自治区和直辖市未见与大学英语教学直接相关的指导文件，这一点在某“985工程”高校外语学院副院长访谈中（访谈转写稿2-6）亦有所提及。

表5-7是大学英语校本课程开发的校内外合作情况的统计结果。前文对于大学英语校本课程的概念解析（详见3.4.4节）提到校本课程对人力资源的利用绝不局限于某所学校本身，大学英语校本课程开发人员不仅仅是校内教师独立或校内教师合作，也可以是校内教师与校外人员或机构的合作。统计数据显示，均为学校内部人员进行开发的情况占所选总次数的62.7%；其次为选项4（定期或经常聘请专家或外校教师来进行相关指导和交流），比例为20.9%，而不管是正式课程还是非正式课程与校外机构或个人建立合作关系情况的都很少。

表5-7　CESBCD开发人员范围

选项内容	选择次数	占总频次的百分比（%）
（1）均为学校内部人员（教师或/和管理人员）进行的开发活动	315	62.7
（2）非正式课程如英语角等与校外机构建立了合作关系	16	3.2
（3）正式课程与校外机构建立了合作关系	66	13.1
（4）定期或经常聘请专家或外校教师来进行相关指导交流	105	20.9
合　计	502	100.0

也就是说，目前大部分学校只是在利用学校内部的人力资源尝试进行大学英语校本课程的开发，虽然也有个别引进外教加入课程开发队伍的情况（访谈转写稿2-6），但与校外机构和人员的合作开发目前极为罕见。正如某“985工程”高校外语学院院长所说，“我带队到别的高校培训学习过，也请他们来我校做过讲座，但实质性的合作少”。（访谈转写稿2-3）虽然在大学英语校本课程开发方面各高校与校外人员的密切合作并不多见，但是某省属综合性高校大外部主任提到，他们曾与某大学有过合作，因为这所大学的跨文化交际课程做得比较好，大学英语的网络课程也颇有特色，但是她并未提到具体的合作方式和细节。（访谈转写稿2-5）某“985工程”高校外语学院副院长在谈到课程开发人员的时候介绍说，聘请外教对某些课程的建设起到了一定的“引领作用”，可以帮扶大学外语部教师，另外“经常会去请教一些……课程设置和大学外语教学等这些方面比较有引领作用的一些专家”，但到目前为止还没有长期、稳定的密切合作。（访谈转写稿2-6）

崔允漷(2000:90)认为,一般来说对校本课程开发的支持可以分为两类:一是对课程开发计划或规划的支持,这种支持一般来自于教育行政部门、校长、教师中心、教职员工等;二是对校本课程开发者的支持,要给校本课程开发者提供课程领域的信息、可用的教育资源信息、外部的参照系等。也就是说,校本课程开发要想获得成功,需要有人力、信息(包括课程理论)、技术、教育资源等多方面的支持。本书通过校本课程开发支持方面的文献查阅和先期的非正式访谈调查,同时联系英语课程开发本身的一些特点,将大学英语校本课程获得的支持归纳为 10 项,并将其编入问卷选择题的第 7 题,得到的整体数据如表 5-8 所示。

表 5-8　CESBCD 各项支持措施

选项内容	选择次数	占总频次的百分比(%)
(1) 我院/系/部没有什么特别举措或支持	128	15.2
(2) 我院/系/部成立了大学英语校本课程开发小组或教研室	165	19.6
(3) 我院/系/部为担任大学英语校本课程的教师减免部分额内课时量	17	2.0
(4) 我院/系/部的大学英语校本课程的课时权重或课时费高于普通大学英语课程	45	5.4
(5) 我校教务处等部门为大外部与其他专业院系教师之间合作开发课程提供协助	89	10.6
(6) 我校教务处或院/系/部鼓励和帮助教师与校外人员或团体开展合作建设大英校本课程	77	9.2
(7) 我校教务处或院/系/部/教研室资助参与大学英语校本课程建设的教师外出参加相关学习或培训	125	14.9
(8) 我校教务处或院/系/部设立相关项目或课题支持大学英语校本课程开发	118	14.0
(9) 我校在考核评奖时对参与大学英语校本课程建设的教师有所倾斜	48	5.7
(10) 我校在职称评定时对参与大学英语校本课程建设的教师有所倾斜	28	3.3
合　计	739	100.0

表 5-8 中的统计结果显示,最多的支持性措施出现在选项 2、7 和 8。选项 1(院/系/部没有什么特别举措或支持)的被选次数达到 128,占到了总选择次数的 15.2%,而选项 3、4、9 和 10 的选中率最低。以上数据表明,在大学英语校本课程的开发方面,有一部分教师认为自己所在院校没有提供任何的支持和帮助。

而即使得到了支持的，其数量依然偏少，途径措施也较为单一，主要是集中在资助教师外出参加相关学习或培训以及设立相关项目或课题方面，而在涉及教师切身利益的支持普遍不够好，较大程度地影响了这些学校的大学英语校本课程的设置与开发。

后续的访谈也与整体统计结果基本相符，都显示对于大学英语校本课程的支持力度较为欠缺。比如，某"211工程"高校大外部负责人之一描述说他所在的学校在校本课程的课时费和职称评聘方面几乎没有什么倾斜政策，"有校级的本科课程建设项目，还有市级本科课程建设项目，但评职称至少要省部级以上的项目才行，所以老师的积极性还是会受到影响。"（访谈转写稿2-2）某省属综合型高校大外部主任提到的实际支持措施有："我们（开设高级课程的）这部分学生和老师可以到我们最好的语音教室或者是叫自主学习中心，……教学条件非常好"，"再一个就是大会小会地对他们进行激励表扬，然后如果是评优等方面的话会把他们放在前面。"（访谈转写稿2-5）由此可见，部分高校对教师的支持性措施比较多地停留在提供良好的教学条件方面。

当然所进行的访谈中也提到了少数高校比较到位的实质性支持措施，如某"985工程"高校大外部教研室主任提到了他们独特的支持措施——专门成立了拓展类课程教研室，是"2013年的秋季学期成立的"，大外部开设了二十多门拓展类的课程，成立的初衷是"为了管理方便"。另外，"还要促进一下相关课程设置、建设、评估，优化课程体系，为老师们提供服务"，同时，给开设校本化英语课程的教师一种归属感。（访谈转写稿2-7）另一所"985工程"高校外语学院院长列举了自己学院对教师参与校本课程建设提供的支持措施，"开新课我们乘以系数1.2"，也就是说，和教师的经济收入上直接挂钩；另外，课程专项课题申报方面，鼓励教师到学校申报，"如果学校里没立项，院里一定给他立项。院里立项，院里给钱。"（访谈转写稿2-3）但从总体来看，各高校对于大学英语校本课程的支持措施力度不大。

前文对大学英语校本课程开发的概念解析（详见3.4.4节）中提到，应该以国家的大学英语教学的相关文件为指导，同时参考地方课程精神，更应体现本校的人才培养特色。第8道选择题调查了大学英语校本课程开发所参照的相关文件和方案。其中选项1竟占18.1%。而进行了大学英语校本课程开发的学校中，其参照文件和文本的选项多集中在选项2和4。少数教师认为自己所在学校参照了学生所在院系的人才培养方案（占总选择频次的13%），而参照了学校所在省／自治区／直辖市的大学英语教学相关文件精神的比例最少（8.8%）。

表5-9中的统计结果显示,被调研的高校中还有相当一部分没有进行大学英语校本课程开发,因而对要参照的文件或方案无从谈起,较多高校参照直接相关的大学英语指导性文件《大学英语课程教学要求》和本校的人才培养目标和规划是很容易理解的。由于目前除上海市以外几乎没有省级的与大学英语课程直接相关的参考文件,因此,选项3中所提及的省/自治区/直辖市的大学英语教学相关文件问题的选中率非常之低。另外,大多数开设大学英语校本课程的高校还没有太多针对各专业院系的“院本化”甚至“系本化”课程,因而参照学生所在院系人才培养方案的选中率也只有13.0%。

表5-9 CESBCD所参照的相关文件或方案

选项内容	选择次数	占总频次的百分比(%)
(1)仍在探索中,没有参照具体的文件或方案	134	18.1
(2)参照了《大学英语课程教学要求》等教育部相关文件的精神	244	33.0
(3)参照了我校所在省/自治区/直辖市的大学英语教学相关文件精神	65	8.8
(4)参照了我校的总体人才培养方案	200	27.1
(5)参照了学生所在院系的人才培养方案	96	13.0
合 计	1039	100.0

当然,《大学英语课程教学要求》等指导性文件在大学英语课程设置方面的确起到了一定作用。例如,某“985工程”高校外语学院院长认为,在《教学要求》颁布前后,学校在课程设置上还是有些变化的,“我觉得这个东西出来以后,在制定本校的教学大纲的时候,大家还是会借鉴参考这个东西的,还是在思路上尽量往这上面靠吧。”(访谈转写稿2-3)但某省属重点师范院校大外部主任则认为,尽管《教学要求》在2007年就已经颁布,但课程设置方面“2012年之前我们都没有什么变化。具体原因一个是学生结构的问题,更主要的是生师比能够把正常的教学任务承担下来就已实属不易了”,并认同国家纲领性文件的颁布是有一定影响的,但是更多的,我们还是要关注自己学校具体的情况。(访谈转写稿2-4)

选择题的第9道主要考察了大学英语校本课程所得到的支持来自哪些层面。表5-10中的数据显示,全部是任课教师自己负责,没有得到相关支持的大约是11.0%。而课程得到的各层面支持中,最多的还是来自于学院或大学英语教学部的领导(约为28.6%),其次为教研室的支持(约为23.0%)、教务处的支持(约为20.9%),而直接来自于校级分管领导支持的比例较低(约为16.6%)。

表 5-10　CESBCD 支持层面

选项内容	选择本项人数	占总频次的百分比(%)
(1)校级分管领导的支持	172	16.6
(2)教务处等职能部门的支持	217	20.9
(3)学院/大学英语教学部领导的支持	297	28.6
(4)大学英语教研室主任的支持	239	23.0
(5)基本上是任课教师本人负责自己的课程	114	11.0
合　计	1039	100.0

由以上数据可以看出，大学英语校本课程设置开发的支持主要还是来自外语学院或大学英语教学部、直接参与开发相关课程的教研室以及教务处等相关职能部门，少数甚至得到校级分管领导的支持和鼓励，毕竟大学英语课程是高校课程体系一个不可或缺的有机组成部分。对此，访谈获得的质性数据也有所体现，如某省属重点师范院校大外部主任介绍了他们院系这一级领导对大学英语校本课程的具体支持措施，“首先是我们自己这个学院能够分配的，能够决定分配的课酬奖励这个部分，基本是通用英语的双倍；第二，就是在跟外边的交流上……在扶持上，比如说我们这个评奖评优，在差不多的情况之下……优先考虑这些进行课程改革的先行试验的这些老师”。(访谈转写稿 2-4)但是，在教师最关心的课题项目和职称评定方面，院系却无能为力，因为课题必须是厅局级以上对于教师才比较有意义，至于课程开发与职称来挂钩的问题，就关系到学校的政策以及人事体制的问题了。

我国的校本课程开发主体虽然是教师，但其最终目的还是为了满足学生的学习需求。虽然学生在大学英语校本课程设置开发过程中的角色和作用并非本书关注的重点，但第 10 道题希望通过教师的视角调查所调研的高校的大学生对于大学英语校本课程的态度和意念。表 5-11 中的数据显示，选项 1 和 2 被选率极为接近，分别达到 33.3%和 32.4%，其次是选项 3，比例为 13.6%。相比来说，选项 4 和 5 被选率较低，分别是 10.7%和 10.0%。

表 5-11　CESBCD 学生的态度和意念

选项内容	选择人数	占总频次百分比(%)
(1)希望学校开设丰富、多元的大学英语校本课程。	289	33.3
(2)希望根据自己的专业和未来职业发展方向选择合适的大学英语校本课程。	281	32.4

续表

选项内容	选择人数	占总频次百分比(%)
(3) 愿意参与大学英语校本课程开发的一些环节,如和教师共同商定学习内容和进度等。	118	13.6
(4) 较多关心课程内容的趣味性,对是否符合学业和未来职业发展的需求并不在意。	93	10.7
(5) 只关心学分,对学校是否能提供符合需求的大学英语校本课程并不关心。	87	10.0
合 计	868	100.0

前三个选项实际上代表了来自学生方面的积极与合作的态度。令人欣慰的是,教师认为大多数学生对于大学英语校本课程采取了支持和配合的态度,而后两个选项可以视为反向题,较低的选中率也表明教师认为学生对丰富而有针对性的大学英语校本课程的期待。也就是说,作为课程主体之一的学生能够较好地意识到校本课程对于自己的个人发展可能起到的良好推动作用,从另一个侧面反映了大学英语校本课程设置开发的必要性。这一点在后续三个层次的访谈中也得到了一定程度的验证,如某“211工程”高校大外部负责人认为,学生表现出来对这个课程配合度高的话,对教师本身课程的建设会有比较好的促进作用,同时,他认为,“同学们选这个课可能有一定的盲目性,或者完全凭兴趣,或者对自己将来工作对英语的要求没有清晰的感念”,因此,还需要教师加以引导。(访谈转写稿2-2)

吴刚平(2001:58-60)根据校本课程开发的一般特点,对于国内校本课程开发的评价方式做出一些尝试性的探讨,给出了一个大致的分析框架。这个分析框架主要集中在两个方面:一是校本课程开发的三种基本评价方式,指的是将校本课程开发的活动作为一个整体,和其他的课程开发活动一样,包括准备、编制和使用三个阶段,其中每一个阶段都包含着一系列评价活动;二是校本课程开发的评价的三个不同层次,指的是按照不同评价主体的不同评价重点,可以把校本课程设置开发的评价划分为三个不同层次,即学校层次的监控、用户取向的评价和教育系统层次的评价。本书认为,具体表现在大学英语校本课程的三个评价层次应该是学校层次的课程评价(如学校教务处或督导组)、教师和学生的评价以及来自于校外的独立评价(上级教育部门)。

同时,笔者在前文的大学英语校本课程概念解析(详见3.4.4节)中提到,大学英语校本本课程开发作为一种语言类课程的开发,也应该遵循语言类课程的规划、实施和评价三大环节，其中评价环节应该是贯穿课程开发始终的持续性过程。据此，本书设计了有关大学英语校本课程评价方面的多项选择题，统计结果见表 5-12。

表 5-12　CESBCD 的课程评价

选项内容	选择本项人数	占总频次的百分比（%）
（1）只注重对教师教学的评价，目前没有对大学英语作为课程开发过程的评价。	184	26. 4
（2）对教师的评价主要是看学生评教的分数，并不关注其参与课程建设的情况。	161	23. 1
（3）对教师及其所授课程的评价包括自评和同事互评。	109	15. 6
（4）有专门的评估小组对教师及其所授课程进行评价。	122	17. 5
（5）对教师及其课程的评价只是一种形式，一般情况下不影响教师的职称晋升等切身利益。	121	17. 4
合　计	697	100. 0

从表 5-12 可以看出，选项 1 占总选择次数的 26. 4%，意味着大学英语校本课程超过 25%没有经过作为一门课程的评价，而是被对授课教师的评价所代替。而在课程评价的方式中，选项 2 的选中率达到了 23. 1%，也就是说，接近 25%没有把课程建设纳入教师评价，前两项相加约为 50%，而选择 5 的比例达到 17. 4%。由此可知，目前各校的课程评价与教师的切身利益关系并不密切，没有得到许多学校以及教师的重视，教师评价基本上仅限于对教师授课能力的评价，本来应该贯穿课程设置开发始终的持续性评价环节在大学英语校本课程中远远没有得到其应有的地位。

这点也一定程度上得到了访谈获取的质性数据的支撑，如某“211 工程”层次高校大外部负责人之一认为，自己所在学校没有过对课程本身的评价，但对教师的评价比较严格，包括“学生评教机制和好几级听课制度，有校级听课、考评办听课、有外语学院听课，系大外部听课，如果评教结果为 C，则当年不允许申报职称”。（访谈转写稿 2-2）某省属重点师范大学大外部主任介绍说，“我们现在对于老师的工作业绩这个评价是来自三方评价的，一个是同行，一个是学生，再就是管理部门。管理部门包括本单位，也包括本校的教务部门以及教务部门当中的教学督导。……（这些评价）有两个层面的影响：第一个层面就是我们学校一直实行的一票否决制,如果你在教学上出现了严重的事故,或者是达不到良好以上的水准,你在晋升职称时会受决定性影响;第二个影响就是对奖金和教学绩效的奖励部分是有影响的。”(访谈转写稿 2-2)以上两所高校的评价体系中大都是对教师本人展开的,未涉及对课程本身的评价。

某“985 工程”高校外语学院副院长提到了本校教师评价方面的做法,对教师的评价有专门的听课小组,他们负责“写下你的优点和你应该需要改善的地方,就老师上课的方方面面——教学内容、教学模式、教材、考核方式等,包括学生对老师的评价我们都会给老师一个反馈。”(访谈转写稿 2-6)这里提到的评价的初衷虽然是针对教师本人的,但是对于教材和考核方式适切性的关注也部分体现了课程开发环节等方面的评价,只是课程评价意识不足,评价环节不是十分明确,仍有较大的改进空间。

综上所述,虽然所调研高校不同程度地对大学英语校本课程开展了一些设置开发活动,从外语课程的规划、实施、评价所涉及的各环节来考察,我国高校的大学英语校本课程的现状表现出了以下特点:教育部政策导向虽然起到一定的作用,目前大学英语校本课程开发的主要动因还是学校决策和各校外语学院和大学外语教学部,教师的自主开发意愿有待提高;大部分学校在尝试进行大学英语校本课程开发时,目前仅停留在对于学校内部人力资源的利用上,较少与校外专家、机构等进行合作;参与校本课程开发的教师只有部分获得了教务处等相关职能部门甚至是校级分管领导的理解和鼓励,但支持力度不够,数量依然偏少,途径措施也较为单一;各校大学英语校本课程开发主要直接参照教育部颁布的《大学英语课程教学要求》,与能体现高等教育个性化的本校人才培养目标和规划的结合力度远远不够;作为课程主体之一的学生能够意识到校本课程对于自己的个人发展可能起到的良好推动作用,但参与课程建设的意识有待提高;本应贯穿课程开发始终的课程评价环节在大学英语校本课程设置开发中远远没有得到其应有的地位。

5.3　不同层次高校 CESBCD 现状

前文关于研究对象的抽样说明中(详见 4.3 节)提到,本书主要按照我国大陆境内高校层次划分的一般原则,同时为了研究的方便性和可行性,将所调研的高校归入“985 工程”高校、“211 工程”高校和普通本科高校三个层次。这里将对三个层次的划分标准进行概述。

“985 工程”是我国政府为建设若干所世界一流大学和一批国际知名的高水平、研究型大学而实施的建设工程。截至 2013 年末,“985 工程”院校共有 41 所。“985 工程”建设的总体思路是:以建设若干所世界一流大学和一批国际知名的高水平、研究型大学为目标,建立高等学校新的管理体制和运行机制,牢牢抓住 21 世纪头 20 年的重要战略机遇期,集中资源,突出重点,体现特色,发挥优势,坚持跨越式发展,走有中国特色的建设世界一流大学之路。本书本着方便抽样和按比例抽样相结合的原则,所涉及的样本中有 4 所“985 工程”高校。

“211 工程”是我国政府为了迎接世界新技术革命的挑战,面向 21 世纪,要集中中央和地方各方面的力量,分期分批地重点建设 100 所左右的高等学校和一批重点学科、专业,到 2000 年左右在教育质量、科学研究、管理水平及办学效益等方面有较大的提高,在教育改革方面有明显的进展,力争在 21 世纪有一批高等学校和学科、专业接近或达到国际一流大学的水平的建设工程。“211 工程”是新中国成立以来国家正式立项在高等教育领域进行的规模最大的重点建设工程,是国家“九五”期间提出的高等教育发展工程,也是高等教育事业的系统改革工程。

“211 工程”的目标和任务是:面向 21 世纪,重点建设一批高等学校和重点学科,并在此基础上经过若干年的努力,使 100 所左右的高等学校以及一批重点学科在教育质量、科学研究、管理水平和办学效益等方面有较大提高,在高等教育改革特别是管理体制改革方面有明显进展,成为立足国内培养高层次人才、解决经济建设和社会发展重大问题的基地。其中,一部分重点高等学校和一部分重点学科,接近或达到国际同类学校和学科的先进水平,大部分学校的办学条件得到明显改善,在人才培养、科学研究上取得较大成绩,适应地区和行业发展,总体处于全国一流水平,起到骨干和示范作用。本书本着方便抽样和按比例抽样相结合的原则,所涉及的样本中有 5 所“211 工程”高校。参与调查的 25 所高校中,除 4 所“985 工程”高校和 5 所“211 工程”高校之外,剩余的 16 所高校全部归入普通本科高校的层次,未再进一步细分。

5.3.1 三层次高校 CESBCD 类型总体分布

以下是对大学英语校本课程开发现状调查部分的四个单选题和七个多选题的结果进行的比较和讨论,试图发现在所调查的各维度之间三个层次的高校是否存在差异,并讨论差异发生的原因。下面,我们来看看通过有效问卷获取的不同层次高校之间校本课程类型分布的异同。

首先,从表5-13可以看出,由两种渠道获得的三个层次的院校校本课程类型分布的共同点在于,占有比例最多的类型均出现在"整合型"这个类别,证明大多数高校都在大学英语课程校本化的路途上进行着试验和探索,并实施了一定的校本课程开发行动。同时也可以看到,三个层次高校的大学英语校本课程类型分布有着较为明显的差异。根据教师问卷的数据,"985工程"高校初始型、整合型、成熟型分布大体是1:5:4的状态;而"211工程"高校三个类型的分布大体呈3:6:1的态势;普通本科院校的分布大体呈4:5.5:0.5的状态。根据简短访谈的数据,"985工程"高校大学英语课程的初始型、整合型、成熟型所占比例大体是0:5:5的状态;"211工程"高校三个类型的比例大体呈4:6:0的态势;普通本科院校的比例大体呈4:6:0的状态,两种途径所获取的数据分布大体呈现相似性。也就是说,在普通本科院校中,初始型所占比例最大,成熟型占有的比例最小;而在"985工程"高校中成熟型所占比例较大,初始型所占比例最小。两种途径数据收集得到的类型分布的卡方检验结果均显示,在大学英语校本课程开设的所属类型方面,三个层次的学校存在显著的分布差异,卡方检验的显著水平都达0.000水平。

表5-13 三层次高校CESBCD类型分布情况

数据来源	由388份有效问卷数据统计				由联系人访谈数据统计			
课程类型	初始型	整合型	成熟型	总计	初始型	整合型	成熟型	总计
"985工程"	9/10.6%	47/55.3%	29/34.1%	85	0/0.0%	2/50.0%	2/50.0%	4
"211工程"	27/25.9%	62/59.6%	15/14.4%	104	2/40.0%	3/60.0%	0/0.0%	5
普通本科	81/40.7%	106/53.3	12/6.0%	199	6/37.5%	10/62.5%	0/0.0%	16
总计	117	215	56	388	8	15	2	25

5.3.2 三层次高校CESBCD类型核心指标分布

下面再来细查三个层次的高校在每个校本课程类型涉及的核心指标情况。表5-14的数据显示,由以上两种途径的数据统计和分析可以看出,就大学英语校本课程的教师参与面指标来说,三个层次高校的共同点在于"仅有少数教师参与"的高校占的比例最多,"几乎全部教师参与"的情况最少,因此,这些数据可以说代表了大陆境内高校的普遍状态。不同点在于所调研的“985工程”高校教师参与面高于“211工程”院校,后者又高于普通本科院校。“985工程”高校和“211工程”高校基本已经脱离了“无教师参与的状态”,而普通本科院校中教师参与的比例明显低于其他两个层次的高校,大约11.0%的高校依然停留在“无教师参与”的状态,其“多数教师都有参与”的高校比例也低于“985工程”和“211工程”高校。两种途径数据收集得到的分布的卡方检验结果均显示,在大学英语校本课程开设的所属类型方面,三个层次的学校存在显著的分布差异,卡方检验的显著水平都达0.000水平。

表5-14 三层次高校CESBCD教师参与面

来源	由388份有效问卷数据统计					由联系人访谈数据统计				
选项内容	(1)几乎没有教师参与	(2)少数教师参与	(3)多数教师参与	(4)几乎全部教师参与	总计	(1)几乎没有教师参与	(2)少数教师参与	(3)多数教师参与	(4)几乎全部教师参与	总计
“985工程”	0/0%	40/46.5%	37/43.0%	9/10.4%	86	0/0/0%	2/50.0%	2/50.0%	0/0%	4
“211工程”	11/10.7%	44/42.7%	38/36.9%	10/9.7%	103	1/20%	2/40%	2/40%	0/0%	5
普通本科	22/11.1%	127/63.8%	32/16.1%	18/9.0%	199	5/31.3%	8/50%	3/18.7%	0/0%	16
总计	33	205	113	37	388	6	16	7	0	25

从选项1到选项4体现了从简单到高级、从部分到彻底的大学英语校本课程的资源开发方式。从表5-15的数据统计结果可以看出,三个层次高校的共同点在于校本资源开发的最简单低级方式(即直接使用所选的资源)在每个层次高校都有出现,但是比例按照普通本科、“211工程”层次、“985工程”层次的顺序逐步递减;而课程资源建设的高级方式(即创编全新的英语课程资源)则正好相反,在“985工程”高校占到了大约25%,“211工程”高校的比例在10%左右,而普通本科院校的比例小到几乎可以忽略不计。两种途径数据收集得到的类型分布的卡方检验结果均显示,在大学英语校本课程开设的所属类型方面,三个层次的学校存在显著的分布差异,卡方检验的显著水平都达0.000水平。

表 5-15 三层次高校 CESBCD 课程资源开发方式

来源	由 388 份有效问卷数据统计					由联系人访谈数据统计				
选项内容	(1) 对选用的课程资源直接使用	(2) 对选用课程资源进行补充拓展	(3) 对选用的课程资源进行整合改编	(4) 创编全新的课程资源	总计	(1) 对选用的课程资源直接使用	(2) 对选用课程资源进行补充拓展	(3) 对选用的课程资源进行整合改编	(4) 创编全新的课程资源	总计
"985 工程"	36/41. 9%	15/17. 4%	12/13. 9%	23/26. 7%	86	1/25%	0/0%	1/25%	2/50%	4
"211 工程"	49/47. 6%	23/22. 3%	23/22. 3%	8/7. 7%	103	1/20%	1/20%	2/40%	1/20%	5
普通本科	103/51. 7%	65/32. 7%	27/13. 6%	4/2. 0%	99	9/56. 3%	5/31. 3%	1/6. 3%	0/0%	16
总计	188	103	62	35	388	9	9	2	4	25

从表 5-16 的数据统计结果可以看出,"985 工程"院校的课程资源开发大多集中在 3(主要开发了几门核心课程)和 4(已经形成了若干适合不同专业/方向的课程群体系)两个选项上,两项相加达到了 89. 4%,与其他两层次院校的差异非常显著。"211 工程"的院校与普通本科院校则主要集中在选项 2 和 3,但普通本科院校的选项 1 所占比例最大。可见,就大学英语校本课程的课程丰富性和多样化程度这一指标而言,三个层次高校按照普通本科、"211 工程"、"985 工程"的顺序逐步递增:"985 工程"高校已经进入课程群状态的比例远远高于其他两层次的高校,"211 工程"高校和普通本科院校最高比例均出现在"主要开发了几门核心课程"的阶段,同时,前两个选项描述的情况在普通本科高校中依然占到了大约三分之一的比例。两种途径数据收集得到的类型分布的卡方检验结果均显示,在大学英语校本课程开设的所属类型方面,三个层次的学校存在显著的分布差异,卡方检验的显著性都达 0. 000 水平。

表 5-16 三层次高校 CESBCD 多样化和课程丰富程度

来源	由 388 份有效问卷数据统计					由联系人访谈数据统计				
选项内容	(1) 只有课外活动类型的非定向课程	(2) 只统一开设一门课程	(3) 主要开发了几门核心课程	(4) 已形成若干课程群体系	总计	(1) 只有课外活动类型的非定向课程	(2) 只统一开设一门课程	(3) 主要开发了几门核心课程	(4) 已形成若干课程群体系	总计
"985 工程"	6/6. 9%	3/3. 5%	28/32. 5%	49/56. 9%	86	0/0%	0/0%	1/25%	3/75%	4

续表

来源	由388份有效问卷数据统计					由联系人访谈数据统计				
选项内容	（1）只有课外活动类型的非定向课程	（2）只统一开设一门课程	（3）主要开发了几门核心课程	（4）已形成若干课程群体系	总计	（1）只有课外活动类型的非定向课程	（2）只统一开设一门课程	（3）主要开发了几门核心课程	（4）已形成若干课程群体系	总计
“211工程”	12/11.7%	22/21.3%	54/52.4%	15/14.5%	103	1/20%	0/0%	3/60%	1/20%	5
普通本科	34/17.1%	62/31.2%	86/43.2%	17/8.5%	199	2/12.5%	3/18.7%	10/62.5%	1/6.3%	16
总计	62	77	168	81	388	3	3	14	5	25

由表5-17的统计数据可以看出，这一题目的四个选择项中，三个层次院校最高选中比例均出现在选项2（以语言技能类课程为主修学分课程，拓展类课程为辅）中，代表了目前我国高校大学英语课程的设置模式最常见的情况。经各校联系人证实，选项3（以拓展类课程为主修学分课程，语言技能类课程为辅）在三个层次的院校中选中比例都很低，几乎可以忽略不计。而三个层次高校的不同点在于“985工程”高校语言技能和拓展类课程自由组合模式的比例远远高于其他两个层次的高校，而普通高校大学英语课程中只开设语言技能类课程的还大有人在，几乎占到了三分之一的比例。两种途径数据收集到的类型分布的卡方检验结果均显示，在大学英语校本课程开设的所属类型方面，三个层次的学校存在显著的分布差异，卡方检验的显著水平都达0.000水平。

表5-17　三层次高校CESBCD开设基本模式

来源	由388份有效问卷数据统计					由联系人访谈数据统计				
选项内容	（1）只开设语言技能类课程	（2）语言技能类课程为主，拓展类课程为辅	（3）以拓展类课程为主，语言技能类课程为辅	（4）语言技能类和拓展类课程并列开设，学分可根据需要自由组合	总计	（1）只开设语言技能类课程	（2）语言技能类课程为主，拓展类课程为辅	（3）以拓展类课程为主，语言技能类课程为辅	（4）语言技能类和拓展类课程并列开设，学分可根据需要自由组合	总计
“985工程”	12/13.9%	41/47.6%	3/3.5%	30/34.9%	86	0/0%	2/50%	0/0%	2/50%	4
“211工程”	24/23.3%	60/58.2%	8/7.7%	11/10.7%	103	1/20%	4/80%	0/0%	0/0%	5

续表

来源	由388份有效问卷数据统计					由联系人访谈数据统计				
选项内容	(1)只开设语言技能类课程	(2)语言技能类课程为主,拓展类课程为辅	(3)以拓展类课程为主,语言技能类课程为辅	(4)语言技能类和拓展类课程并列开设,学分可根据需要自由组合	总计	(1)只开设语言技能类课程	(2)语言技能类课程为主,拓展类课程为辅	(3)以拓展类课程为主,语言技能类课程为辅	(4)语言技能类和拓展类课程并列开设,学分可根据需要自由组合	总计
普通本科	74/37.2%	102/51.2%	11//5.5%	12/6.0%	199	6/37.5%	9/56.2%	0/0%	1/6.3%	16
总计	110	203	22	53	388	7	15	0	3	25

综上所述,在所调研的院校中,从大学英语校本课程类型的四个核心指标来看,大学英语校本课程设置的成熟度从高到低依次为“985工程”高校、“211工程”高校和普通本科院校。

5.3.3 三层次高校CESBCD外层指标分布

除了上述四个用于识别课程成熟度的指标以外,接下来的七个多项选择题可以用于对三个层次大学英语校本课程共性和个性方面展开更多的指标考察。多选题5调查的是大学英语校本课程的开发动因,三个层次高校教师对此问题所做出的选择统计结果如表5-18所示。

表5-18　三层次高校CESBCD开发动因

学校层次	(1)部分教师个人或课程小组	(2)大学英语教学部或外语学院	(3)应其他专业院系的要求	(4)应学校对大学英语课程改革的要求	(5)响应省/自治区/直辖市一级教育文件精神	(6)响应教育部的相关文件	频次总计
“985工程”	20	74	16	70	4	27	211
比例(%)	9.5	35.1	7.6	33.2	1.9	12.8	26.0
“211工程”	30	73	17	69	9	18	216
比例(%)	13.9	33.8	7.9	31.9	4.2	8.3	26.6
普通本科	48	126	18	115	29	49	385
比例(%)	12.5	32.7	4.7	29.9	7.5	12.7	47.4

续表

学校层次	（1）部分教师个人或课程小组	（2）大学英语教学部或外语学院	（3）应其他专业院系的要求	（4）应学校对大学英语课程改革的要求	（5）响应省/自治区/直辖市一级教育文件精神	（6）响应教育部的相关文件	频次总计
频次总计	98	273	51	254	42	94	812
比例(%)	12.1	33.6	6.3	31.3	5.2	11.6	100.0

从表5-18可以看出，三个层次高校大学英语校本课程开发的动因都以“大学英语教学部或外语学院”和“应学校对大学英语课程改革的要求”两个原因为最多，其次为“部分教师个人或课程小组”和“为了响应教育部的相关文件”。此项指标未显示出三个层次高校大学英语校本课程在开发动因方面的显著差异。

多选题6调查的是课程开发人员范围的指标，1～4选项分别代表的是“均为学校内部人员(教师或/和管理人员)进行的自主开发活动”“非正式课程如英语角等与校外机构建立了合作关系”“正式课程与校外机构建立了合作关系”和“定期或经常聘请专家或外校教师来进行相关指导和交流”。三个层次高校在此项的统计结果如表5-19所示。

表5-19　三层次高校CESBCD参与人员范围

学校层次	（1）学校内部人员自主开发	（2）非正式课程与校外机构建立了合作关系	（3）正式课程与校外机构建立了合作关系	（4）定期或经常聘请专家或外校教师指导和交流	频次合计
“985工程”	68	4	14	27	113
比例(%)	60.2	3.5	12.4	23.9	22.5
“211工程”	78	5	28	32	143
比例(%)	54.5	3.5	19.6	22.4	28.5
普通本科	169	7	24	46	246
比例(%)	68.7	2.8	9.8	18.7	49.0
频次合计	315	16	66	105	502
比例(%)	62.7	3.2	13.1	20.9	100.0

从表5-19可以看出，三层次高校大学英语校本课程开发人员都以学校内部人员为主，其次，也聘请了专家或外校教师进行交流，还有一部分正式课程与校

外机构建立合作关系的。这一趋势在三个层次高校之间未出现显著的差异。

多选题的第7题相对具体地考察了大学英语校本课程开发过程中所获得的支持性措施,10个选项分别列举了10种不同情况,按高校层次将数据汇总如表5-20所示。

表5-20　三层次高校 CESBCD 所获支持措施

院校层次	无特别举措或支持	院/系/部成立课程开发小组或教研室	教师减免课时量	课时权重或课时费较高	教务处提供协助和支持	与校外人员或团体开展合作	资助教师外出学习或培训	设立相关项目或课题	考核评奖时政策倾斜	职称评定时政策倾斜	频次合计
"985工程"	14	45	4	13	26	23	27	41	19	12	224
比例(%)	6.3	20.1	1.8	5.8	11.6	10.3	12.1	18.3	8.5	5.4	26.6
"211工程"	30	49	3	5	25	22	29	31	10	4	208
比例(%)	14.4	23.6	1.4	2.4	12.0	10.6	13.9	14.9	4.8	1.9	24.7
普通本科	84	71	10	27	38	32	69	46	19	13	409
比例(%)	20.5	17.4	2.4	6.6	9.3	7.8	16.9	11.2	4.6	3.2	48.6
频次合计	128	165	17	45	89	77	125	118	48	29	841
比例(%)	15.2	19.6	2.0	5.4	10.6	9.2	14.9	14.0	5.7	3.4	100.0

从数据汇总表5-20可以看出,未提供任何支持的在三个层次院校中均占一定的比例,分别是6.3%、14.4%和20.5%,以普通本科院校比例最高,"985工程"院校比例最低。在采取的实际支持措施中,三层次高校中最常见的方式都是"成立课程开发小组或教研室""资助教师外出学习或培训",而最为少见的支持措施则是"教师减免课时量"和"职称评定时政策倾斜"这两项,其原因一是大学英语教师的授课任务繁重,难以对课时量进行减免,而职称评定往往是学校的人事部门负责,不是开设课程的部门能够左右的。这一趋势在三层次高校中未表现出显著的差异。

多选题的第8题考察了校本课程开发过程中所参照的文件和方案的问题。选项1～5分别列举了五种不同情况。三层次高校此项数据汇总如表5-21所示。

表 5-21　三层次高校 CESBCD 所参照文件和方案

院校层次	（1）未参照具体的文件或方案	（2）参照《教学要求》	（3）参照省/自治区/直辖市大学英语相关文件	（4）参照本校人才培养方案	（5）参照学生所在院系的人才培养方案	频度合计
“985 工程”	20	66	8	51	10	155
比例(%)	12. 9	42. 6	5. 2	32. 9	6. 5	20. 9
“211 工程”	24	81	14	65	36	220
比例(%)	10. 9	36. 8	6. 4	29. 5	16. 4	29. 7
普通本科	90	97	43	84	51	365
比例(%)	24. 7	26. 6	11. 8	23. 0	14. 0	49. 3
频次合计	134	244	65	200	97	740
比例(%)	18. 1	33. 0	8. 8	27. 0	13. 1	100. 0

从数据汇总表 5-21 可以看出，未进行校本课程开发从而也没有参照任何文件或方案的学校，在三个层次的高校中比例分别是 12. 9%、10. 9%和 24. 7%，普通本科高校明显高于“985 工程”或“211 工程”院校，这是本项目中三层次高校之间最明显的差异。而其共同点表现在选中率最高的一是对《教学要求》的参照，二是对本校人才培养方案的参照，这一点基本符合本书对大学英语校本课程概念解析时提到的校本课程开发基本规律，即国家课程指导与本校实际情况相结合。

接下来的多选题第 9 题关注的是校本课程开发获得的支持所来自的层面，选项 1 ～ 5 顺序代表了来自从上到下的支持，三层次高校此项数据汇总如表 5-22 所示。

从数据汇总表 5-22 可以看出，三个层次的高校课程开发获得的支持呈现出较为相似的情况，最多的是来自于学院或者大外部，其次是教研室主任和教务处。教师本人负责自己课程的情况在三个层次的高校中也不鲜见，但是在所占比例方面有所差异，“985 工程”高校、“211 工程”高校和普通高校所占的比例分别是 10. 1%、6. 2%和 14. 3%，“985 工程”院校和普通本科高校均高于“211 工程”高校。

表 5-22　三层次高校 CESBCD 所获支持的层面

院校层次	(1) 校级分管领导	(2) 教务处等职能部门	(3) 学院 / 大学英语教学部领导	(4) 大学英语教研室主任	(5) 任课教师本人	频度合计
“985 工程”	40	54	74	64	26	258
比例(%)	15. 5	20. 9	28. 7	24. 8	10. 1	24. 8
“211 工程”	58	70	83	62	18	291
比例(%)	19. 9	24. 1	28. 5	21. 3	6. 2	28. 0
普通本科	74	93	140	113	70	490
比例(%)	15. 1	19. 0	28. 6	23. 1	14. 3	47. 2
频度合计	172	217	297	239	114	1039
比例(%)	16. 6	20. 9	28. 6	23. 0	11. 0	100. 0

多选题的第 10 题关注了从教师的角度看学生对于大学英语校本课程的态度和信念,选项 1 ～ 5 分别代表了对大学英语校本课程不同的态度或信念。三层次高校此项数据统计结果如表 5-23 所示。

表 5-23　三层次高校 CESBCD 学生参与度

高校层次	(1) 希望学校开设丰富多元的大学英语校本课程	(2) 希望根据自己的专业和未来职业发展方向选择合适的大学英语校本课程	(3) 愿意参与大学英语校本课程开发的一些环节	(4) 较多关心课程内容的趣味性,对是否符合学业和未来职业发展的需求并不在意	(5) 只关心学分,对学校是否能提供符合需求的大学英语校本课程并不关心	频度合计
“985 工程”	71	64	26	22	21	204
比例(%)	34. 8	31. 4	12. 7	10. 8	10. 3	23. 5
“211 工程”	85	84	28	23	17	237
比例(%)	35. 8	35. 4	11. 8	9. 7	7. 2	27. 3
普通本科	133	133	64	48	49	427
比例(%)	31. 1	31. 1	15. 0	11. 3	11. 5	49. 2
频度合计	289	281	118	93	87	868
比例(%)	33. 3	32. 3	13. 6	10. 7	10. 1	100. 0

从表 5-23 可以看出,三层次高校的学生之间对于大学英语校本课程的态度

和信念的总体趋势未表现出明显的差异，选择率最高的均出现在前两个选项。如果把代表了学生积极态度和良好信念的前三个选项数量相加，三个层次高校选择率分别是 78. 9%、83. 0%和 63. 7%，可以看出“985 工程”高校和“211 工程”高校的比例明显高出普通本科高校。

多选题第 11 题调查了大学英语校本课程评价的问题，选项 1 和 2 主要考察对大学英语校本课程的整体评价是否存在；而选项 3 ～ 5 主要考察评价方式和评价意义。表 5-24 是对三层次高校此项数据统计的结果。

表 5-24　三层次高校 CESBCD 评价体系

高校层次	（1）没有对课程本身的评价	（2）对教师的评价主要是看学生评教的分数	（3）教师和课程评价包括自评和同事互评	（4）有专门的评估小组	（5）教师和课程评价不影响教师的职称晋升等切身利益	频度合计
“985 工程”	24	21	21	53	30	149
比例（%）	16. 1	14. 1	14. 1	35. 6	20. 1	21. 4
“211 工程”	56	41	16	25	32	170
比例（%）	32. 9	24. 1	9. 4	14. 7	18. 8	24. 4
普通本科	104	99	72	44	59	378
比例（%）	27. 5	26. 2	19. 0	11. 6	15. 6	54. 2
频度合计	184	161	109	122	121	697
比例（%）	26. 4	23. 1	15. 6	17. 5	17. 4	100. 0

从数据统计表 5-24 可以看出，三层次高校存在较为显著的差异。首先，选项 1 的选中率在“985 工程”高校所有的选择次数中占到 16. 1%，选项 2 的比例为 14. 1%，两者相加为 30. 2%。而“211 工程”高校两个选项的比例分别是 32. 9%和 24. 1%，相加后占到 57. 0%的比例。普通本科高校前两个选项的比例为 27. 5%和 26. 2%，两项相加的比例达到了 53. 7%。也就是说，“985 工程”高校课程评价缺失、不关注教师参与校本课程建设的情况明显少于“211 工程”高校和普通本科高校。

综上所述，从大学英语教师的视角来看，不同层次高校的大学英语课程开发动因、课程开发人员范围、开发过程中所获得的支持性措施以及课程开发获得的支持所来自的层面等指标上没有表现出明显的差异；而在课程开发所参照的文件和方案方面，普通本科院校出现对此概念不详的情况更多；学生对于大学英语校本课程的态度和信念方面,来自“985工程”高校的学生表现出了更加积极的态度和更为良好的信念;大学英语校本课程评价方面“985工程”高校对课程评价的关注度稍强。

由以上数据的呈现和分析可以看出,学校层次的不同确实在一定程度上影响了大学英语校本课程开发的状况,这与笔者从访谈中了解到的某外语教育专家的观点一致(访谈转写稿1-1),他认为尽管多种因素制约着大学英语校本课程的发展,但学校层次越高,投入越多,大学英语校本课程设置开发的情况也应该越好,如“985工程”高校整体来说状况比较乐观。

5.4 不同专业类别高校CESBCD现状

为了考察不同专业类别的本科院校之间大学英语校本课程设置的异同,在研究设计时笔者已经对所选样本按照专业特色进行了分类,分别是综合类、准综合类、理工类、师范类和专业院校类五种。对这些院校进行如此的分类是借鉴了新浪网(http://edu.sina.com.cn/gaokao/2011-06-09/1359300396.shtml)对国内高校分类的有关报道。

在本研究中,综合性大学指的是那些历史悠久、理工文医学科门类相对齐全、文理渗透、文化底蕴较为深厚的大学;而准综合性大学指的是以各类工科、农林牧水产、地矿、财经、政法、语言等行业培养人才为目的,主体专业实力很强,又都在逐渐向综合性大学发展的本科院校;理工类大学,顾名思义,就是工科或理科实力很强,但人文社会学科缺失或薄弱的学校;师范类院校很容易被识别,以师范专业为特色,同时也可能开设了某些非师范专业,之所以把师范院校单独列入一个类别,是由于其担负着为各类学校培养师资的特殊使命。所谓专业类院校是指如医学、艺术、体育、军事、警察等专业性很强,人才培养目标相对更加明确的高校,它们常与某些职业领域有着天然的联系。

这五类院校各自的发展历程不同,办学实力和特点各异,理论上来讲,其培养目标和课程设置应该有较为显著的差异。因此,本研究为达到研究的便利性,把所研究的高校分为综合类、准综合类、理工类、师范类和专业院校类五个类别进行比较和讨论,主要通过前文拟定的几个指标考察不同类别院校之间的大学英语校本课程设置是否存在差异,并试图讨论分析产生差异的原因,所使用的数据仍然是来自于教师的有效问卷的量化数据和各校教师代表的简短书面访谈产生的质性数据,并在必要的时候使用三层次访谈获取的质性数据加以支撑。

5.4.1 五种专业类别 CESBCD 类型的总体分布

首先,我们来看三种大学英语校本课程类型(初始型、整合型、成熟型)在五种专业类别的学校的分布情况。

由数据汇总表 5-25 可以看出,准综合类、理工类、师范类和专业院校这四个类别的高校在大学英语校本课程类型的分布较为相似,即以整合型居多,初始型占有较小的比例,成熟型较为罕见或者缺失。

表 5-25 五种专业类别高校 CESBCD 类型分布

来　源	由 388 份有效问卷统计				由联系人简短的书面访谈统计			
类　别	初始型	整合型	成熟型	总　计	初始型	整合型	成熟型	总　计
综合类	71/49.6%	52/36.4%	20/14.0%	143	4/57.1%	2/28.6%	1/14.3%	7
准综合类	14/22.6%	33/53.2%	15/24.2%	62	0/0%	4/80.0%	1/20.0%	5
理工类	10/12.9%	53/67.9%	15/19.2%	78	1/20.0%	4/80.0%	0/0%	5
师范类	22/40.7%	28/51.9%	4/7.4%	54	1/25.0%	3/75.0%	0/0%	4
专业院校	19/37.3%	30/58.8%	2/3.9%	51	1/25.0%	3/75.0%	0/0%	4
总　计	117/30.2%	215/55.4%	56/14.4%	388	7/28.0%	16/64.0%	2/8.0%	25

唯有综合类院校所呈现的态势有所不同,其初始型院校数量所占的比例比整合型所占比例还要高 20% 左右,其原因发人深思。本研究曾访谈过来自于国内某"985 工程"综合性大学的外语教育专家。当被问到目前我国高校大学英语校本课程设置的成熟度是否跟院校的层次有直接关系时,这位专家的回答更多强调的是高校的专业特色,"我很羡慕这类学校,尤其是医科类的学校,我几乎去过所有的医科类的学校,他们的老师对于医学英语这一块掌握得都很好……综合型学校……上至天文下至地理,什么都有,老师很难去弄。……"(访谈转写稿 1-2)言辞之间,他认为高校鲜明的专业特色能够促进大学英语校本课程的建设和教师的专业发展,而综合类院校因涉及的专业多而散,不容易进行符合本校特色的大学英语校本课程的设置。

5.4.2 五种专业类别高校 CESBCD 类型的相关指标分布

以下是五种专业类别院校在校本课程类型核心维度上的数据比较。首先,来看不同专业类别的院校大学英语校本课程的教师参与面的数据统计。为了使所获数据更具有说服力,这里与前文(详见本书 5. 3. 2 节)数据来源途径相同,分别是 388 份教师有效问卷和所调研的高校联系人的简短书面访谈。

表 5-26 中的数据统计显示,五种专业类别院校在大学英语校本课程开发的参与面指标中显示出一定的相似性,其中"少数教师参与"的情况最为普遍,其次是"多数教师参与"的情况,"几乎没有教师参与"的情况很少,而"几乎全部教师参与"的情况则更少。这说明学校专业特色的不同没有给教师的校本课程参与程度带来太多的影响。下面来看不同专业类别的院校大学英语校本课程资源的建设途径问题。

表 5-26　五种专业类别高校 CESBCD 教师参与面

来源	由 388 份有效问卷数据统计					由联系人简短书面访谈统计				
院校类别	(1) 几乎没有教师参与	(2) 少数教师参与	(3) 多数教师参与	(4) 几乎全部教师参与	总计	(1) 几乎没有教师参与	(2) 少数教师参与	(3) 多数教师参与	(4) 几乎全部教师参与	总计
综合类	11/7. 7%	91/63. 6%	34/23. 8%	7/4. 9%	143	2/28. 6%	4/57. 1%	1/14. 3%	0/0%	7
准综合	1/1. 6%	29/46. 8%	27/43. 5%	5/8. 1%	62	0/0%	3/60. 0%	2/40. 0%	0/0%	5
理工类	4/5. 1%	33/42. 3%	27/34. 6%	14/17. 9%	78	0/0%	4/80. 0%	1/20%	0/0%	5
师范类	8/14. 8%	29/53. 7%	10/18. 5%	7/13. 0%	54	1/25%	2/50. 0%	1/25. 0%	0/0%	4
专业院校	9/17. 6%	23/45. 1%	15/29. 4%	4/7. 9%	51	1/25. 0%	1/25. 0%	2/50. 0%	0/0%	4
总计	33/8. 5%	205/52. 8%	113/29. 1%	37/9. 5%	388	6/24. 0%	12/48. 0%	7/28. 0%	0/0%	25

由下面的数据汇总表 5-27 可以看出,在五类别院校中较为相似的一个趋势是选项 1 中所指的最简单低级的课程资源开发方式(即"对选用的课程资源直接使用")依然大量存在于各个类别的高校中,在各选项中所占的比例是最高的,其次是选项 2,表明在课程资源的开发途径方面,五种类别的高校所使用的开发途径水平普遍偏低。存在较大差异的是选项 4 (创编全新的课程资源),准综合类院校这一答案的选中率稍高一些,理工类和师范类高校对于这一答案的选择偏少,特别是师范院校类,两种途径选择率均为零。

表 5-27　五种专业类别高校 CESBCD 课程资源建设途径

来源	由 388 份有效问卷数据统计					由联系人简短书面访谈统计				
院校类别	（1）对选用的课程资源直接使用	（2）对选用课程资源进行补充拓展	（3）对选用的课程资源进行整合改编	（4）创编全新的课程资源	总计	（1）对选用的课程资源直接使用	（2）对选用课程资源进行补充拓展	（3）对选用的课程资源进行整合改编	（4）创编全新的课程资源	总计
综合类	73/51.0%	40/28.0%	11/7.7%	19/13.3%	143	3/42.9%	3/42.9%	0/0%	1/14.2%	7
准综合	29/46.9%	13/20.9%	10/16.1%	10/16.1%	62	2/40.0%	1/20.0%	0/0%	2/40.0%	5
理工类	25/32.1%	18/23.1%	30/38.5%	5/6.3%	78	2/40.0%	1/20.0%	2/40.0%	0/0%	5
师范类	27/50.0%	19/35.2%	8/14.8%	0/0%	54	4/100%	0/0%	0/0%	0/0%	4
专业院校	34/66.7%	13/25.5%	3/5.9%	1/1.9%	51	1/25.0%	2/50.0%	0/0%	1/25.0%	4
总计	188/48.5%	103/26.5%	62/15.9%	35/9.1%	388	12/48.0%	7/28.0%	2/8.0%	4/16.0%	25

再来比较一下不同类别高校在校本课程开设的丰富程度和多样性方面有无明显差异。从数据汇总表 5-28 可以看出，五种类别院校在大学英语校本课程开发的多样性方面存在较为相似的样态，选中率最多的是选项 3（主要开设了几门核心课程），选中率最少的是选项 1（只有课外活动类型的非定向课程）和选项 4（已形成若干课程群体系）。这说明不管是哪种专业类别的高校都在大学英语校本课程建设方面做了一些工作，也取得了一定的成绩，但是，要想达到校本课程以课程群这种较为理想的课程形式设置的目的，的确都需要做出更多的努力。

表 5-28　五种专业类别高校 CESBCD 课程多样性

来源	由 388 份有效问卷统计					由联系人简短书面访谈统计				
高校类别	（1）只有课外活动类型的非定向课程	（2）只统一开设了一门课程	（3）主要开设了几门核心课程	（4）已形成若干课程群体系	总计	（1）只有课外活动类型的非定向课程	（2）只统一开设了一门课程	（3）主要开设了几门核心课程	（4）已形成若干课程群体系	总计
综合类	24/16.8%	31/21.7%	57/39.8%	31/21.7%	143	2/28.6%	2/28.6%	2/28.6%	1/14.2%	7
准综合	11/17.7%	11/17.7%	26/41.9%	14/22.7%	62	0/0%	0/0%	3/60%	2/40%	5

续表

来源	由388份有效问卷统计					由联系人简短书面访谈统计				
高校类别	(1)只有课外活动类型的非定向课程	(2)只统一开设了一门课程	(3)主要开设了几门核心课程	(4)已形成若干课程群体系	总计	(1)只有课外活动类型的非定向课程	(2)只统一开设了一门课程	(3)主要开设了几门核心课程	(4)已形成若干课程群体系	总计
理工类	7/8.9%	10/12.8%	50/64.1%	11/14.2%	78	1/20.0%	0/0%	4/80.0%	0/0%	5
师范类	12/22.2%	12/22.2%	25/46.3%	5/9.3%	54	0/0%	1/25.0%	3/75.0%	0/0%	4
专业院校	8/15.7%	13/25.5%	22/43.1%	8/15.7%	51	0/0%	0/0%	3/75%	1/25/%	4
总计	62/15.9%	77/19.8%	180/46.4%	69/17.9%	388	3/%	3/%	15/%	4/%	25

下面是校本课程类型划分的最后一个核心指标，即课程开设模式方面的情况。从表5-29中的数据统计可以看出，首先，五类院校在课程的开设模式上表现出了非常明显的相似性，如最常见的模式都是“语言技能类课程为主，拓展类课程为辅”，几乎占到了各类别高校50%的比例;“以拓展类课程为主，语言技能类课程为辅”的开设模式在各类别院校中都非常罕见，看来大部分高校学生入学的英语水平还不能达到完全抛开语言基础课程的程度;另外，只开设语言技能类课程、还未涉足拓展类课程的院校在各类别高校中也不鲜见。

表5-29 五种专业类别高校CESBCD开设模式

来源	由388份有效问卷数据统计					由联系人书面访谈统计				
专业类别	(1)只开设语言技能类课程	(2)语言技能类课程为主，拓展类课程为辅	(3)以拓展类课程为主，语言技能类课程为辅	(4)语言技能类和拓展类课程并列开设，学分可根据需要自由组合	总计	(1)只开设语言技能类课程	(2)语言技能类课程为主，拓展类课程为辅	(3)以拓展类课程为主，语言技能类课程为辅	(4)语言技能类和拓展类课程并列开设，学分可根据需要自由组合	总计
综合类	50/34.9%	64/44.8%	8/5.6%	21/14.7%	143	1/14.3%	4/57.1%	0/0%	2/28.6%	7
准综合	14/22.6%	26/41.9%	4/6.5%	18/29.0%	62	0/0%	2/40.0%	0/0%	3/60.0%	5

续表

来源	由388份有效问卷数据统计					由联系人书面访谈统计				
专业类别	（1）只开设语言技能类课程	（2）语言技能类课程为主，拓展类课程为辅	（3）以拓展类课程为主，语言技能类课程为辅	（4）语言技能类和拓展类课程并列开设，学分可根据需要自由组合	总计	（1）只开设语言技能类课程	（2）语言技能类课程为主，拓展类课程为辅	（3）以拓展类课程为主，语言技能类课程为辅	（4）语言技能类和拓展类课程并列开设，学分可根据需要自由组合	总计
理工类	16/20.5%	53/67.9%	5/6.4%	4/5.2%	78	1/20.0%	4/80.0%	0/0%	0/0%	5
师范类	10/18.5%	41/75.9%	1/1.9%	2/3.7%	54	2/50.0%	1/25.0%	0/0%	1/25.0%	4
专业院校	19/37.3%	22/43.1%	4/7.8%	6/11.8%	51	1/14.3%	4/57.1%	0/0%	2/28.6%	4
总计	109/28.1%	206/53.1%	22/5.7%	51/13.1%	388	0/0%	2/40.0%	0/0%	3/60.0%	25

其中存在较为明显差异的一个选项出现在选项4（“语言技能类和拓展类课程并列开设，学分可根据需要自由组合”），与理工类、师范类和专业院校类相比，综合类和准综合类大学似乎更多地进行了语言技能类和拓展类课程并列开设的情况。

从以上对五类不同专业特色院校进行的CESBCD成熟度所涉及的四项指标数据考察可以看出，大学英语校本课程类型总体情况以及各维度的分项对比结果表现出了较多的相似性，仅在某些维度的某些细节上数据分布有一定的差异。也就是说，由以上数据统计与分析得出的初步结论是，高校专业类别的不同不是影响其大学英语校本课程建设成熟度的决定性因素，除综合类高校因为专业众多以外，其他类别都不难找到适合自己专业特色的大学英语校本课程设置开发之路，只是目前各专业类别高校的大学英语校本课程个性化并不突出。

5.4.3 五种专业类别高校CESBCD外层指标分布

除了上述用于识别课程成熟度的四个指标以外，接下来的七个多项选择题可以用于对五个类别大学英语校本课程共性和个性方面进行更多的指标考察，力图发现其更多共性或个性的表现。

前文已经提到,多选题5调查的是“大学英语校本课程的开发动因”,选项1～6分别提及的是不同的开发动因。五个类别高校对此问题的答案所做出的选择统计结果如表5-30所示。

表5-30 五种专业类别高校CESBCD开发动因

学校类别	部分教师个人或课程小组	大学英语教学部或外语学院	应其他专业院系的要求	应学校对大学英语课程改革的要求	响应省/自治区/直辖市一级教育文件精神	响应教育部的相关文件	频度总计
综合类	37	106	20	97	11	36	307
比例(%)	12.1	34.5	6.5	31.6	3.6	11.7	37.9
准综合	10	46	9	44	4	15	128
比例(%)	7.8	35.9	7.0	34.4	3.1	11.7	15.8
理工类	24	56	12	52	10	13	167
比例(%)	14.4	33.5	7.2	31.1	6.0	7.8	20.6
师范类	14	42	4	32	8	11	111
比例(%)	12.6	37.8	3.6	28.8	7.2	9.9	13.7
专业院校	13	23	6	29	9	18	98
比例(%)	13.3	23.5	6.1	29.6	9.2	18.4	12.1
总计	98	273	51	254	42	93	811
比例(%)	12.1	33.7	6.3	31.3	5.2	11.5	100.0

从表5-30可以看出,五个类别高校大学英语校本课程开发的动因方面表现出了较大的相似度,都以“大学英语教学部或外语学院”和“应学校对大学英语课程改革的要求”两个原因为最多,其次为“部分教师个人或课程小组”和“响应教育部的相关文件”。也就是说,此项指标未显示出五个类别高校大学英语校本课程的显著差异。

前文已经提到,多选题6调查的是“课程开发人员范围”的指标,选项1～4分别代表的是课程开发人员的不同范围。五个类别高校此问题答案统计结果如表5-31所示。

表 5-31　五种专业类别高校 CESBCD 开发人员的范围

学校类别	（1）学校内部人员自主开发	（2）非正式课程与校外机构建立了合作	（3）正式课程与校外机构建立了合作关系	（4）定期或经常聘请专家或外校教师指导和交流	频度合计
综合类	119	5	23	40	187
比例（%）	63.6	2.7	12.3	21.4	37.3
准综合	53	3	7	15	78
比例（%）	67.9	3.8	9.0	19.2	15.5
理工类	54	4	26	28	112
比例（%）	48.2	3.6	23.2	25.0	22.3
师范类	49	4	5	9	67
比例（%）	73.1	6.0	7.5	13.4	13.3
专业院校	40	0	5	13	58
比例（%）	69.0	0.0	8.6	22.4	11.6
总计	315	16	66	105	502
比例（%）	62.7	3.2	13.1	20.9	100.0

从表 5-31 可以看出，五个类别高校中大学英语校本课程开发人员均以学校内部人员为主，其次也聘请了专家或外校教师进行交流，还有相当一部分正式课程与校外机构建立了合作关系。这些趋势在五个类别高校中未出现显著差异。

如前所述，多选题的第 7 题考察了大学英语校本课程开发过程中所获得的相对具体的支持性措施，10 个选项分别列举了 10 种不同的情况，按高校专业类别将答案数据汇总到表 5-32。

表 5-32　五种专业类别高校 CESBCD 所获支持性措施

学校类别	无特别举措或支持	院／系／部成立课程开发小组或教研室	教师减免课时量	课时权重或课时费较高	教务处提供协助和支持	与校外人员或团体开展合作	资助教师外出学习或培训	设立相关项目或课题	考核评奖时政策倾斜	职称评定时政策倾斜	频度合计
综合类	49	46	2	27	37	35	58	54	30	18	356
比例（%）	13.8	12.9	0.6	7.6	10.4	9.8	16.3	15.2	8.4	5.1	42.4
准综合	13	34	6	6	14	10	11	19	4	2	119

续表

学校类别	无特别举措或支持	院/系/部成立课程开发小组或教研室	教师减免课时量	课时权重或课时费较高	教务处提供协助和支持	与校外人员或团体开展合作	资助教师外出学习或培训	设立相关项目或课题	考核评奖时政策倾斜	职称评定时政策倾斜	频度合计
比例(%)	10.9	28.6	5.0	5.0	11.8	8.4	9.2	16.0	3.4	1.7	14.2
理工类	22	41	2	4	15	14	20	28	6	0	152
比例(%)	14.5	27.0	1.3	2.6	9.9	9.2	13.2	18.4	3.9	0.0	18.1
师范类	22	25	4	6	15	13	20	9	2	3	119
比例(%)	18.5	21.0	3.4	5.0	12.6	10.9	16.8	7.6	1.7	2.5	14.2
专业院校	22	19	3	2	8	5	16	8	6	5	94
比例(%)	23.4	20.2	3.2	2.1	8.5	5.3	17.0	8.5	6.4	5.3	11.2
总计	128	165	17	45	89	77	125	118	48	28	840
比例(%)	15.2	19.6	2.0	5.4	10.6	9.2	14.9	14.0	5.7	3.3	100.0

从数据汇总表5-32可以看出,“无特别举措或支持”的在五个类别院校中均占一定的比例,分别是13.8%、10.9%、14.5%、18.5%和23.4%(以专业院校的比例最高,准综合类院校比例最低)。在采取的实际支持措施中,五类别高校中最常见的支持方式都是“院/系/部成立课程开发小组或教研室”“资助教师外出学习和培训”,而最为罕见的支持措施则是“教师减免课时量”和“职称评定时政策倾斜”这两项。如前文所述(详见5.3.3节),其原因一是大学英语教师的授课任务繁重,难以对课时量进行减免,而职称评定往往是学校的人事部门负责,不是开设课程的部门能够左右的因素。除了综合类、准综合类和理工类院校在“设立相关项目或课题”这一选项上的比例稍稍偏高以外,此项指标在五个类别高校中整体来看未表现出显著的差异。

多选题的第8题考察了校本课程开发过程中所参照的文件和方案的维度。选项1～5分别列举了“未参照具体的文件或方案”“参照《大学英语课程教学要求》”“参照省/自治区/直辖市大学英语相关文件”“参照本校人才培养方案”和“参照学生所在院系的人才培养方案”等情况。五类别高校情况数据汇总如表5-33所示。

表 5-33　五种专业类别高校 CESBCD 所参照的文件和方案

学校类别	未参照具体的文件或方案	参照《大学英语课程教学要求》	参照省/自治区/直辖市大学英语相关文件	参照本校人才培养方案	参照学生所在院系的人才培养方案	频度合计
综合类	56	87	19	72	26	260
比例(%)	21.5	33.5	7.3	27.7	10.0	35.2
准综合	17	44	7	36	15	119
比例(%)	14.3	37.0	5.9	30.3	12.6	16.1
理工类	20	55	17	43	28	163
比例(%)	12.3	33.7	10.4	26.4	17.2	22.1
师范类	26	27	11	18	10	92
比例(%)	28.3	29.3	12.0	19.6	10.9	12.4
专业院校	15	31	11	31	17	105
比例(%)	14.3	29.5	10.5	29.5	16.2	14.2
总计	134	244	65	200	96	739
比例(%)	18.1	33.0	8.8	27.1	13.0	100.0

从数据汇总表 5-33 可以看出，未进行校本课程开发从而也无所谓参照任何文件或方案的学校，在五个类别高校中比例分别是 21.5%、14.3%、12.3%、28.3%和 14.3%，综合类院校和师范类院校明显高于其他类别高校，这是五个类别高校中最明显的差异。而其共同点表现在选中率最高的一是对《大学英语课程教学要求》的参照，二是对本校人才培养方案的参照，这一点正如前文(详见 5.3.3 节)所分析的那样，基本符合本书对大学英语校本课程概念解析时提到的校本课程开发基本规律，即国家课程指导与本校实际情况相结合。

多选题第 9 题关注的是校本课程开发获得的支持所来自的层面，选项 1 ~ 5 代表了来自从上到下的支持，五个类别高校的此项数据汇总如表 5-34 所示。

表 5-34　五种专业类别高校 CESBCD 所获支持的层面

学校类别	校级分管领导	教务处等职能部门	学院/大学英语教学部领导	大学英语教研室主任	任课教师本人	频度合计
综合类	67	78	114	81	42	382
比例(%)	17.5	20.4	29.8	21.2	11.0	36.8
准综合	27	42	52	41	13	175

续表

学校类别	校级分管领导	教务处等职能部门	学院/大学英语教学部领导	大学英语教研室主任	任课教师本人	频度合计
比例(%)	15.4	24.0	29.7	23.4	7.4	16.8
理工类	34	46	59	44	22	205
比例(%)	16.6	22.4	28.8	21.5	10.7	19.7
师范类	19	28	39	33	23	142
比例(%)	13.4	19.7	27.5	23.2	16.2	13.7
专业院校	25	23	33	40	14	135
比例(%)	18.5	17.0	24.4	29.6	10.4	13.0
总计	172	217	297	239	114	1039
比例(%)	16.6	20.9	28.6	23.0	11.0	100.0

从数据汇总表5-34可以看出,五个类别高校课程开发获得的支持呈现出趋同的情况,最多的是来自于学院或者大外部、教研室主任和教务处三个层面,其次是来自于校级分管领导的支持,教师本人负责自己课程的情况在五个类别的高校中都不鲜见,但是在所占比例方面稍有差异,准综合类院校比例稍低一些。

多选题的第10题关注的是从教师的角度看学生对于大学英语校本课程的态度和信念,选项1～5分别代表的态度是:"希望学校开设丰富多元的大学英语校本课程""希望根据自己的专业和未来职业发展方向选择合适的大学英语校本课程""愿意参与大学英语校本课程开发的一些环节""较多关心课程内容的趣味性,对是否符合学业和未来职业发展的需求并不在意"以及"只关心学分,对学校是否能提供符合需求的大学英语校本课程并不在意"。五个类别高校的此指标统计结果如表5-35所示。

表5-35　各专业类别高校CESBCD学生参与度

学校类别	(1)希望学校开设丰富多元的大学英语校本课程	(2)希望根据自己的专业和未来职业发展方向选择合适的大学英语校本课程	(3)愿意参与大学英语校本课程开发的一些环节	(4)较多关心课程内容的趣味性,对是否符合学业和未来职业发展的需求并不在意	(5)只关心学分,对学校是否能提供符合需求的大学英语校本课程并不关心	频度合计
综合	117	104	45	34	26	326

续表

学校类别	(1) 希望学校开设丰富多元的大学英语校本课程	(2) 希望根据自己的专业和未来职业发展方向选择合适的大学英语校本课程	(3) 愿意参与大学英语校本课程开发的一些环节	(4) 较多关心课程内容的趣味性,对是否符合学业和未来职业发展的需求并不在意	(5) 只关心学分,对学校是否能提供符合需求的大学英语校本课程并不关心	频度合计
比例(%)	35.9	31.9	13.8	10.4	8.0	37.6
准综合	47	48	14	14	15	138
比例(%)	34.1	34.8	10.1	10.1	10.9	15.9
理工类	55	53	27	19	21	175
比例(%)	31.4	30.3	15.4	10.9	12.0	20.2
师范类	37	34	16	10	16	113
比例(%)	32.7	30.1	14.2	8.8	14.2	13.0
专业院校	33	42	16	16	9	116
比例(%)	28.4	36.2	13.8	13.8	7.8	13.4
总计	289	281	118	93	87	868
比例(%)	33.3	32.4	13.6	10.7	10.0	100.0

从表5-35可以看出,五个类别高校的学生对于大学英语校本课程的态度和信念的总体趋势未表现出明显的差异,选择率最高的均出现在前两个选项中。如果把代表了学生积极态度和良好信念的前三个选项的数量相加,五个类别高校选择率分别是81.6%、79.0%、77.1%、77.0%和78.4%。由此,可以看出在大学英语教师的心目中,五个类别高校的学生绝大多数对大学英语课程怀有的都是正面和积极的态度,在此项目上五类高校所表现出的情况没有明显的差异。

最后一个多选题即第11题调查了大学英语校本课程评价的问题,选项1(没有对课程本身的评价)和选项2(对教师的评价主要是看学生评教的分数)主要考察对大学英语校本课程的整体评价是否存在;而选项3～5分别对应的内容是“教师和课程评价包括自评和同事互评”“有专门的评估小组”以及“教师和课程评价不影响教师的职称晋升等切身利益”,主要考察评价方式和评价意义。表5-36是不同专业类别高校的此项数据的统计结果。

表 5-36　五种专业类别高校 CESBCD 课程评价

学校类别	(1) 没有对课程本身的评价	(2) 对教师的评价主要是看学生评教的分数	(3) 教师和课程评价包括自评和同事互评	(4) 有专门的评估小组	(5) 教师和课程评价不影响教师的职称晋升等切身利益	频度合计
综合类	68	67	39	52	49	275
比例(%)	24.7	24.4	14.2	18.9	17.8	39.5
准综合	23	13	15	24	25	100
比例(%)	23.0	13.0	15.0	24.0	25.0	14.3
理工类	39	32	19	19	20	129
比例(%)	30.2	24.8	14.7	14.7	15.5	18.5
师范类	28	23	18	10	15	94
比例(%)	29.8	24.5	19.1	10.6	16.0	13.5
专业院校	26	26	18	17	12	99
比例(%)	26.3	26.3	18.2	17.2	12.1	14.2
总计	184	161	109	122	121	697
比例(%)	26.4	23.1	15.6	17.5	17.4	100.0

从数据统计表 5-36 可以看出,五个类别高校在课程评价体系的维度方面不存在显著差异。首先,选项 1("没有对课程本身的评价")的选中率除了准综合类高校稍有不同外,几乎所有类别高校的选择率在个选项中都是最高的,这说明大学英语作为一门课程所应得到的评价并未引起足够的重视。一个微小的不同出现在选项 3,准综合类高校建立专门评估小组的比例高于其他专业类别的高校。

综上所述,从大学英语教师的视角来看,不同专业类别高校的大学英语课程在开发动因、课程开发人员范围、开发过程中所获得的支持性措施、课程开发获得的支持所来自的层面、课程开发所参照的文件和方案、学生对于大学英语校本课程的态度和信念以及校本课程评价方面,除了某些维度的某些细节有微小的不同之外,整体来看并未表现出十分显著的差异。

由以上数据的呈现和分析可以看出,高校专业类别的不同并未成为影响大学英语校本课程开发状况的显著原因,这与笔者从访谈中了解到的某外语教育专家观点(访谈转写稿 1-2)有所背离。他认为从理论上来讲,综合类高校因为专业众多而不易于开展满足本校专业学习需求的、校本特色鲜明的英语课程，而医学、航海等这些有着悠久历史的特色专门学校，大学英语课程更容易找到服务于其人才培养的有效途径。

5.5 本章小结

从校本课程的形式和本质角度来看，由本书所抽样的25所高校调研结果显示，整体来说大学英语校本课程目前的设置与开发状况不容乐观，与较为成熟的校本课程应然状态相去甚远，相比而言，层次越低的学校现状越是堪忧。20世纪末21世纪初，以内容为依托的外语教学理念逐渐进入我国外语教育领域，理论上可以指导不同专业特色的院校设置出内容各异、富有个性、符合本校人才培养定位的大学英语课程。但本书的多维度调查显示，专业特色的不同并没有带来各所高校大学英语课程的鲜明特色。

正如笔者所访谈的一位外语教育专家所说（访谈转写稿1-1），这种局面应该是教育部原来的rigid uniformity（一刀切）所带来的后果，为了达到提高大学英语教育的质量，目前第一要改变的就是"千校一面"的状态，而校本化是根本出路。另一位专家在访谈中也提到（访谈稿1-3），所有高校的大学英语课程有一个共性，那就是基本的英语语言能力的培养。除此之外，虽然《教学要求》和《教学指南》都强调大学英语课程设置的"因校制宜"，但各校的情况"目前不是不同，现在的问题是太同了"，校本特色几乎无从体现。

第6章

结果与讨论（二）:大学英语校本课程设置的主要影响因素

6.1 引 言

笔者在前文(详见3.2.1节和3.2.2节)的文献回顾中提到,中外研究者都曾涉及校本课程的影响因素问题,并从不同角度和逻辑性提出了观点。大学英语校本课程的设置开发受哪些因素的影响？接受笔者访谈的大学外语教育专家曾提及,说到大学英语课程,“家长可以有话语权,学生也有话语权,老师也有话语权,教育主管部门、教务处也有话语权,校长也有话语权,教育部的领导有话语权,省教育厅也有话语权,媒体也有话语权。……在很多场合我们老师反而是 silent。”(访谈转写稿 1-1)可见,大学英语校本课程所涉及的因素众多,它们之间的关系和相互作用值得探讨。

本章主要通过对调查问卷中的相关量化数据和访谈中的相关质性数据收集结果的报告,逐一回答本书的第二个研究问题关于大学英语校本课程的影响因素中的三个次级问题:

（1）影响大学英语校本课程设置和实施的主要因素有哪些？

（2）这些因素各自的影响程度如何？

（3）不同层次和不同专业特色的大学英语教师群体对大学英语校本课程影响因素的看法有无差异？

6.2 CESBCD 主要影响因素及影响力度

上一章对大学英语校本课程的现状进行了概述，并分层次和专业类别进行了详细的比较，基本回答了本研究的第一个研究问题，得到了对于大学英语校本课程目前所表现出的“实然”的初步描述。本章试图回答本研究的第二个研究问题，即从教师视角探究造成大学英语校本课程现状的原因，或者说，分析大学英语校本课程设置的各种影响因素，以找出“实然”与“应然”之间差距的原因。

为了确定大学英语校本课程的显著性影响因素的构念，本研究首先对基于文献整理出的 34 个与大学英语校本课程影响因素相关的题项进行了探索性因子分析，过程如下：

首先，反向题重新计分后进行项目分析，结果显示，所有 34 个题项均达到了显著性，可以进入因子分析，因此，去除三道测谎题后全部选入。然后，选择 KMO 和 Bartlett 的球形度检验，即从统计角度给出 31 个变量是否存在潜在因子结构，也就是检验是否合适进行因子分析。结果 KMO 值为 0. 792，较适宜因子分析，Bartlett's 球形检验的卡方值为 1 460. 176 并达到显著，说明各个题项间共同性良好，存在因子结构，因此，适合做因子分析，如表 6-1 所示。

表 6-1 调查问卷的 KMO 和 Bartlett 检验

Kaiser-Meyer-Olkin Measure of Sampling Adequacy.		. 792
Bartlett's Test of Sphericity	Approx. Chi-Square	1 460. 176
	df	465
	Sig.	. 000

笔者对问卷调查结果所做因子分析选择“主成分方法”作为因子抽取的方法，勾选碎石图作为表达因子选择的图示方式。因子旋转方法采用 Varimax“最大方差化”正交旋转，以便得到不相关的因子，默认特征根大于 1 且题项数大等于 3 为提取标准，且因子荷载大于 0. 4，转轴后的因素矩阵提取出七个因子，结果如表 6-2 所示。

表 6-2 七个因子的负荷情况

成分	初始特征值			提取平方和载入			旋转平方和载入		
	合计	方差(%)	累计(%)	合计	方差(%)	累计(%)	合计	方差(%)	累计(%)
1	10.103	32.591	32.591	10.103	32.591	32.591	4.288	13.832	13.832
2	3.461	11.164	43.755	3.461	11.164	43.755	4.044	13.046	26.879
3	1.950	6.290	50.045	1.950	6.290	50.045	3.569	11.513	38.392
4	1.895	6.114	56.158	1.895	6.114	56.158	2.795	9.017	47.409
5	1.548	4.992	61.151	1.548	4.992	61.151	2.262	7.297	54.706
6	1.270	4.098	65.249	1.270	4.098	65.249	2.225	7.178	61.884
7	1.044	3.369	68.618	1.044	3.369	68.618	2.088	6.734	68.618

注:提取方法:主成分。

表 6-3 因子分析旋转成分矩阵

	成份						
	1	2	3	4	5	6	7
F11	0.856						
F5	0.748						
F22	0.682						
F27	0.623						
F33	0.599						
F16	0.551		0.407				
F12		0.804					
F18		0.741					
F31		0.724					
F7		0.690					
F28		0.546					
F2		0.521	0.407			0.521	
F1			0.732				
F3	0.402		0.721				
F17		0.413	0.686				
F34			0.569				
F21		0.500	0.506				

续表

	成份						
	1	2	3	4	5	6	7
F4				0.793			
F30				0.715			
F15				0.679			
F10				0.662			
F26				0.477	0.401		
F24					0.678		
F19					0.622		
F34					0.539		
F32	0.405		0.432		0.495		
F8						0.869	
F13		0.468				0.661	
F20				0.474		0.637	
F25							0.839
F29							0.831

注：提取方法：主成分；

旋转法：带有 Kaiser 标准化的正交旋转法；

a. 旋转在七次迭代后收敛。

（F6、F9 和 F23 为测谎题，未选入因子分析。）

然后，对得到的七个影响因子根据所包含的题项内容进行重新命名，按能够解释整个影响的百分比大小依次为课程建设基础、课程直接价值认同、学校支持、课程评价方式、教师课程开发素质、教师信念和教师改革信念，七个因子一共能解释总影响的 68.6%，因子提取的效果较好。

由于第七个因子只有两个题项，根据题项涵盖的内容，将其合并到“教师信念”一个因子，从而最终得到的六个因子分别是课程基础、课程价值认同、校方支持、课程评价机制、教师的课程开发素质和教师信念。以下对这六个影响因素进行详细分析，并使用三层次访谈的相关数据进行必要的支持验证。

因子分析的结果显示，对大学英语校本课程开发影响力最大的单个因子是课程建设基础，解释了总变异的 13.832%，说明原有的课程建设基础在校本课程建设中起到了较为关键的作用。这一因素在问卷的五级量表中涉及的题项具体内容如表 6-4 所示。

表 6-4 “课程开发基础”因子涉及题项汇总

题　项	因子重命名:课程开发基础
F11	大学英语课程积累的丰富信息化课程资源是校本课程开发的有利因素。
F5	大学英语课程积累的改革经验将有助于大学英语校本课程的开发。
F22	大学英语教师团队研究兴趣多样化、知识结构多元化将为校本课程开发提供有利条件。
F27	采用灵活民主的课程开发管理方式(如鼓励学院自主或与其他专业院系合作进行课程开发活动),将有利于大学英语校本课程的开发建设。
F33	大学英语课程的信息化教学设施设备和手段有利于校本课程的开发建设。
F16	英语课程建设中,即使没有团队带头人,大学英语校本课程开发也一样能做好。(反向题)

这一因子具体包括学校现有师资队伍建设水平、课程的管理方式、课程资源的储备等。师资队伍建设主要表现在创立课程开发团队或小组、帮助教师拓展课程开发知识和鼓励课程开发实践、使教师本身研究兴趣多元化等;课程管理机制则涉及教师的培训和进修管理制度、对大外部与专业学院之间相互合作的支持等;课程资源储备既包括硬件储备,如图书资料等,也包括信息化课程资源的储备和建设。显然,在课程师资、课程管理方式和课程资源方面如果有良好的基础,大学英语校本课程的开发必将会更有成效,这从一定程度上解释了在研究问题一的现状分析中发现的学校层次越高,大学英语校本课程设置开发现状越好的整体趋势。表 6-5 是课程开发基础这一影响因素各题项的描述性统计结果。

表 6-5 “课程开发基础”因子相关题项描述性统计

题　项	样本数	最小值	最大值	均　数	方　差
F11	388	2.80	5.00	4.239 7	0.435 59
F5	388	2.00	5.00	4.345 4	0.673 84
F22	388	3.00	5.00	4.208 8	0.685 36
F27	388	1.00	5.00	4.425 3	0.598 95
F33	388	1.00	5.00	4.192 8	0.961 35
F16	388	3.00	5.00	3.884 0	0.647 18

从描述性统计表 6-5 中可以看出,各题项的均值基本都在 4.000 0 以上,唯有题项 F16(英语课程建设中,即使没有开发团队和带头人,大学英语校本课程开发也一样能做得好)的均值稍稍偏低,为 3.884 0。究其原因,首先,反向题在问卷中常常会让答卷人不能立刻做出清晰的判断;另外,有些教师或许真认为有了

一些课程建设基础,再加上教师自身掌握了一定的课程开发知识和技巧,即使没有带头人,他们也能摸索着将校本课程开发出来,只不过可能多费一些周折。

影响力度排在第二位的影响因子是教师对大学英语校本课程开发所持有的价值认同,解释总影响的 13.046%,充分体现了大学英语校本课程改革获得课程教师主体对课程开发认同的重要性。只有教师理解和认同了大学英语校本课程设置开发的价值,校本课程才有可能建设好。这一因子在问卷的五级量表中涉及的题项具体内容如表 6-6 所示。

表 6-6 “教师校本课程开发价值认同”因子相关题项汇总

题 项	因子重命名:教师课程开发价值认同
F12	大学英语校本课程的开发能够提升学生学习英语的兴趣和动机。
F18	大学英语校本课程开发有助于提高学生的英语应用能力。
F31	参与大学英语校本课程开发能够促进教师自身的专业发展。
F7	开发大学英语校本课程能够更好地服务于学校各专业的人才培养。
F28	大学英语校本课程开发对学生未来就业有帮助。
F2	大学英语校本课程开发是大学英语课程建设较为明确的方向之一。

其中,教师价值认同包括对校本课程精神的理解和执行、能够促进教师自身专业发展、有助于提高学生的英语应用能力以及对学生未来就业有帮助;就教师对于学生的期待而言,教师认为如果他们相信大学英语校本课程的开发能够提升学生学习英语的兴趣和动力,对大学英语校本课程有着明确的愿望,意识到大学英语课程应该与自己的专业和未来职业结合,提高对于课程开发的参与性和配合度,无疑会对课程建设本身起到良好的推动作用。表 6-7 呈现了这一主要影响因素涉及的各题项描述性统计结果。

表 6-7 “教师校本课程开发价值认同”因子相关题项描述性统计

题 项	样本数	最小值	最大值	均 数	方 差
F12	388	2.38	5.00	4.177 2	0.491 55
F18	388	1.00	5.00	4.041 2	0.812 28
F31	388	1.00	5.00	4.314 4	0.746 46
F7	388	1.00	5.00	4.221 6	0.748 71
F28	388	1.00	5.00	3.969 1	0.751 19
F2	388	1.00	5.00	4.219 1	0.773 64

从表6-7可以看出,各题项的均值基本都在4.000 0以上,仅有题项F28(大学英语校本课程开发对学生未来就业有帮助)的均值偏低,为3.969 1。究其原因,教师们很可能会认为,仅仅对英语课程进行校本化开发,还不足以直接体现出对学生未来职业的直接帮助。

排在第三位的影响因素是学校支持,包括学校、学院、大学英语教学部等各级部门对于大学英语校本课程开发的支持,解释总影响的11.513%,其作用也不容小觑。前文提到,我国长久以来在课程设置和管理方面的传统以中央集权制为主,到目前为止还没有完全摆脱这种局面,完全靠教师的自发性来打造校本课程显然是不现实的。作为课程建设的领导者,如果校级相关领导和教务处等相关职能部门充分认识到进行大学英语校本课程开发能更好地服务于学校整体的人才培养目标,体现大学英语课程改革的方向,并且能提供实实在在的帮助和支持,如投入专项资金、设立相关研究课题、丰富课程资源等,肯定会对大学英语校本课程起到促进作用。调查问卷中与这个因素相关题项的具体内容描述如表6-8所示。

表6-8 "学校和院系支持"因子相关题项汇总

题 项	因子重命名:学校和院系支持
F1	校级分管领导的重视和支持对大学英语校本课程的开发起到重要作用。
F3	教务处等职能部门投入专项资金和项目会推动大学英语校本课程开发活动。
F17	学院/大外部领导的鼓励和支持对大学英语校本课程开发一定会有所帮助。
F34	通过派送教师外出进修或参加研讨会等形式帮助教师拓展课程开发知识和视野将会有利于大学英语校本课程开发。
F21	学校或院系是否通过讲座、工作坊等形式帮助教师拓展课程开发知识会影响到大学英语校本课程开发。

学校和院系支持这一影响因素在各题项中的描述性统计结果如表6-9所示。

表6-9 "学校和院系支持"因子各题项描述性统计

题 项	样本数	最小值	最大值	均 数	方 差
F1	388	2.00	5.00	4.160 9	0.452 06
F3	388	1.00	5.00	4.027 3	1.000 56
F17	388	1.00	5.00	4.206 2	0.718 00
F34	388	1.00	5.00	4.326 5	0.823 03
F21	388	2.00	5.00	4.474 2	0.598 75

从表 6-9 可以看出，各题项的均值都在 4.000 0 以上，说明教师充分认识到各级领导和教务处等职能部门支持的重要性。但其中 F3 均值最低的原因可能与课题项目的级别有着较大的关系。正如在笔者对课程管理层进行的访谈中，某省属重点师范大学大外部主任所提到的，“目前各类课题繁多，但是真正有价值、在教师评定职称时起作用的还是省级或国家级课题项目。校级项目显然不会得到老师们的足够重视。”（访谈转写稿 2-4）

二语 / 外语课程设置的计划、实施和评价三大环节中，Graves（2008）和 Nation & Macalister（2010）都强调了课程评估的持续性对于课程建设的重要作用。本书发现大学英语校本课程的评价方式解释总影响的 9.017%，其影响力排在各因素的第四位。本书认为课程评估既包括对教师的课程开发实施和学生课业的评价，也包括对英语校本课程本身的评价，三位一体的课程评价方式显然对课程建设起到了积极的推动作用。调查问卷题项具体涉及了对于课程本身所做评价的方式和作用，如表 6-10 所示。

表 6-10 “评价机制”因子相关题项汇总

题　项	因子重命名：评价机制
F4	把对课程本身的评价纳入评价体系中将会有助于大学英语校本课程的开发。
F30	把课程评价结果纳入教师的评优或职称评定将会推动大学英语校本课程的开发活动。
F15	教师的教学自评和同事互评会对大学英语校本课程建设起到推动作用。
F10	在对教师的评价中，如果主要参照学生打分而不关注其参与课程建设的情况，对大学英语校本课程开发会有不利影响。
F26	是否把外部评价纳入课程的开发环节不会影响到大学英语校本课程的发展。（反向题）

表 6-11 是评价机制这一大学英语校本课程的主要影响因素在各相关题项的描述性计结果。

表 6-11 “评价机制”因子相关题项描述性统计

题项	样本数	最小值	最大值	均　数	方　差
F4	388	1.50	5.00	3.838 1	0.499 55
F30	388	1.00	5.00	4.177 8	0.748 35
F15	388	1.00	5.00	4.020 6	0.966 94
F10	388	1.00	5.00	3.724 2	0.825 14
F26	388	1.00	5.00	3.255 2	0.961 45

从表 6-11 可以很清楚地看到,与前面几个影响因素的统计结果有着很大差别的是,问卷中关于课程评估的这五个题项中仅有两个题项的均值在 4.000 0 以上,其他四个题项的均值都在 4.000 0 以下,其中尤以作为反向题出现的题项 F26(是否把外部评价纳入课程的开发环节不会影响到大学英语校本课程的发展)的均值最低,为 3.255 2。究其原因,教师对授课过程的教师评价和学生课业评价较为熟悉,而对课程本身的评价较为陌生,对所谓的内部或者外部评价没有明确的认识和概念。例如,某地方医学院一位大学英语教师在接受笔者的简短书面访谈中就说:“我们学校不存在对课程进行评价这种说法,一般只要不出什么问题,试卷分析做得好就行了。”

接下来提取到的一个因子解释总影响的 7.297%,可以称为大学英语校本课程开发中的教师开发素质,主要涉及教师的课程开发意识、课程开发的相关知识、课程开发经验以及一定的信息素养等。作为校本课程开发的关键人物,教师的这些素质必然会直接影响大学英语校本课程开发的质量和效果。这一因素所涉及的问卷题项内容和各题项描述性统计结果如表 6-12 和表 6-13 所示。

表 6-12 “教师的课程开发素质”因子相关题项汇总

题 项	因子重命名:教师课程开发素质
F24	教师具备必要的信息素养会对大学英语校本课程资源的开发起到促进作用。
F19	大学英语教师具备课程开发经验对大学英语校本课程开发有利。
F34	大学英语教师具备课程开发知识是大学英语校本课程开发的重要条件。
F32	大学英语教师具有课程开发意识对大学英语校本课程开发活动很重要。

表 6-13 “教师的课程开发素质”因子描述性统计结果

题 项	样本数	最小值	最大值	均数	方差
F24	388	1.75	5.00	4.346 0	0.500 93
F19	388	1.00	5.00	4.433 0	0.645 51
F34	388	1.00	5.00	4.345 4	0.630 25
F32	388	1.00	5.00	4.255 2	0.658 36

与前面的几个因素的统计结果不同的是,教师的课程开发素质这一因素所涉及的题项的均值较高,基本都在 4.255 2 和 4.433 0 之间,由此看来,答卷人对于大学英语教师的课程开发素质对课程开发的影响力之大持非常一致的态度。这一点在笔者对专家的访谈中也得到了印证。在谈到影响大学英语校本课程的

最关键因素时，这位专家认为，“最关键的还是在于老师自己的这个意识，就是他能不能够意识到有这个需求和这个条件。然后呢，自己敢不敢去尝试，我觉得这是个关键，就是我们很多的老师现在习惯于听从领导安排，他不太习惯于自己去思考，自己去做一些开拓性的尝试……”“教师自主发展这样的意识还是更重要，他有这种意识他就会看书啊，他就会到别的地方去调研啊，去了解，他就会去充实自己的知识体系。”（访谈转写稿 1-2）

最后，是由排在第六位和第七位的两个因子合并成的教师信念对于大学英语校本课程的影响作用，合起来解释总影响的 13.912%。二者合并后成了影响力最大的因子，包括教师课程开发的意愿、投入的时间精力、责任心、使命感、紧迫感和课程改革过程中的危机意识等。在当前我国英语教育改革（包括高考英语改革）的呼声下，大学英语课程教师已经具有一定的危机意识，逐渐认识到大学英语课程改革关系到自身职业稳定性和未来的职业发展。这一因子所涉及的题项具体内容及其描述性统计结果如表 6-14 和表 6-15 所示。

表 6-14 “教师课程改革信念”因子相关题项汇总

题 项	因子重命名：教师的课程改革信念
F8	需要较多额外时间与精力投入是影响大学英语教师参与校本课程开发的原因之一。
F13	时间与精力投入与经济收益不成正比是影响教师参与校本课程开发的原因之一。
F20	投身课程开发就算对晋升职称没有直接的帮助，也不会影响到教师对大学英语校本课程开发的参与程度。（反向题）
F25	大学英语教师具有必要的责任心和使命感才会投身于校本课程的开发活动。
F29	大学英语教师怀有紧迫感和危机意识会促使其参与大学英语校本课程的开发。

表 6-15 “教师课程改革信念”因子描述性统计结果

题 项	样本数	最小值	最大值	均 数	方 差
F8	388	1.00	5.00	4.036 1	0.855 89
F13	388	1.00	5.00	4.134 0	0.833 77
F20	388	1.00	5.00	3.322 2	1.020 12
F25	388	1.00	5.00	4.208 8	0.829 20
F29	388	1.00	5.00	4.283 5	0.751 94

由表 6-15 可以看到，教师的课程改革意愿这一因素所涉及的各题项的均值几乎都在 4.000 0 以上，表明有效问卷答卷人认为教师的课程改革意愿所包含的

方面确实对大学英语校本课程的建设起到重要的作用。唯有以反向题形式呈现的题项 F20（投身课程开发就算对晋升职称没有直接的帮助，也不会影响到教师对大学英语校本课程开发的参与程度）的均值偏低，只有 3. 322 2。究其原因，除了答卷人对于反向题不太适应以外，很可能老师们也不太明确是否应该把课程开发纳入职称评定的条件之中。因为目前几乎没有哪所高校进行过这方面的尝试，所以参与此次问卷调查的老师们也缺乏对于这一点的准确理解和把握。

至此，研究概念框架中的中观因素和教师自身因素均得到了界定。在教育国际化及慕课等信息技术新领域带来的冲击、我国外语教育政策新动向以及其他学校大学英语课程改革等宏观环境的潜在影响下，中观层面（即学校层面）上，课程基础、学校支持和评价体系被界定为影响大学英语校本课程设置的关键因素；在教师自身因素方面，教师信念、课程价值认同和开发素养被界定为关键因素。由此，在本书 3. 5 节概念框架图的基础上得到图 6-1。

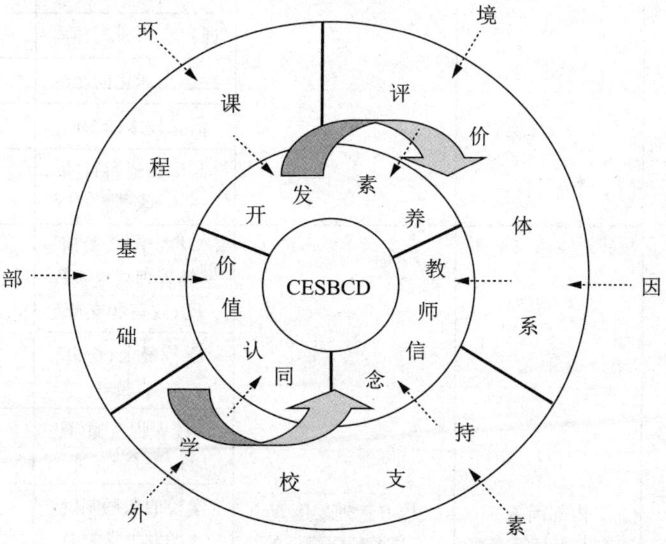

图 6-1　CESBCD 概念框架细化示意图

另外，对问卷的第四部分即开放式问题答案的汇总按照第 4 章研究设计的步骤进行，由第一个开放式简答题获取的教师的观念信息如表 6-16 所示。

表 6-16　大学英语校本课程关键影响因素统计

问题序号及内容	提及因素归类	维度细分	具体项目列表	频次	百分比
（1）您认为影响大学英语校本课程开发的最重要的因素是什么？为什么？	外部因素（约占所有答案数量的 5.46%）	外部因素列举	国家层面政策文件指导	18	2.34%
			社会及市场（如就业）需求	9	1.17%
			校外专家指导	4	0.52%
			来自社会的关注与认可	3	0.39%
			地方政府引导	2	0.26%
			校外课程资源的竞争	1	0.13%
			高等教育制度和体制影响	1	0.13%
			课程学术研究导向	1	0.13%
			经济全球化的影响	1	0.13%
			信息技术的影响	1	0.13%
			高考英语科目的改革	1	0.13%
	内部因素（约占所有答案数量的 94.54%）	校方管理层因素（占答案总数量的 38.32%）	学校、学院、教研室等管理层重视程度、政策和支持	147	19.10%
			学校资金、物力支持	53	6.88%
			学校课程资源（配置、整合）支持	27	3.51%
			学校的激励制度（如专项课题）	20	2.60%
			学校特色和人才培养目标的明确性	15	1.95%
			职能部门以及院系之间的沟通合作	10	1.30%
			学校的评价机制的相关性	10	1.30%
			学校课程管理体制改革力度	8	1.04%

续表

问题序号及内容	提及因素归类	维度细分	具体项目列表	频次	百分比
（1）您认为影响大学英语校本课程开发的最重要的因素是什么？为什么？	内部因素（约占所有答案数量的 94.54%）	校方管理层因素（占答案总数量的 38.32%）	学院课程研发团队的建设	7	0.90%
			管理层人员的改革观念	4	0.52%
			学校的文化环境氛围	2	0.26%
			信息的透明度	1	0.13%
			院系管理层的上传下达	1	0.13%
		师资因素（占所有答案数量的 39.55%）	教师的课程改革和开发观念意愿和责任感	99	12.86%
			教师课程开发能力、技术和经验	65	8.44%
			教师的时间与精力投入	39	5.10%
			教师相关知识培训和学术交流	17	2.21%
			教师经济利益相关性	16	2.11%
			教师的知识结构和储备	15	1.95%
			教师职称晋升相关性	15	1.95%
			教师带头人和团队力量	12	1.56%
			教师评奖体制的倾斜	8	1.04%
			教师职业发展	6	0.78%
			教师的合作精神	5	0.65%
			教师投入产出不匹配	3	0.39%
			教师的信息素养	2	0.25%

续表

问题序号及内容	提及因素归类	维度细分	具体项目列表	频次	百分比
(1)您认为影响大学英语校本课程开发的最重要的因素是什么？为什么？	内部因素（约占所有答案数量的94.54%）	师资因素（占所有答案数量的39.55%）	教师的开发权利	1	0.13%
			教师评价体系的完善	1	0.13%
		学生因素（占所有答案数量的11.39%）	满足学生兴趣和需求（如就业、深造等）	40	5.41%
			学生参与、配合意识和积极性	37	4.81%
			学生的英语水平	8	1.04%
			学生对英语学习需求不明确	1	0.13%
		课程本身成效（占所有答案数量的4.29%）	课程本身价值取向、规划定位（专业、职场、实用）	19	2.47%
			课程开发实施的科学性	4	0.52%
			课程被重视的程度	3	0.39%
			课程体系的全盘统一规划	3	0.39%
			课程的效益	3	0.39%
			课程的新颖和个性化	1	0.13%

注：本表系据问卷简答题答案整理而成。

从表6-16可以看出，在教师赞同的影响大学英语校本课程建设的关键因素中，外部因素所占比例只有5.46%，绝大多数都认为校内因素才是最关键的影响因素；在校内的因素中，相比来说，学生因素和课程本身的成效方面所占比例偏小，只有11.39%和4.29%，教师本身因素和校方管理层因素都占了相当大的比例，分别是38.32%和39.55%，其中教师因素比例最大，这与因子提取结果中出现的六大因素所属范畴（校方和教师）基本吻合。

在教师因素这一维度的相关项目中，遥遥领先的是“教师的课程改革和开发观念意愿和责任感”，其次是“教师课程开发能力、技术和经验”以及“教师的时间与精力投入”，与因子提取中的“教师课程改革信念”“教师的课程开发素养”

两大因子是匹配的;在校方管理层因素中,比例远远高于其他项目的是“学校、学院、教研室等管理层的重视程度、政策和支持”,接下来是“学校资金、物力支持”和“学校课程资源(配置、整合)支持”,与因子提取中的“校方支持”较为匹配。

开放式简答题的第二个问题进一步追问了目前教师认为影响校本课程开发的最大负面因素,由这个问题获取的教师的观念信息汇总如表6-17所示。

表6-17　大学英语校本课程最大阻碍因素统计(据问卷简答题答案整理而成)

问题序号及内容	提及因素归类	维度细分	具体项目列表	频次	百分比
(2)您认为目前推进大学英语校本课程开发面临的障碍有哪些?为什么?	外部因素(占所有答案数量的1.70%)	外部因素列表	国家政策文件指导力度	4	0.52%
			校外课程专家学术引领	4	0.52%
			来自社会的需求和认可	3	0.39%
			全国范围处于探索期	1	0.13%
			高等教育制度和体制	1	0.13%
	学校内部因素(占所有答案数量的98.30%)	学校及院系(占所有答案数量的35.30%)	学校及各学院相关领导的课程观念、规划和推进政策	120	15.75%
			学校及各学院的资金、物力投入	66	8.66%
			学校对课程开发的资源支持	25	3.28%
			相关部门、院系的人员投入和协调合作	18	2.36%
			学校激励制度的长期性和稳定性	14	1.84%
			学校专业特色和院系人才培养目标明确性	7	0.92%
			学校课程管理的观念和体制	7	0.92%
			对教师评价机制的完善	7	0.92%

续表

问题序号及内容	提及因素归类	维度细分	具体项目列表	频次	百分比
(2)您认为目前推进大学英语校本课程开发面临的障碍有哪些？为什么？	学校内部因素（占所有答案数量的98.30%）	校方及院系（占所有答案数量的35.30%）	学校的体制和文化传统	4	0.52%
			课程与科研业绩相关性	1	0.13%
		教师因素（占所有答案数量的45.02%）	教师的课程开发观念意识（兴趣、驱动力、危机意识）	89	11.68%
			教师的时间和精力保障（受教学科研压力影响）	67	8.79%
			教师的课程开发能力、技术（专业英语知识）和经验	52	6.82%
			院系需求与教师知识结构的矛盾	24	3.15%
			教师职称晋升、评优的关联性	18	2.36%
			教师培训和校际交流	16	2.10%
			缺乏经验丰富的课程开发带头人	15	1.96%
			教师投入产出不成正比	13	1.71%
			缺少开发团队合作	13	1.71%
			教师自身利益相关性	8	1.05%
			教师信息素养	6	0.79%
			教师职业发展的关联性	6	0.79%
			教师的课程开发参与权和自主权	5	0.66%
			教师的充足和自身水平	5	0.66%
			不与绩效工资挂钩	5	0.66%

续表

问题序号及内容	提及因素归类	维度细分	具体项目列表	频次	百分比
(2)您认为目前推进大学英语校本课程开发面临的障碍有哪些?为什么?	学校内部因素(占所有答案数量的98.30%)	教师因素(占所有答案数量的45.02%)	与科研要求的关联性	1	0.13%
		学生(占所有答案数量的9.11%)	学生的有效参与配合	35	4.60%
			学生需求(分析)	16	2.10%
			学生的英语水平欠缺	8	1.10%
			自主学习能力	5	0.66%
			对学生的评价体系	3	0.39%
			对校本课程价值认同	2	0.26%
		课程本身(占所有答案数量的15.18%)	课程目标定位(职场、就业、实用性)	24	3.15%
			课程的整体规划设置以及课程之间的关系	10	1.31%
			课程本身的科学性时效性	6	0.79%
			不符合语言教学的规律	4	0.52%
			大英课程在课程体系中的地位	4	0.52%
			课程的受重视程度	3	0.39%
			课程对学生英语学习的实际促进作用	3	0.39%
			课程资源缺乏	3	0.39%
			课程的个性化	3	0.39%
			课程内容的新颖性、多样性	2	0.26%
			课程可借鉴的样本少	2	0.26%
			对于课程的评价体系	2	0.26%

续表

问题序号及内容	提及因素归类	维度细分	具体项目列表	频次	百分比
(2)您认为目前推进大学英语校本课程开发面临的障碍有哪些?为什么?	学校内部因素(占所有答案数量的98.30%)	课程本身(占所有答案数量的15.18%)	课程对范在环境的调试	1	0.13%
			课时量的保证	1	0.13%

注:本表系据问卷简答题答案整理而成。

与第一个开放式简单题的答案非常相似,教师认为大学英语校本课程最大的障碍也来源于校内因素(98.30%),外部因素所占的比例几乎可以忽略不计(1.70%)。这意味着在教师的观念中,一所高校CESBCD的开发设置的情况几乎都是由学校本身的相关因素决定的。在校内因素中,课程本身以及学生因素所占的比例依然较小,分别是15.18%和9.11%,而比例最大的是教师因素,高达45.02%,其次为校方和院系因素,比例为35.30%。教师本身的因素当中,“教师的课程开发观念意识”“教师的时间和精力保障”和“教师的课程开发能力、技术和经验”位于前三位;而在校方和院系的因素当中,“学校及各学院相关领导的课程观念、规划和推进政策”这一项目遥遥领先,接下来是“学校及各学院的资金、物力投入”和“学校对课程开发的资源支持”。

从以上对于问卷开放式问题答案的梳理和归并可以看出,教师认为影响大学英语课程开发设置的关键因素也正是对校本课程造成阻碍的因素。也就是说,校方虽然已经意识到校本课程发展的关键所在,但是很多情况下还没有付诸实施,这才造成了目前大学英语校本课程不容乐观的现状。

质性数据方面,一位大学外语教育专家在接受笔者访谈时说到大学英语校本课程影响因素的多元性,但他认为关键影响因素应该有两个,即教师本人的课程开发意识和学校给予的重视和支持。(访谈转写稿1-2)另一位外语教育专家在接受访谈时说,目前大学英语校本课程缺少特色,大体应该归于三个原因:一是整个中国的文化传统就是大一统,因而过去教育部对大学英语课程的要求本身就是同一标准;二是与学校内部人员有关的因素,如教务处处长、外语学院院长、副院长甚至教务员这些组织教学的人员的水平,还与教师自身的业务水平和开发意愿有关;三是关于课程资源方面,他觉得掺杂了不少商业原因。不过,他认为最重要的还是由校本课程开发所涉及人员的改革或者开拓意识缺乏所造成的。(访谈转写稿1-3)

由访谈获取的英语课程管理层方面的观点也表现出较多的相似之处，大部分认为CESBCD的关键影响因素来自于教师本身。某“211工程”高校大外部副主任认为虽然内外因素都在起作用，但是“最关键的因素应该是教师的因素，应该说教师在里面发挥关键的影响。如果教师信息素养不好或者课程意识不强的话，大学英语校本课程是无法推进的。”（访谈转写稿2-2）某省属重点师范大学大外部主任用实际案例说明：“实际上最关键的因素，教师是挺重要的一方面，另外的一方面在于学校的认识。”（访谈转写稿2-4）某省属综合类院校大外部主任认为，“最关键的因素应该是：有了国家政策，学校的领导对它是不是很重视。政策下来之后，如果他执行的话，他就会给你这个部门相关的支撑和压力，所以说……我感觉学校领导的重视还是最重要的。”（访谈转写稿2-5）某“985工程”高校外语学院副院长也认为，“如果这个课程开设得很好，我觉得最重要的还是从师资上来讲”，“大学英语教师的教育背景应该是多样化、多元化的，所以我个人认为还是从英语专业的课程设置上来讲，彻底地解决（未来英语教师知识结构）这个问题。”同时，这位副院长也认可学生英语水平、地方教育政策等因素的影响。（访谈转写稿2-6）

同时，有少部分大学英语课程管理层人员认为，在国内目前的课程管理体系的制约之下，影响CESBCD的关键因素还是校方。如某“985工程”高校外语学院院长的观点是，影响大学英语校本课程最突出的因素是学校方面，“学校要把这个课程怎么定位很重要，学生的意见只是作为一个参考。”（访谈转写稿2-3）

总之，关于大学英语校本课程的主要影响因素，与由问卷五级量表获取的量化数据和由问卷开放式简答题和访谈获取的质性数据基本是相互吻合的，虽然具体影响因素的前后排名有所差异，但都没有超出学校内部和教师本身两大范畴。

6.3　不同层次高校影响因素的异同

如前文所述，为了方便研究和讨论，本书把所调研的25所高校分成了“985工程”高校、“211工程”高校和普通本科高校三个层次进行考察。按照本书6.2节因子提取所获取的“原有课程基础”“教师信念”“校方支持”“课程评价机制”“课程价值认同”和“教师课程开发素质”六个因子所涉及的维度，对各层次高校大学英语教师之间观念的异同进行了考察，其单因素方差分析结果如表6-18所示。

表 6-18 三个层次高校 CESBCD 影响因素的单因素方差分析

		平方和	自由度	均方	F 值	概率
价值认同	组间	0.466	2	0.233	0.965	0.382
	组内	93.039	385	0.242		
	总计	93.506	387			
开发素养	组间	0.306	2	0.153	0.608	0.545
	组内	96.805	385	0.251		
	总计	97.111	387			
教师信念	组间	0.316	2	0.158	0.708	0.493
	组内	85.873	385	0.223		
	总计	86.189	387			
学校支持	组间	0.210	2	0.105	0.513	0.599
	组内	78.876	385	0.205		
	总计	79.086	387			
评价体系	组间	0.249	2	0.125	0.498	0.608
	组内	96.325	385	0.250		
	总计	96.575	387			
课程基础	组间	0.441	2	0.220	1.163	0.314
	组内	72.988	385	0.190		
	总计	73.429	387			

三个层次高校的教师有效问卷的单因素方差分析显示，六个因子所涉及的维度均未表现出显著差异，这说明在教师观念层面上，三个层次学校的大学英语教师在这些维度上看法基本一致，不因其所在学校层次不同而有显著差异。

6.4 不同专业特色高校影响因素的异同

如前文所说，为了研究与讨论的方便，本书还将所调研的 25 所高校分为了综合类、准综合类、理工类、师范类和专业类五个类别。按照本书 6.2 节因子提取所获取的“课程基础”“教师信念”“校方支持”“课程评价机制”“课程价值认同”和“教师课程开发素质”六个因子所涉及的维度，笔者对各专业类别高校大学英语教师之间观念的异同进行了考察,其单因素方差分析结果如表 6-19 所示。

表 6-19　五类不同专业特色高校 CESBCD 影响因素的单因素方差分析

		平方和	自由度	均方	F 值	概率
价值认同	组间	1.042	4	0.260	1.079	0.367
	组内	92.464	383	0.241		
	总计	93.506	387			
开发素养	组间	1.704	4	0.426	1.710	0.147
	组内	95.408	383	0.249		
	总计	97.111	387			
教师信念	组间	1.934	4	0.484	2.198	0.069
	组内	84.254	383	0.220		
	总计	86.189	387			
学校支持	组间	1.181	4	0.295	1.452	0.216
	组内	77.905	383	0.203		
	总计	79.086	387			
评价体系	组间	1.305	4	0.326	1.312	0.265
	组内	95.269	383	0.249		
	总计	96.575	387			
课程基础	组间	1.272	4	0.318	1.688	0.152
	组内	72.157	383	0.188		
	总计	73.429	387			

从教师有效问卷的五级量表部分的单因素方差分析来看,五个不同专业类别学校在六个主要影响因素上的总体情况比较相似,六个因素均无显著差异,这说明不同专业特色学校的教师之间在这些因素上观念基本一致。

6.5　本章小结

本章的结果与讨论主要用于回答研究问题二,即大学英语校本课程的影响因素及其相关的次级问题。本书首先使用社会科学软件数据包 SPSS19.0 对通过有效问卷的五级量表部分获取的量化数据进行了因子提取,经过调整和重新命名后共获取了大学英语校本课程的六个主要影响因子，并且按照各因素的解释力度的百分比从高到低排列，依次为课程基础、教师信念、校方支持、课程评价机制、教师的课程开发素质和教师的课程改革信念。之后本书对各因素在问卷中所涉及的具体题项内容进行了描述性统计。由此，本书的大学英语校本课程研究概念框架图得到了进一步的整合细化。

本书使用访谈获取的质性数据进行交叉验证，并对调查问卷中与大学英语校本课程影响因素高度相关的开放性问题答案进行了归并，三方数据基本相互吻合。本章的最后，笔者通过单因素方差分析发现，对不同高校不管是分层次还是分专业进行考察，大学英语教师在大学英语校本课程的影响因素观念方面几乎没有差异。

第7章

结果与讨论（三）：大学英语校本课程设置主要影响因素的互动机制

7.1 引　言

第5章和第6章分别回答和阐述了本书的前两个研究问题，主要呈现了我国大陆部分高校大学英语校本课程开发和设置的现状，厘清了在教师观念中大学英语校本课程建设的主要影响因素。

本章主要通过对访谈中的相关质性数据的收集结果的报告，逐一回答本书的第三个研究问题即关于影响因子之间的互动关系中的三个次级问题：

（1）大学英语校本课程设置主要影响因素类别如何划分？分别包含哪些维度？

（2）大学英语校本课程设置各类别内的主要影响因素之间关系如何？

（3）大学英语校本课程设置不同类别主要影响因素之间的关系如何？其整体互动机制是怎样的？

7.2 CESBCD 主要影响因素的类别

丁仁仑（2014：108）的研究表明，“在教师信念系统中，教师本身的核心信念均来自于其个体发展的内心，而与教学休戚相关的学校环境的作用十分显著。

作用越是显著的，其教师信念就越重要，即为核心或接近中心信念。反之，则为外围信念或边缘信念”。关于大学英语教师信念及其系统的研究显示，教师个体的因素是其最为核心的信念。本书随着研究深入而不断细化的概念框架中，大学英语校本课程主要影响因素逐渐呈现出教师相关因素和学校相关因素两大类别，在此为了方便研究，将大学英语校本课程六大影响因素归纳为教师自身因素和教师以外的因素两大类。

根据本研究第 5 章对大学英语校本课程影响因素的因子提取，内因主要包括教师对大学英语课程开发的价值认同、教师课程开发信念和教师的课程开发素养；外因主要包括本校大学英语课程开发基础、学校及院系支持和大学英语课程评价机制。为了讨论的方便，以上各影响因素分别简称为课程基础、课程价值认同、学校支持、评价体系、课程开发素养和教师课程信念。

教师内部三个因素和外部因素或者说学校环境因素之间是一个错综复杂的动态系统，内部三个因素之间、外部三个因素之间以及外因与内因之间互为支持，互为影响。为了进一步揭示各因素之间的具体作用机制，以下将通过对外语教育领域专家、大学英语课程管理层及教学一线教师的访谈数据的归纳总结进行进一步的挖掘。

具体做法是以前一章因子分析中提取出的六个影响因子作为树形节点，对三层次访谈转写稿反复阅读，萃取出相关关键字并通过关键字定位的方式提取出汇聚某个关键字概念的所有语料进行归类。然后，比照相关文献的研究结果，通过概括和归纳，逐渐揭示影响因子之间的联系，由此得到各种影响因素之间（包括内部因素之间、外部与内部因素之间以及外部因素之间）的关系和作用机制。最终，构建出因子之间的联系和作用机制，也就是大学英语校本课程影响因素互动机制概念图。

质性数据的概括归纳将分三个层次进行：一是对影响大学英语校本课程的内部因素之间进行分析，即分析教师课程价值认同、教师课程信念、教师课程开发素质之间的作用关系；第二个层次是从大学英语校本课程的外部影响因素来探讨，即分析学校支持、评价机制、课程开设基础之间的作用关系；第三个层次则从影响大学英语校本课程的外因和内因之间的相互作用出发进行分析讨论。最后，在前面各层次考察的基础上，对外因之间、内因之间以及外因与内因的整体结构总结分析，得到最终的大学英语校本课程的影响因素互动机制关系图。

根据前文的问卷获取的量化数据分析和问卷开放式问题以及对教师的简短书面访谈得到的质性数据，这里有必要再次对大学英语校本课程影响因子各自所涵盖的维度进行确认。

外部影响因素中的学校支持包括来自各校分管大学英语课程的领导的支持、教务处等职能部门的支持、外语学院或大学外语部领导及教研室主任的支持、学校外请专家讲座或送教师外出进修学习等四个方面；课程开发基础包括以往积累的课程改革经验、积累的信息化课程资源、开设的课程小组或团队及其带头人、课程开发管理体制和模式四个方面；课程评价机制包括对课程本身的评价、包含参与课程建设情况的教师评价、教师自评和同事互评、把课程评价结果纳入教师的评优或职称评定等四个方面。

内部影响因素中教师的课程价值认同也就是对于校本课程的价值认同，具体到大学英语校本课程则包括教师认同校本课程开发是课程建设方向、校本课程能更好地服务于学校各专业人才培养、校本课程能促进学生英语学习和就业、校本课程能促进教师自身的专业发展四个方面；教师的课程信念包括教师是否认可校本课程开发时间和精力投入与经济收益的关系、对晋升职称有没有直接的帮助、教师所具有的责任心和使命感以及教师所怀有的课程改革紧迫感和危机意识四个方面；而教师的课程开发素养包括具有课程开发意识、具备课程开发知识、具备课程开发经验、具备必要的信息素养等四个方面。

7.3　CESBCD 同类别主要影响因素之间的关系

7.3.1 内部三因素之间的关系

一切课程设置的核心主体无疑是教师，大学英语校本课程也不例外。因此，与教师自身紧密相连的三个内因必然是大学英语校本课程设置较为核心的影响因素，是课程设置与开发的内在驱动力之源泉。

1）“课程开发信念”与“课程价值认同”

对访谈中质性数据的分析显示了教师的课程开发信念和课程价值认同之间相辅相成、互为因果的关系。例如，在谈到大学英语教师的课程开发意识这一问题时，某地方综合性院校大外部主任认为，“这个意识应该很重要，只是我们老师可能在做的过程中还没把它想得那么重要……平台还没那么高。但老师会想着我怎么把这个课程讲得让学生喜欢，然后讲得有效果，如此一来，他可能就考虑这个。可能再过几年之后，我们的老师能意识到这些课程的建设对学生、学校都是有特色的，可能就可以形成一个体系，包括会形成一套新的教材，这就是积累。”（访谈转写稿 2-5）由此可以看出，初步的课程开发信念可能会最终形成坚定的课程价值认同。

在谈到什么样的课程会受到学生欢迎时，某地方综合性院校大外部主任认为，学生上课“像吃饭一样，他喜欢吃哪个菜，我们就给他做哪道菜，所以说，有的学生就对跨文化交际感兴趣，他想了解西方文化，想了解这个文化与文化之间的碰撞，这样我们就选择相关的一些资源来讲，他当然喜欢了！”（访谈转写稿 2-5）也就是说，满足学生的需求是教师所怀有的对于某门课程价值的认同。然后，他们就会建立较为坚定的信念来寻求新颖的课程内容、先进的教学方式，也就更愿意展示自己的个人魅力和专业素质，并且表现出更加敬业的一面。

在谈到大学英语教师与其他院系进行合作开展拓展类课程时，某地方综合性院校大外部主任提及，因为英语专业背景的教师以后的发展路径比较窄，就叫外语学院做了一次尝试，“就让我们外院的老师到经济管理学院听那里的老师上课，去学一段，可是，后来不了了之了，就是这个事情就结束了”。问及原因时，这位主任回答说，“主要原因我想还是教师的精力，还有他的课程转向的意识，可能还没接受这方面的这个新的概念……”他们可能觉得这不应该是英语老师要做的事情吧。（访谈转写稿 2-5）由此可以看出，在信念不够坚定的时候，教师也就不会认同要进行的课程改革的价值，反之亦然。

在谈到对于课程的价值认同时，某省属重点师范大学大外部主任表达了对大学英语课程的反思，“有一件事情是我们需要反思与仔细斟酌的。就是对于文化类的课程与技能类的课程，尽管我们在从前进行了分级（等教学改革措施），……对于技能类的，实际上学生都学了这么多年，没法进行输出，没法进行表达，实际上也是他们挺痛苦的一件事，这也成为影响他们学习动机和学习动力的主要因素”。（访谈转写稿 2-4）而对于教师来说，这样的现实也使得他们对正在进行的大学英语课程校本化改革的价值有所怀疑，因而大部分教师不能够坚定信心投入课程改革，也是可以理解的。所以，这位大外部主任认为应该采取温和的改革措施。

如果教师具有较强的责任心和使命感以及对当前大学英语课程改革环境下的紧迫感与危机意识，就有望更好地理解校本课程对学校各专业人才培养的服务功能，能够提升课程开发意识与自主性，更加主动地参与校本课程开发，以促进学生英语学习和就业，并以此作为教师自身专业发展的手段。也就是说，“教师的课程开发信念”促进了“课程价值认同”。

反过来，一旦教师认识到大学英语校本课程开发的价值所在，认识到校本化是大学英语课程建设的方向之一，校本化能更好地服务于学校各专业人才培养、能促进学生英语学习和就业，并且是教师自身专业发展的途径之一，参与校本课程开发对晋升职称有直接的帮助，他们就不会斤斤计较，参与的自主性自然更高，也能进一步提升责任心和使命感。这样，教师的“课程价值认同”反过来也促进了“教师的课程开发信念”。这两个因素之间的关系如图 7-1 所示。

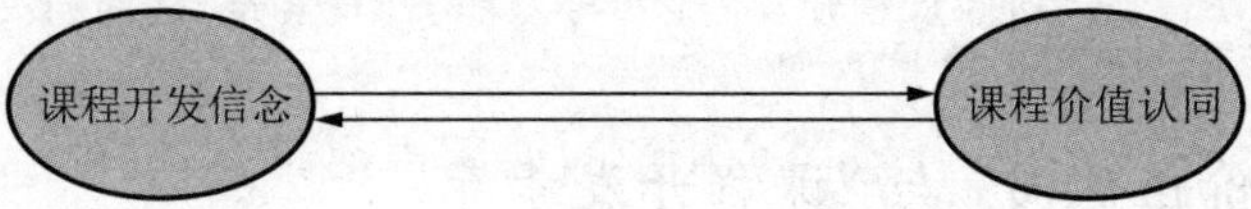

图 7-1 教师的“课程开发信念”与“课程价值认同”的关系

2)“课程开发信念”与“课程开发素养”

教师的课程开发信念包括是否认可校本课程开发时间和精力投入与经济收益的关系、对晋升职称有没有直接的帮助、教师所具有的责任心和使命感以及教师所怀有课程改革紧迫感和危机意识四个方面。这些本是教师最原发性的课程开发动力，自然能促进课程价值认同，尤其是更好地服务于学校各专业人才培养和促进学生英语学习和就业这两方面，也有助于通过增强课程开发意识、意愿和自主性促进教师开发素养的提高。

两者的关系在访谈数据中得到了验证。例如，在被问及影响大学英语校本课程开设的关键因素时，某外语教育专家提到了教师的课程开发信念问题，“我觉得最关键的还是在于老师自己的这个意识，就是他能不能够意识到这个，就是能看到有校本课程开发的需求和条件，然后自己敢不敢去尝试，我觉得这是一个关键，就是我们很多的老师现在习惯于听从领导安排，他不太习惯于自己去思考，自己去开设一些课程，就是做一些开拓性的尝试，我觉得这个是关键，哪怕你就是正式的鼓励，有些教师也不会行动起来”。“我觉得还是教师自主发展这样的意识更重要，他有这种意识他就会看书，他就会到别的地方调研，去了解，然后他就会去充实自己的知识体系”，也就是在提升自己的课程开发素养。（访谈转写稿 1-2）

由此看来，课程的开发信念与课程开发素养的因果关系是显而易见的。人们的信念几乎可以决定其行为，从教师参与校本课程建设的行为而言，坚定的课程信念必定促进教师采取实质性的课程开发行为，如阅读相关书籍、搜集相关材料、关注课程建设的相关动态、有机会就会参与校本课程开发的实践等，而这些行为所带来的结果就是教师能形成良好的课程开发素养，如了解课程开发的相关知识、清楚课程建设的相关步骤、具有较好的信息素养等。这两个因素之间的关系可以简单地用图 7-2 来表示。

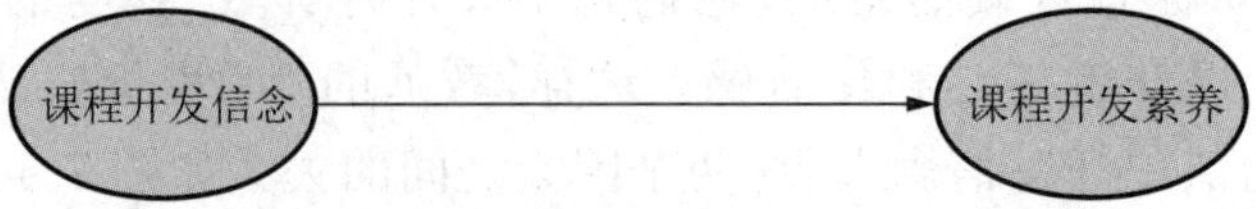

图 7-2　教师的“课程开发信念”与“课程开发素养”之间的关系

3）“课程价值认同”与“课程开发素养”

具有较好的课程开发意识的教师，比较容易认同校本课程开发的价值，具体到大学英语校本课程则包括教师认同校本课程开发是大学英语课程的建设方向、大学英语校本课程能更好地服务于学校各专业人才培养、大学英语校本课程能促进学生英语学习和就业、大学英语校本课程能促进教师自身的专业发展四个方面。教师在认定大学英语校本课程具有独特的优势之后，显然会促进自身课程开发素养的提高。例如，首先会具有课程开发意识，不仅仅把英语当成课堂实践知识来传授，而且会从课程开发的角度关注这门课程的规划、实施和评价等几大环节，会有意用课程开发的相关知识武装自己，并在课程实际建设的过程中获得课程开发经验，具备必要的信息素养帮助自己获取课程资源。

两者之间的关系也在对访谈数据的归纳分析中得到了佐证。在接受笔者访谈时，某外语教育专家谈到了自己所在院校的大外部参与法学院的卓越人才培养项目，为二十几个学生专门设计从一年级到四年级的英语相关课程。该校大外部主要从两个方面提供课程的语言帮助：一是一般的语言技能；二是专业的语言技能。参与这一项目的大外部教师从理念上非常认可这种内容依托的（content-based）语言授课方式。教师的这种课程开发素养就得到了较好的提升。（访谈转写稿 1-2）

因此，可以把这两者之间的关系简单地用图 7-3 来表示。

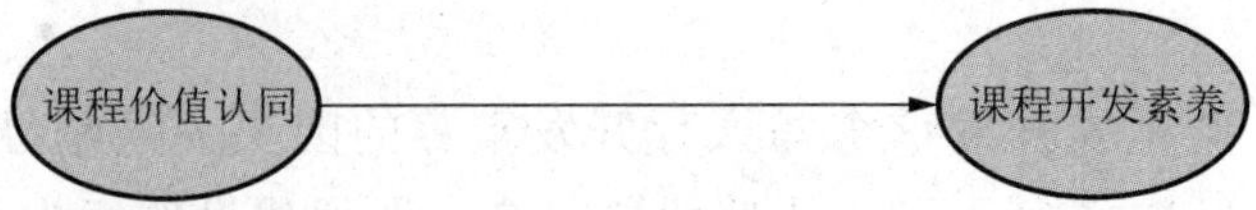

图 7-3　教师的“课程价值认同”与“课程开发素养”之间的关系

由以上分析可以得到教师内因三因素之间的互动关系，即教师信念与教师的(校本)课程价值认同互相作用,互为影响,而这两个因素都对教师的课程开发素养产生正相关的影响,如图7-4所示。

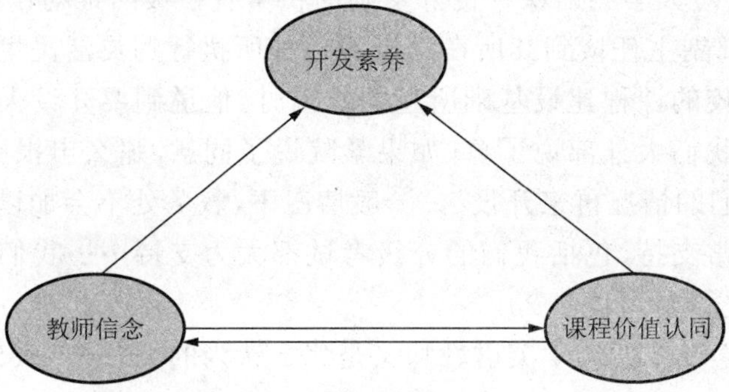

图7-4 CESBCD内部影响因素之间的关系

7.3.2 外部三因素之间的关系

外因是通过内因起作用的,同时,学校层面的三个外因之间也是紧密相关的,以下探究它们之间具体的互动关系。

1)“学校支持”与“课程基础”

学校如果上到学校层面的分管校长、相关职能部门,下到学院领导、大外部领导甚至教研室主任都重视并支持课程的校本化改革,显然能为学校的课程建设打下良好的基础,为后续进行的课程改革提供良好的条件。反过来,如果课程基础较好,所谓“扶强不扶弱”,也比较容易获得学校领导的信任和支持。

根据前文的因子分析以及相匹配的问卷五级量表中的题项具体内容,现在从专家、课程管理层和一线大学英语教师三个层面的访谈中找出学校以及院部领导支持具体如何影响课程改革、课程的信息化资源、课程团队建设、课程开发管理方式四个方面。下面是来自于访谈所提供的数据对于“学校支持”与“课程基础”之间关系的支持。

先来看来自于课程管理层的看法。某省属综合性高校大外部在大学英语课程的慕课课程建设方面起步较早,做出了一定的成绩,所建设的大学英语写作慕课课程被学校选中,成为八门被选中的慕课课程中的其中一门,起到了课程建设的龙头作用。在被问及慕课建设的动力时,其大外部主任回答说,“我们学校的领导思想非常前卫,国家一旦有了什么新的改革方向,他就扛旗,我们就跟着跑。”

(访谈转写稿 2-5)也就是说,大学英语课程这一块也是比较多地受到了学校层面的影响。由此,我们看到学校层面领导如果能够紧跟国家和省级层面的教育发展动态积极改革,对大学英语课程良好基础的积累有积极的推动作用。某"211 工程"院校大外部副主任谈到其所在学校教务处所执行的灵活民主的课程开设和管理模式对学校的课程建设基础所起的作用时,他说到要开设大学英语课程的话,"大部分是我们大外部说了算,如果学院说了同意,那么申报到教务处,教务处就会根据我们的情况再来开设"。一般情况下,教务处不会加以反对,"他们对我们的工作非常支持,包括我们的分级考试都大力支持……我们跟他们交涉起来很顺利。"(访谈转写稿 2-2)

来自于教学一线的大学英语教师又是怎么认为的呢?某"985 工程"高校讲授大学英语校本课程旅游英语视听说和英语演讲与辩论的两位教师认为,学校和院系两个层面的课程改革意识和重视、肯定的态度都会对校本课程的建设起到推动作用。从学校层面来说,假如管理层有意愿搞特色课程,"如果这个大环境,比如说从校方来讲,它本来就主张把自己的特色课程建设起来,这是一个学校大课程体系当中的……就是说他本来就是以特色化课程建设为目标的,那么大学英语校本课程肯定也会有非常好的前景",因为"在这个大环境的氛围下,大学英语校本课程可能对(作为课程主体的)师生双方起着很重要的作用"。而从外语学院和大学英语教学部的层面来说,如果对比较有特色的校本课程采取支持态度甚至极力主张开发这样的课程,就有可能做到这所高校目前较好的开发效果,开设了 20 多门课程。虽然这些课程在建设之初可能相对比较散乱一些,因为都是在院系的鼓励之下,根据教师个人的兴趣开设的,也就是条件主导型的课程建设方式。但是,"现在我们已经把现有的课程做了一个归类和整合,逐渐形成了一些课程体系"。(访谈转写稿 3-1 和 3-2)由此可以看出学校层面的提倡可能通过师生双方间接地对校本课程起到推动作用,而院系的重视则直接对教师的课程开发意愿起到提升作用。

另外两位来自于"211 工程"高校的大学英语教师都认为,因为专门成立了英语校本课程教研室,所以"我们有比较新的健全的那种体系。每一类别的开什么课程,数量控制在多少,规模控制在多大,我觉得现在比较明确了",对学生的需求分析也是统一由院系进行调研。(访谈转写稿 3-3)由此看来,院系对大学英语校本课程的重视和干预能够统筹安排,从而使课程体系更加优化,课程基础更加丰富。

显然,由以上质性数据分析我们可以看出,来自校方的支持会带来较好的课程开发基础,从而对校本课程的建设有利,而基础较好的课程也更容易得到校方的扶植从而锦上添花。所以两者之间的关系可简单表示为图 7-5。

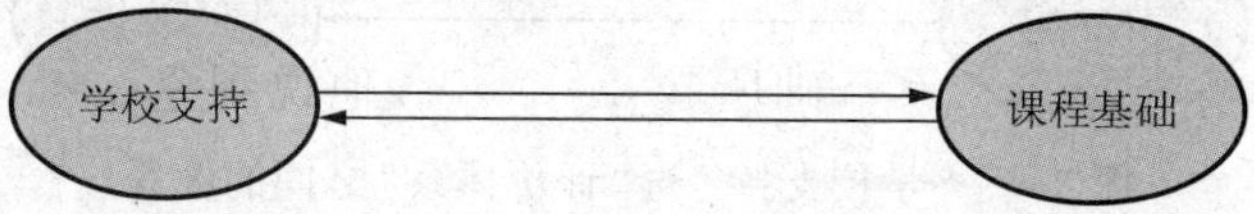

图 7-5　“学校支持”与“课程基础”之间的关系

2)“学校支持”与“评价体系”

如前所述,领导的支持包括校级、院级和系部一级三个层次,虽然对于教师的评价体系一般都是由学校一级层面决定的,但是学院和系部的支持无疑会使评价体系更加客观、具体,更好体现教师在课程开发工作中做出的具体贡献。也就是说,学校支持显然能使评价体系设置得更加公平、合理、透明。

这个层面应该属于学校课程制度建设的问题。根据前文的因子分析以及相匹配的问卷五级量表中的题项具体内容,这里将从专家、课程管理层和一线教师三个层面的访谈中找出领导支持具体怎么影响评价机制以及把课程本身纳入评价体系、把参与课程建设的情况纳入教师评价中、实行教师自评和同事互评、把课程评价结果纳入教师的评优或职称评定四个方面的证据。

在被问及影响大学英语课程设置开发的关键因素时,某省属综合性院校大外部主任回答说,最关键的因素应该是学校的重视和支持程度,比如,和教师的职称评定挂钩或有所倾斜。(访谈转写稿 2-5)

再来看一线大学英语教师的观点。当被问及大学英语校本课程建设时学校和院系所能提供的支持性措施里对一线教师来讲最重要、最能产生动力的是什么,来自某“211 工程”院校讲授商务英语的一位教师回答说,如果从这些支持性措施里选一项,她“觉得最必要的、最想得到的支持当然是跟教师的职称评定挂钩!”(访谈转写稿 3-3)而另一位来自某“985 工程”高校的大学英语教师给出了几乎如出一辙的答案,“如果说‘最’想要的支持措施,年轻老师肯定会考虑职称问题,可能会把它排在前面,但我觉得能给我们一些好的教学支持,让我们这个教学能够跟项目、成果挂钩。也就是说,你所实践的、改革的,能够通过立项或者通过其他的途径能够得到认可,这是我们最希望的。”(访谈转写稿 3-2)由此访谈提供的质性数据可见,将课程建设纳入评价机制,能够较好提升教师校本课程开发的意愿。

综合以上质性数据的佐证，两者的关系如图 7-6 所示。

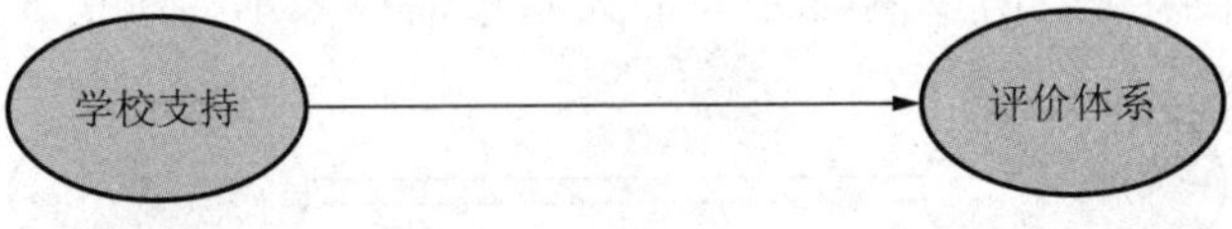

图 7-6 “学校支持”与“评价体系”之间的关系

3）“评价体系”与“课程基础”

根据前文的因子分析以及相匹配的问卷五级量表中的题项具体内容，这里将从专家、课程管理层和一线教师三个层面的访谈中找出评价机制中的三个方面（课程本身纳入评价体系、把参与课程建设的情况纳入教师评价、把课程评价结果纳入教师的评优或职称评定）具体能怎么影响以往的课程改革、课程的信息化资源积累、课程团队建设以及课程开发管理方式四个方面的证据。

笔者在访谈中问及学校或院系对大学英语校本课程教师的具体支持措施有哪些以及哪一项是最为有效的，某理工大学一位大学英语教师回答说，“资助教师外出参观、参会或培训，是所有教师都有机会享有的，和教师参与的课程建设没有任何关系。我认为最有效的应该是减免一定的工作量，提高课时费。校本特色课程教师那么辛苦，几乎就没有任何优待。在职称评定方面，理论上建议教师跨学科讲授特色课程，可一旦真跨学科了，评职称就会遇到一些瓶颈，如科研成果如何进行认定等。此类的现实问题搞得大家可能不想加入这个课程团队了。”（访谈转写稿 3-5）由此看来，如果评价体系中不涉及教师的课程开发或者对参加课程开发教师的成果评价有所偏颇的话，对课程开发基础的形成是有负面影响的。

显然对教师的授课、对学生的学业以及对课程建设本身客观、全面、适切的评价体系会对一个学校的课程基础起到推进作用。两者的关系可以简单表示为图 7-7。

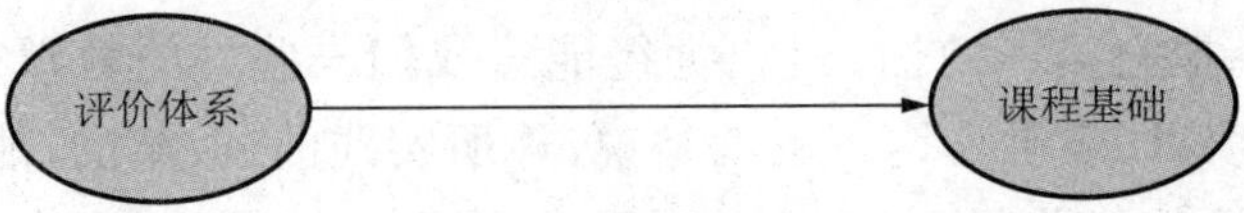

图 7-7 “评价体系”与“课程基础”之间的关系

综合以上分析,可以得到大学英语校本课程外部三因素之间的互动关系机制,如图7-8所示。

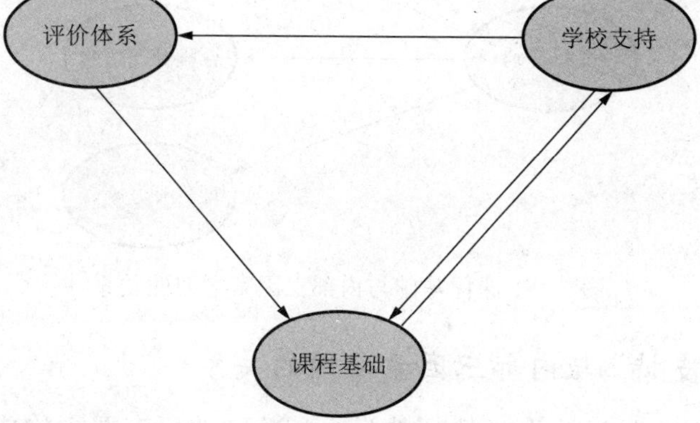

图7-8 CESBCD外部三因素之间的关系

7.4 CESBCD不同类别影响因素之间的关系

1)“课程基础”与内部三因素之间的关系

课程开发基础指的是某校已经积累的课程建设方面的经验,包括以往积累的课程改革经验、积累的信息化课程资源、开设的课程小组或团队及其带头人、课程开发管理体制和模式四个方面。较好的课程基础显然有望促进教师的课程信念、对课程价值的认同和自身的课程开发素养。课程建设中积累的课程改革经验、已经开发出来的课程成果(如积累的丰富课程资源、已经开设的课程开发小组或者团队及其带头人)和已经建立起来的尤其是民主、灵活的课程管理体制和模式使得教师会更有信心把新课程做好,相信科学化的课程改革之路能够提升课程的价值,更好地为学校的人才培养服务,而教师通过课程建设的实践活动,不但能从专业技能上得到提升,而且能够通过成为研究者的经历,更好地促进自己的职业发展。

“课程基础”与内部影响因素(“教师信念”“课程价值认同”“课程开发素养”)之间的关系,可以简单表达为图7-9。

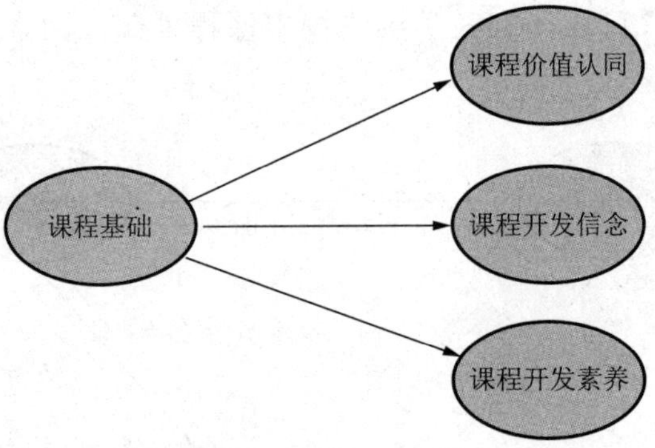

图 7-9　课程基础与内部三因素之间的关系

2)“学校支持”与内部三因素之间的关系

丁仁仑(2014:113)认为,“教师教学行为关联的所有要素构成了教师的信念系统,关联度越高,越是位于核心地带。因此,教师信念的中心-边缘的确存在,中心和边缘信念会因人因时而有所不一,但是……学校作为教学行为的主要场所的地位不会变……”校本课程本来就是在学校范围内,为满足学生的学习需求、体现学校特色而进行的课程创新活动,来自于校方(包括学校领导、相关职能部门、学院领导、大外部领导以及教研室主任等层次)的资金、政策、资源、人员等方面的支持对于教师坚定自身的信念,强化对课程价值的认可以及提升自身的课程开发素质将会起到促进和支持作用。以下是从三个层次的访谈中挖掘到的支持证据:

(1)“学校支持”与“教师课程价值认同”之间的关系

根据前文的因子分析以及相匹配的问卷五级量表中的题项具体内容,这里将从专家、课程管理层和一线教师三个层面的访谈中找出领导支持具体影响教师对课程价值认同的证据。

首先,所调研的高校英语课程管理层对此有着较为统一的认识,即学校或者院系方面的支持对于教师的课程价值认同有着相当大的促进作用。在被问到学校或教务处以及院系的资金或者课题等方面的支持对教师如何产生影响时,某地方医学院大外部主任回答说,“如果你做这个新开校本课程的话,作为一个新课程的立项来研究来做,有了项目资金你可以做纵深的研究,可以做更多的事情,这样更能促进职业发展。”(访谈转写稿 2-1)某“985 工程”理工科高校外语学院院长在访谈中说到了院系领导为支持大学英语校本课程改革所做的努力,“我这一年不断地给大家洗脑,请外边的专家来做讲座,或者让我们的教师出去看。基本上大家都接受了大学英语课程校本化这个理念”，并且还成立了课程团队，学术英语团队曾经到上海参观学习，先后安排了三批出国英语培训团队到北京新东方接受了为期两周的培训，资金全部来源于学校方面。这样的话，“大家都认为我们这个课程改革方案是可行的。从思想上来讲，大学英语教师便不存在抵触的情绪了”，实际上，他从教师的课程价值认同度方面推进了校本课程改革。(访谈转写稿 2-3)某省属重点师范大学大外部主任借用一个实例进行了说明，其学校所在省份的教育厅曾经下发文件要求加强学生的实践环节的力度，在总课时不变的情况下，减少了公共课课时的空间，省内几乎所有高校的大学英语课程都相应地减少了，最少是四分之一。但是，有一所高校鉴于全省大学英语教学评估的结果，认为大学英语课程其实应该加强而不是减弱。事实证明，这所高校的大学英语课程建设和学生的英语素质都搞得不错。(访谈转写稿 2-4)由此看来，学校对于大学英语校本课程的认识和坚定的支持对于整个学生培养和学校培养目标实施过程中贡献力度的大小是不言而喻的。

对此，一线大学英语教师也深有感触。某“985 工程”高校大外部的一位大学英语课程教师在谈到学校的支持时说，虽然讲授校本课程的教师在课时补助和减免教学任务等方面没有优势，但是在申请课题或者项目的时候会得到相应的优先考虑。因为校本课程“比较有自己的特色”，不像基础大学的英语课程，大家都是一样的，“这个有特色的大学英语拓展课程可能就更有希望”得到项目资金的资助，老师们也觉得这类课程对自己来说就更有价值和意义。(访谈转写稿 3-2)在被问到自己所开设的特色校本课程为什么能取得成功的时候，某“985 工程”高校的一位大学英语教师说，“我觉得要想把课程做成功，对所有的拓展课程学校必须全部支持或者鼓励，如此，我们才有勇气把一门课开起来，接下来就会尽量把课程内容的实用性、趣味性或者学术性都结合得恰到好处，才会比较受学生欢迎，甚至老师自己也比较有成就感。”(访谈转写稿 3-1)

(2)“学校支持”与“教师信念”之间的关系

根据前文的因子分析以及相匹配的问卷五级量表中的题项具体内容，这里将从专家、课程管理层和一线教师三个层面的访谈中找出领导支持具体怎么影响教师的课程改革信念。

首先看来自于专家的观点。某大学外语教育专家在访谈中认为，大学英语校本课程建设的最重要的因素应该是分管大学英语教育的外语学院院长或者大学外语教学部主任，因为他们会起到承上启下的作用。教育行政部门对学校的要求和教育部的信息他会清楚，他对所在学校其他院系的领导的意见等方方面面信息进行汇总，就等于为校本课程建立了一个空间、一个平台、一个环境。对普通教师的影响方面，该专家认为“年轻教师可塑性强，实际上是可以培养的”，学校院部的政策路线实际上就是对这些参与课程建设的年轻教师或者普通教师的引导，让他们意识到校本化是大学英语改革的出路，从而坚定课程改革的信念，并从中找到自己的发展方向。（访谈转写稿 1-1）

来自于一线的大学英语教师的观念如何？某“211 工程”院校的一位大学英语老师说，促使富有校本特色的大学英语课程走向成功的关键因素应该是校方对于课程的一个总体规划。因为老师“自己可操控的范围很小”，校方大方向上的引导应该更起作用，如果他们“说要建这个校本特色课程，我们马上就要动起来。学校如果说这个东西不受重视，不管了，很快，老师也没有积极性了。”（访谈转写稿 2-3）由此可见，学校的政策支持和引导对于教师的课程信念有着重要的影响。来自某理工类本科院校的一位教师也举例说明了学校和院系对教师所开校本课程的全方位支持，“无论是从精神上、物质上，还是从硬件、软件、学术上来说都是比较肯定的，包括对我们的师资队伍人才的培养，输送到国内、国外进行访学，我觉得还是很好的一种态度”，并且特别强调了教师因此而来的感受，“老师们还是很有幸福感和归属感的。尽管有困难，也愿意投入校本课程的建设。”（访谈转写稿 3-4）可见，校方的支持确实对教师的课程建设改革信念有着强大的影响力。

课程管理层的想法与专家和教师表现出了较大的相似性。某地方医学院大外部主任认为，在课程进行深入的校本化改革的过程中，得到学校资金上的支持是最重要的影响因素。（访谈转写稿 2-1）由此可以推断，学校或者教务处实质性的资金支持能够坚定教师进行校本课程建设的信念。

在被问及怎样推动教师校本课程建设意识时，某“985 工程”高校外语学院院长分享了自己学院的经验，认为来自领导的理念非常重要。首先，“教研室主任也好，教学院长也好，几个管理层人员的意见得统一起来，思想也得统一起来”。另外，领导对于校本课程的设置应“脑子里先有一个大概的框架，最终要怎么做，要有大概的分层、模块”，“然后通过各种途径给老师吹风”，先从思想上让老师树立起这种意识。此外，大学英语还请了“三四个人来讲，就讲大学英语校本课程改革。然后，资助老师带着任务去开会，回来以后给全院老师讲，人家外面都怎么搞大学英语校本课程建设，慢慢地大家就能接受了。”另外，这位院长还提到了学院给开设校本英语课程的教师按比例提高课时费、资助教师课程建设方面的课题等，并总结说：“你让他们做事情，但你不创造这个条件，他们就没有积极性，

说实在话。”(访谈转写稿 2-1)

某省属综合性高校大外部主任也提到了院系支持对于教师的改革信念的促进作用,认为因为能够理解教授提高班英语课程老师的辛苦,虽然经济条件有限,院系仍然向老师们提供了诸如相对优越的教学条件环境、对他们进行口头的激励表扬、评优等优先考虑等鼓励支持,并认为从某种意义上来说,来自领导层面的肯定有的时候比物质上和精神上的奖励更重要。(访谈转写稿 2-5)

(3)“学校支持”与“教师开发素质”之间的关系

根据前文的因子分析以及相匹配的问卷五级量表中的题项具体内容,这里将从专家、课程管理层和一线教师三个层面的访谈中找出领导支持具体怎么影响教师的课程开发素质(包括教师的开发意识和意愿、具有的课程开发知识和教师的信息素养等)的证据。

首先看来自专家的观点。在谈到影响目前大学英语校本课程开发的关键因素时,接受笔者访谈的某外语教育专家认为应该是教师因素。如果一个学校支持教师独立开设特色校本课程,无疑对教师的课程开发素质有着良好的锻炼和促进作用。这位专家还举例说明了自己所在的“985 工程”高校大学外语教学部的一位青年教师开设 content-based 大学英语课程的经历,该青年教师甚至还就此完成了自己的博士论文,也就是说,学校提供的课程实践机会促进了教师课程开发的素质。(访谈转写稿 1-2)

大学英语课程管理层面认为,来自学校的经费资助对于教师课程开发素质提高的影响更是显而易见的。某地方医学院大外部主任认为资金支持对开设校本课程比较有效,教师的培养等需要资金,需要学校方面给以资金方面的赞助。(访谈转写稿 2-1)

一线大学英语教师的感受如何?来自某理工大学的传媒英语课程教师讲到自己被派驻国外进修相关课程的经历,“我被学校委派出国半年学习传媒课程,目的性还是很强的,因为当时我们已经组建了商务英语梯队(其中包含传媒英语这门课程),等于说我出去那个学期正好是我们那个商务英语梯队开始组建的第一个学期。”虽然这位教师认为当时在国外学习的时候任务相当艰巨,压力非常大,但是回校后也确实让她觉得开课的底气更足了。应该说在院系的支持下她顺利开设了特色课程,并受到同学们的欢迎。这位教师还提到,“后来我们学校就提供了很多让老师去考级考证书的机会。我们在 2012 年就有一个梯队的教师拿到了国际商务英语教师资格证书,第二年我也拿到了这个资格证书。这样的话,我们上台底气就十足了。”由此看来,学校的大力支持对于教师的实际开发课程

的素质和能力有不小的推进。（访谈转写稿 3-4）

来自校方的课程开发支持措施对于课程教师的信息素养提升也有帮助。比如，一位来自某地方理工大学的教师在访谈中说，因为使用多媒体、网络教室或者学习平台是学校教务、考务对于教师和学生的一个要求，她在讲授自己的特色英语课程时必须经常使用。更加可喜的是，“我们这些特色课程所用的相应的一些平台、课程中心网站，包括我自己在建的这个实用商务英语、新传媒英语、大学英语课程中心网站，曾经获得学校的一个卓越网站贡献奖，并且学生的点击率都在学校在建的网站中排名前十位。我参加过平台的开发等类似的工作，在课程中心网站我也参与了一些学院的重点课程中心网站的建设。我也因此有机会跟参与过平台建设的开发者进行沟通和交流，也学习过相应的一定的技术。这些将更好地服务于我以后的工作和科研。”（访谈转写稿 3-5）

对以上访谈的内容归纳后可以看到，学校以及院系的支持对于教师课程价值认同的促进作用是显而易见的。它们之间的关系大体可以表示为图 7-10。

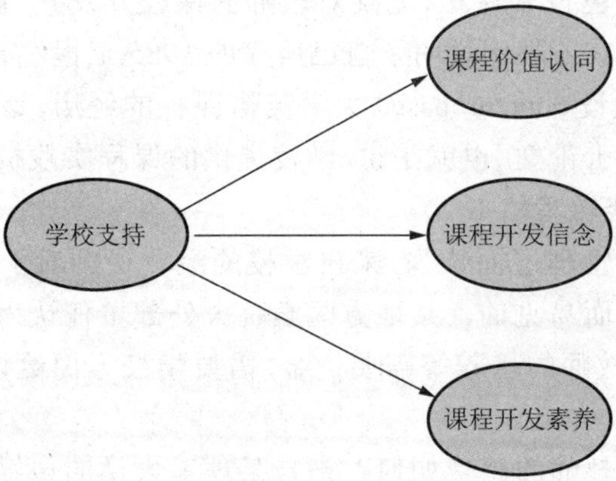

图 7-10　学校支持与内部三因素之间的关系

3）“评价体系”与内部三因素之间的关系

金艳（2013:60）曾提出大学英语课程的宏观、中观和微观三个层次的评价体系，分别指的是国家和省市层面的评价、院校层面的评价和师生层面的评价。前者主要起到示范引领和辐射的作用，后两者则主要发挥对课程和师生的促进发展作用。本研究所说的评价体系主要是指中观和微观两个层面，从校本课程视角出发和对大学英语教师的评价而言，可以包括把课程本身的评价纳入对教师的评价体系、把参与课程建设的情况纳入教师评价、把课程评价结果纳入教师的评优或职称评定等。

“高校教师的评价系统不应该是简单地用评价结果来奖惩教师的教学和科研行为,而是要为广大一线教师构造一个开放的平台,充分挖掘发挥自身的巨大潜力(张敬品和刘鹏娇,2015:122)。”从校本课程开发研究的角度来看,全面公正的大学英语教师的评价体系应该增强教师的课程信念、提升对大学英语校本课程的认同度,进而提高教师的课程开发素养,最终促进大学英语校本课程的开发建设和实施。本研究中评价系统与教师的课程价值认同相关系数高达0.716,也从侧面印证了这一点。以下是三层次访谈中提取到的相关佐证。

(1)“评价机制”与教师“课程价值认同”之间的关系

根据前文的因子分析以及相匹配的问卷五级量表中的题项具体内容,这里将从专家、课程管理层和一线教师三个层面的访谈中找出评价机制的三个方面如何促使教师认识到校本课程开发是课程建设方向、更好地服务学校各专业人才培养、促进学生英语学习和就业、促进教师自身专业发展。从以下两位一线大学英语教师表达的体会中,我们可以看到评价机制在教师的课程价值认同方面的作用。

在谈到自己的职业经历时,某“985工程”高校一位大学英语校本课程教师这样描述自己讲授基础英语课程时的感受,“在我们改革之前,课程都是基础英语课,就是1、2、3、4级的语言技能型大学英语精读课。好像对老师也没有什么特别的评价形式,只要没有什么教学事故就可以。应该说工作了若干年,那种新鲜感过去之后,可能会有倦怠的感觉,所以感觉讲授的课程也没有什么意义。”近几年这所“985工程”学校陆续开设了具有特色的校本化课程,这位教师选择开设了“跨文化交际视听说”。为了保证课程质量,学院不断对教师开展听课、检查教案、收集学生反馈意见等多项对教师的评价活动。“虽然我们觉得压力挺大的,但是这门课程是学生喜欢的,而且对学生的英语交流能力确实有帮助,所以我们挺愿意上这样的课。”(访谈转写稿3-1)

在被问到开设大学英语校本课程最希望得到哪些方面支持的时候,一位来自某“985工程”高校的大学英语教师这样回答,“当然是希望得到所有的支持了。如果说‘最’想要的支持措施,年轻老师肯定会考虑职称问题,可能会把它排在前面,但我觉得能给我们一些好的教学支持,让我们这个教学能够跟项目、成果挂钩,也就是说,你所实践的、改革的,能够通过立项或者通过其他的途径得到认可，这是我们最希望的。”在被问及产生这种想法的原因时，这位教师回答说，评价体制对于教师及其课程的认可无疑对一位教师的职业发展起到强大的推动作用，“甚至超过了物质的奖励”。（访谈转写稿 3-2）

（2）“评价机制”与“教师信念”之间的关系

根据前文的因子分析以及相匹配的问卷五级量表中的题项的具体内容，这里将从专家、课程管理层和一线教师三个层面的访谈中找出评价机制的三个方面如何直接影响经济收益及职称晋升，以提升教师的课程改革的紧迫感和危机意识。

先来看看一线大学英语教师的想法。在被问到作为参与特色化课程建设讲授老师所想得到的最有效、最有力的支持是什么的时候，某“985 工程”院校一位大学英语教师回答说，“就是学校能有倾斜政策，能够让我们把对这门课的想法真正运用到实际中来，做成比较理想的课程。学校可以在资金上没有很大的支持，但在政策上应对教师的工作予以认可，比如说在教师将来的晋升上，都应有所侧重吧。”（访谈转写稿 3-2）在被问及课程开发带来的巨大挑战值不值得的问题时，某地方理工大学的一位大学英语教师认为，“毕竟要备一门新的课程，要花大量的时间，包括我们将来评职称或者做科研，也会有些壁垒，你说我们现在跨学科的话，那么将来我们的归属到底是语言学的，还是法律或者商务的？所以，这个确实对教师接下来的备课、学习动机或是教学动机有比较大的影响。”另外，这位老师还提到，学校对他们商务英语梯队的具体支持措施还是很到位的，但是“在与教师的职称评定挂钩方面，目前也没有因为校本课程备课量特别大而对我们有任何的倾斜政策。这方面可能会影响到教师对课程开发的兴趣和动机。”（访谈转写稿 3-4）

在谈到自己学校大学英语校本课程资源建设问题时，某“211 工程”综合性院校大外部副主任说，在开发特色英语课程的教师中，参加教材编写的并不多，“其实就是涉及一个评职称和奖励的问题。因为评职称的时候，编教材是不算的，一定要论文，所以这就对老师的积极性有影响。如果你能在这个方面有所倾斜的话，我想老师肯定可以自己编教材，因为老师是喜欢用自己编写的教材的，有的老师也有自己的材料，但就是没有编写成书。”在问到有没有设立有关教材编写的项目时，这位负责人解释说，“我们大学有本科课程建设项目，还有本市的本科课程建设项目，但再怎么样它都是市级项目，而我们评职称要省级以上的项目，这个建设项目是不算的”。（访谈转写稿 2-2）因此，教师申报项目的积极性还是会受到影响,这种评价标准对教师校本课程建设的信念也有一定的负面作用。

由以上访谈转写第一手资料可以看出,学校对于大学英语校本课程教师的评价机制确实显著影响他们的课程开发信念。

(3)“评价机制”与“教师开发素质”之间的关系

根据前文的因子分析以及相匹配的问卷五级量表中的题项具体内容,这里将从专家、课程管理层和一线教师三个层面的访谈中找出评价机制的三个方面如何影响教师的课程开发素质(包括具有课程开发意识、具备课程开发知识、具备课程开发经验、具备必要的信息素养四个方面)的证据。

在接受笔者访谈时,某位大学外语教育专家的一番话让人印象深刻。他认为从某种意义上来说,高校里面所提倡的学科建设几乎“给大学外语带来毁灭性的影响”。因为如果太专注于搞学科建设的话,就会对学科评估的结果十分重视,对教师的关注就是“你能不能出文章,你能不能搞项目,你能不能拿奖,如果说你写不了文章,即便书教得再好,我也不要你”。(访谈转写稿1-1)这种评价标准对教师的课程开发和实施素质毫无作用,也几乎完全忽略了学生的需求。由此可以看出,学校的评价机制对教师的课程开发素养有着强大的影响作用。

评价体系对教师自身三大课程因素的影响可以简单表示为图7-11。

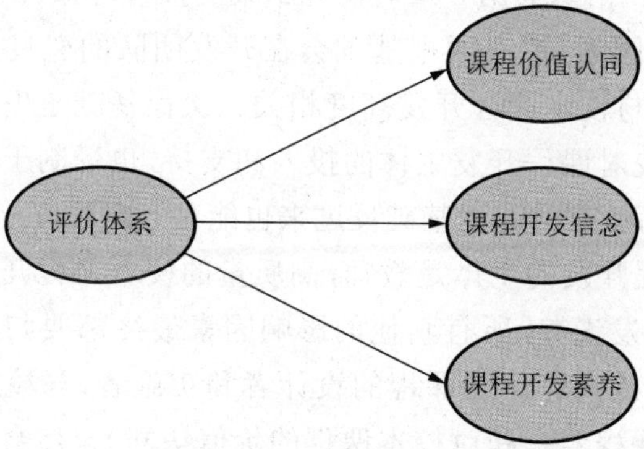

图7-11 评价体系与内部三因素之间的关系

综合以上各项分析,可以得到外因与内因之间的互动关系机制,即学校层面的三个外因对教师的三个内因分别有着正相关的影响,它们之间的关系如图7-12所示。

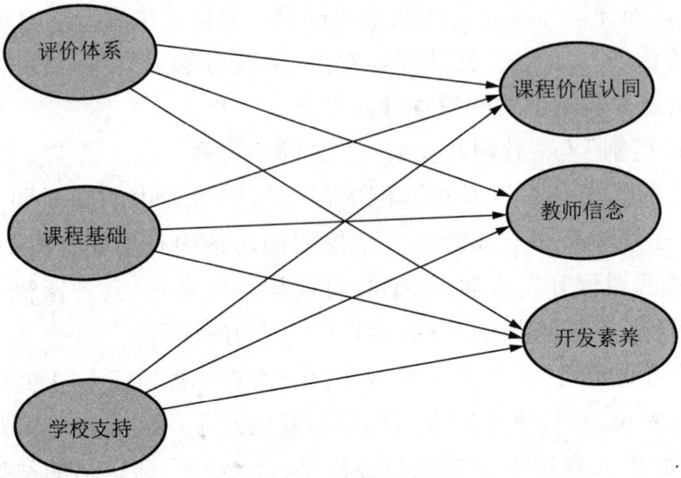

图 7-12　CESBCD 外因与内因之间关系

7.4.2　CESBCD 主要影响因素之间的互动机制

大学英语校本课程设置的内外因各影响因素之间的关系是错综复杂的。首先，学校的课程基础、评价体系和学校的课程支持措施构成了校园中影响校本课程开发的外部因素。由本书第 6 章对研究结果的报告可知，课程基础是大学英语课程最强大的影响因素，原有课程基础会在开发团队的建设、开发经验的获得、资源的积累等方面与校本课程开发高度相关。课程基础是先前课程建设表现出的结果，受制于学校对课程开发主体的投入和支持，也受制于学校评价体系对于教师的影响作用，而原有的课程基础反过来也能在一定程度上影响学校的支持。

其次，校本课程开发的主体是教师，高质量的校本课程开发当然直接来自于教师良好的课程开发素养，所有其他的影响因素最终都要归结于是否会促进教师课程开发素养的提高。作为课程的设计者和实施者，与校本课程设置相关的教师自身原因（如课程信念和对校本课程的价值认同）自然会对课程开发素养的提高起到最为直接和强大的作用。同时，教师的课程信念也与校本课程价值的认同相辅相成，互相制约。而三个外部因素也在一定程度上影响了课程信念和对校本课程的价值认同，并对教师的课程开发素养起到了一定的推动作用。

综上所述，大学英语校本课程开发主要影响因素之间的关系如图 7-13 所示。

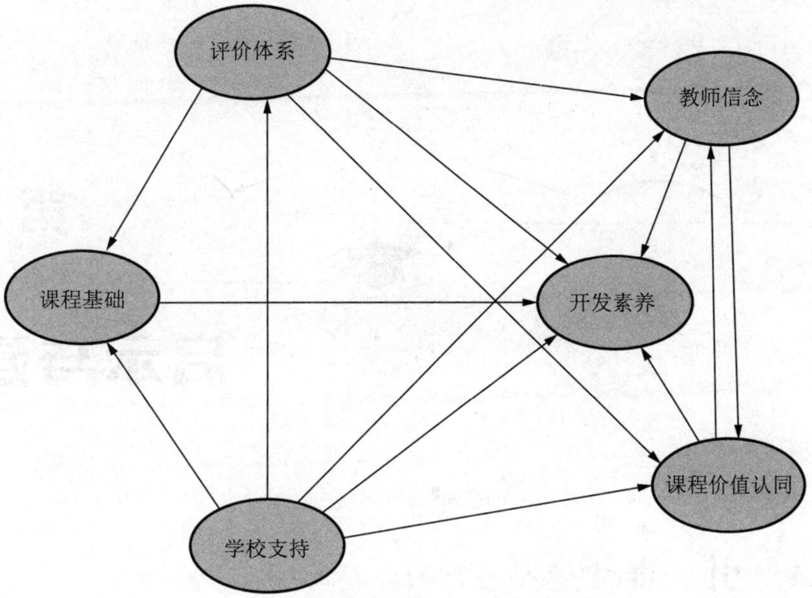

图 7-13　CESBCD 影响因子互动机制模型

7.5　本章小结

作为结果与讨论的最后一部分，本章主要通过对三层次访谈获取的质性数据做进一步的深入挖掘和分析，以回答研究问题三。主要方法是把前一章因子分析中提取出的六个影响因子作为树形节点，对三层次访谈转写稿反复阅读，萃取出相关关键字并通过关键字定位的方式提取出汇聚某个关键字概念的所有语料进行归类，比照相关文献的研究结果，通过概括和归纳，逐渐揭示影响因子之间的联系。

首先，对内部三因素之间的关系进行了两两探讨，得出内部因素之间的关系图；然后，分别对三个外部因素各自与内部因素之间的关系进行了梳理，得到了外部因素与内部因素之间的关系图；最后，把外部三因素之间的关系进行了两两分析，并将以上分析融入一起，构建出因子之间的联系和作用机制，也就是大学英语校本课程影响因素互动机制图，基本回答了本书研究设计部分所提出的第三个研究问题。

第8章 启示与建议

8.1 引　言

本书第5、6、7章分别对研究设计中提出的三个研究问题进行了详尽的回答与阐述。第5章通过对所调研的高校中大学英语校本课程设置和开发的调查，呈现了其校本课程类型的分布，厘清了我国大陆境内不同层次、不同专业特色高校大学英语校本课程的实然；第6章通过因子提取，基本界定了大学英语教师认定的影响大学英语校本课程的因素，即造成课程实然的原因之所在；第7章通过分析质性访谈数据来解析大学英语校本课程影响因素之间的互动关系，以对实然和应然之间差距的促成机制进行探析。

需要明确的一点是，大学英语校本课程设置开发是一个复杂、持续、动态的过程，参与课程建设的各层面分工、职责、义务不能绝对清晰地加以分离。为了阐述的方便和条理的清晰，本章在陈述了外语教育政策大背景之后，将主要从教师层面、院系层面和学校层面自下而上逐一提出从前文的研究分析中得出的启示与建议。

8.2 启示与建议

8.2.1 外语教育政策大背景

虽然大学英语课程的校外影响因素并非本书关注的重点所在，也不在前文研究中所界定的核心影响因子的范围之内，但是高校的大学英语校本课程是无法脱离这种大环境而存在的。笔者在所进行的专家访谈中，设计了高校外部的大环境对于大学英语课程所产生影响的问题。其中一位大学外语教育专家回答说，这些影响大致可以从三个方面体现出来。一个是来自社会的影响，包括社会生活对于一门外语的需要程度，人们对于一门外语的重视和认可程度等；另一个是我们国家政治、人事等制度的影响，如国家对于教师的分类指导、分类培养、分类发展等政策；第三个就是跟外语教育直接相关的一些政策的影响，如国家制定的一些有关外语教育的文件，推行的一些外语考试制度的改革等。（访谈转写稿1-2）

首先，来看我国重大教育政策文件的要求。《国家中长期教育改革与发展规划纲要》明确提出，高等学校要"加强国际交流与合作。坚持以开放促改革、促发展。开展多层次、宽领域的教育交流与合作，提高我国教育的国际化水平。借鉴国际上先进的教育理念和教育经验，促进我国教育的改革发展，提升我国教育的国际地位、影响力和竞争力。适应国家经济社会对外开放的要求，培养大批具有国际视野、通晓国际规则、能够参与国际事务和国际竞争的国际化人才"。《教育部关于加强高等教育建设30条意见》第25条"提升国际交流与合作水平"明确指出："支持中外高校间的学生互换、学分互认、学位互授联授。继续实施公派研究生出国留学项目。探索建立高校学生海外志愿服务机制。推动高校制定本科生和研究生中具有海外学习经历学生比例的阶段性目标。全面实施'留学中国计划'，到2015年来华留学人员达到35万人次，部分'985工程'和'211工程'建设高校留学生占学生比例接近或达10%。以实施海外名师项目和学科创新引智计划等为牵引，引进一批国际公认的高水平专家学者和团队。在部分高校开展聘请外籍人员担任'学术校长'试点。推动高校结合实际提出聘任外籍教师比例的增长性目标。做好高校领导和骨干教师海外培训工作。支持高职院校开展跨国技术培训。支持高校境外办学。支持高校办好若干所示范性中外合作办学机构，实施一批中外合作办学项目。"鉴于以上国家教育政策所提出的要求，束定芳（2013:431）在谈到目前关于大学英语教学的定位问题时，认为"应该研究欧洲国家'用英语开设学位课程'的做法，把大学英语教学的目标设定为高等教育国际化服务"。

以上概述了大学英语课程目前所处的国家外语教育政策大背景，应该说对于此类现状的了解是开发大学英语校本课程所涉及的各层面履行职责和义务的信念之所在。国际上，外语教育政策已然成为发达国家语言教育规划中的一个非常重要的内容，如凸显国家安全的美国外语教育政策、凸显外语素质提升的英国外语教育政策、凸显经济发展的荷兰外语教育政策以及多元文化下的澳大利亚语言政策等（张沉香，2011:94-102）。目前，我国正处于国家和平崛起的重要发展阶段，“一方面需要和平的国际环境来推进自己的经济、社会与文化发展，需要在国家安全、政治、外交、军事等方面保证国家的和平发展；另一方面，在全球化大背景下，中国的经济发展将逐渐与世界经济融合，世界走进中国，中国走向世界，我们迫切需要大批专门的各类外语人才，以及更多的懂外语、具有国际视野、懂国际规则的各类专业人才为加速这一进程服务”（束定芳，2013:428-429）。在这一形势之下，我国迫切需要外语教育政策对于各阶段的外语教育做出整体规划和明确指导。

然而，目前我国的外语教育政策确实存在不少问题，“在国家层面上，我们目前还没有一个专门的机构协调和管理不同层次的外语教育以及与外语有关的政策和语言规划。作为一个拥有全世界最多外语学习者的大国，我国至今还没有一个统一的外语能力标准，没有一个统一的外语能力认证机构。我们还缺乏中长期的外语教育战略规划，对外语语种在全国的规划与布局没有宏观的指导或安排，对外语人才培养的数量也没有从宏观上进行指导性调控”（束定芳，2013:427）。在这样的形势下，高校的大学外语教育政策只能集中体现于教育部历年来制定的教学大纲或教学要求中。蔡基刚（2014:41）曾对大学英语课程中的课程目标进行过汇总，如表 8-1 所示，从中可以看出延续至今的仍然是偏向基础教育和素质教育的大学外语政策，对此学者们根据他们的研究提出了明确的建议。

表 8-1　历次《教学大纲》或《教学要求》对大学英语教学目标的描写（蔡基刚，2014:41）

大纲/要求	教学目的
1980 年大纲	为学生阅读英语科技书刊打下较扎实的语言基础；使学生具备比较顺利地阅读有关专业的英语书刊的能力。
1985 年大纲	培养学生具有较强的阅读能力，为进一步提高英语水平打下较好的语言基础，使学生能以英语为工具，获取专业所需要的信息。
1999 年大纲	培养学生具有较强的阅读能力和一定的听、说、写、译能力，使他们能用英语交流信息，帮助学生打下扎实的语言基础。
2004 年要求	培养学生英语综合应用能力，特别是听、说能力，使他们在今后工作和社会交往中能用英语有效地进行口头和书面信息交流。
2007 年要求	培养学生英语综合应用能力，特别是听、说能力，使他们在今后学习、工作和社会交往中能用英语有效地进行交际，同时提高综合文化素养。

从表 8-1 还可以看出，自 20 世纪 80 年代以来的大学英语课程教学目标似乎经历了从具有阅读专业英语书刊的能力向打下语言基础和提高文化素养方面的转变，那么如今的大学英语课程究竟应该制定怎样的教学目标呢？张沉香(2011:123-124)认为，从宏观层面来说应该“充分听取教育组织和利益主体的意见，让他们自己做出价值选择，政府发挥其行政的力量，积极促进‘价值一致’，制定合乎利益主体的大学外语教育政策并有效地实施，实现社会需要、外语教育和外语学习者三者价值取向的统一”。沈骑(2014:67)认为，“在新形势下，基于多元价值取向，创设个性化和多样化的大学英语课程群或是课程模块已是当务之急，各校应当开设适合本校专业特色的大学英语课程，从而满足不同水平、不同专业和不同兴趣爱好的学生的需求”。张蔚磊(2015:59)认为，在衔接中小学外语教育的基础上，大学期间的外语教育“应该结合每个学生的具体专业进行有针对性的外语学习，注重学生的英语综合应用能力，提高其全球文化素养和跨文化交际能力，以适应国际化的需要”。束定芳(2013:429-430)认为，应该把大学英语教学的目标设定为高等教育国际化服务，并具体地阐述了对于大学外语教育政策的设想：“各有关高校，特别是外语院校和综合性大学，应根据国家战略发展的需要，结合自身的办学条件，准确定位，实施自身的战略规划，培养满足国家经济和各项事业发展需要的不同规格、不同层次、具有鲜明特色的高素质外语人才。”比如，“作为专业院校的重点外语院校应该致力于培养高精尖的专门外语人才、高级外语师资，同时开设尽可能多的外语语种。……一些条件较好的综合性大学应致力于培养研究型的外语与外国文化专门人才和高级外语师资。同时，一些地方院校和特色专业的院校应该注重专业型外语人才的培养，即专业＋外语能力强的专业人才，如外语能力强的石油专业人才、海洋专业人才等。”而这一理念恰好与本书倡导的开设大学英语校本课程，提升人才培养质量的观点一致。

把大学英语课程上升到国家外语教育规划重要组成部分的高度，能够更加清晰地看到本书所提倡的大学英语课程校本化的价值所在。相比而言，目前我国高等教育国际化水平较低，课程和师资国际化水平有限，高校办学规模和层次差别又较大，并非像有些学者认为的那样，大学英语应该逐渐淡出历史的舞台。恰恰相反，“大学英语课程的发展有利于弥补国际化的差距、衔接国际化专业课程学习的作用，同时，也有利于逐步提升大学整体的国际化水平，拓宽人才的国际化视野”(沈骑，2014:67)。

也正是在这样的背景下，各方人士翘首以盼的《教学指南》已经由教育部高校大学外语教学指导委员会拟定并即将由教育部颁布实施。正如本书在研究背景中所提及的那样,《教学指南》依然把大学英语定位成整个高等教育过程中不可或缺的一部分,对中国的学生来说绝非可有可无,而是必不可少。跟2007年颁布的《教学要求》相比,《教学指南》更加突出了对大学英语课程建设指导的开放性和灵活性,更加有利于大学英语课程的校本化,并特别强调了大学英语在高校课程体系中的服务功能,即服务于学校的办学目标、服务于院系的专业需要,从而最终服务于学生的个性化发展需求。接受笔者访谈的某位外语教育专家在谈到《教学指南》时说,《教学指南》的"这个指导思想为各个学校制定校本大纲提供了可能性,鼓励各个学校来制定本校的教学大纲。……因为个性化非常重要的就是选择权,现在做的这个大学英语教学指南里的一个很大的东西就是给各个学校选择权。"(访谈转写稿1-1)

无论如何,在以上所分析的大学外语教育政策逐渐走向明朗和《教学指南》即将颁布的大背景下,国家外语教育政策无疑为大学英语课程改革提供了优越的外部环境。现在问题的关键在于如何实实在在地调动各方力量,提高大学生英语语言运用能力、跨文化交际能力和专业英语使用能力,以便让大学生在毕业后能够运用英语参与国际舞台的各项专业活动,提升国际话语权。这就涉及大学英语课程如何定位、大学英语教师如何与时俱进以及各高校如何进行校本课程应对等问题。本章力图在第1章提出研究背景、第2章提出理论基础、第3章阐述校本课程和大学英语课程的研究现状、第4章提出研究问题和研究设计、第5章考察大学英语校本课程实然、第6章获取大学英语校本课程关键影响因子以及第7章分析主要影响因子互动机制的基础上,对大学英语校本课程所涉及的高校中的三个层次部门和人员(即教师、院系和学校)自下而上提出实质性建议。

8.2.2 教师层面启示和建议

校本课程理论奠基人之一Stenhouse(1975)曾宣称:"没有教师发展就没有课程开发。"教师对于教学改革和课程建设的关键性作用是毋庸置疑的,在校本课程开发的过程中表现得尤为明显,这一点在本书的文献回顾章节表述得非常清楚(详见本书3.2节)。具体到大学英语教学与课程改革,其成功与否在很大程度上就取决于师资的质量,对于远离目标语环境的大学英语教学更是如此。面对《教学指南》即将颁布的新形势和大学英语课程校本化的新挑战,大学英语教师应该何去何从?学者们对此纷纷建言献策。文秋芳(2014:8)指出:"实施这个(大学英语教学系统)工程好坏的关键在于广大英语教师的理念、英语水平和教学能力。从本质上说,提高大学英语教师的专业化能力是眼下最为迫切的任务。"

束定芳(2013:432)从提升英语师资队伍的改革意识角度进行了阐述,认为"只有高素质的英语师资队伍才能真正对中国英语教学改革存在的问题进行反思,才能结合所在学校的具体情况进行具体分析,寻找解决问题的途径,从而解决问题。只有当每个英语教师真正意识到英语教学改革的必要性,把提高自身素质、改进课堂教学、培养学生的自主学习能力作为自己的自觉行动,英语教学质量才能真正提高"。沈骑(2014:67)也表达了相似的观点,他相信"作为课程价值直接的'代言人',广大大学英语教师在更新观念的同时,必须树立变革意识,积极应对新形势的挑战"。

本书第5章大学英语校本课程的现状调查发现,大学英语教师课程建设的参与面偏低,大约61.3%的学校仅有小部分教师或者几乎没有教师参与,在校本课程资源建设方面,有接近一半(48.5%)的教师只是直接选用现成的教学资源,甚至有大约五分之一(20.4%)的教师对于自己所在的高校有没有凸显学校办学特色的英语课程都不甚明了。教师们参与校本课程建设的情况确实不够乐观。本研究认为,教师层面的理念关键在于将课程的开发与自身的职业发展结合起来,现根据本书研究结果向大学英语教师们提出具体建议。

1)坚定大学英语课程校本化信念

教师信念历来是教师发展研究的一个重要领域,它是由各种复杂的因素构成的,主要包括学科的亚文化、教师的学习和生活经历、教学经历、专业教育经历、教学法知识水平以及导致自我反思的同事之间的交往经历等(Freeman,2002)。它是多种因素相互建构的,是动态的和不断发展的社会文化产物,并且反映了一定的价值观念,具有一定的政治倾向性(郑新民,2004:6)。

本书关注了大学英语教师的课程开发信念问题。在第6章对大学英语课程影响因子提取结果的报告中,作为排在第二位的关键因素,大学英语教师的课程校本化改革信念解释了总影响的12.265%,其影响力之大可见一斑。对所调研的高校的大学英语教师所做的观念调查表明,教师的课程开发信念可以包括认识到校本化是大学英语课程改革的方向、相信大学英语校本课程能够更好地服务于本校各专业的人才培养、能够提升学生英语学习的兴趣和动机、有助于提高学生的英语应用能力、对学生未来就业有帮助、能够促进教师自身专业发展、能帮助教师更好地理解和实施课程规划以及有助于教师更好地利用现有的课程资源等。在第7章对于大学英语校本课程影响因子互动机制的研究中,笔者发现教师的课程开发信念主要受到校方支持、校内评价体系以及教师的课程价值认同三种因素的影响，其中校方支持和校内评价体系作为教师之外的因素无法掌控，教师需要提升的是对于大学英语校本课程价值的认同。

目前在教师群体中，对于校本课程建设表现出的多是惰性、逆反、观望等心理。这一点从对大学英语校本课程现状调查中（详见本书 5.2.1 节）教师的参与面小、对课程资源的开发浅、课程种类不够丰富、课程学分组合不够灵活等方面可反推得知。研究表明教师信念会发生变化、发展和更新，但这是一个缓慢的、讲求实际的过程。也就是说，大学英语教师的课程改革信念是可以通过对于课程现状的了解、通过学习和实践、通过对教学行为的反思、通过与同事之间的交流、通过感知来自于学校和院系的政策和支持慢慢形成。

2）提升校本课程开发素养，尤其是信息素养

在第 6 章对大学英语课程影响因子提取结果的报告中，作为排在第五位的关键因素，教师的校本课程开发素养解释了总变异的 7.954%，是一个较为重要的影响因素，直接关系到校本课程开发的质量问题。对所调研高校的大学英语教师所做的观念调查表明，教师的课程开发素养可以包括教师的课程开发意识、以往积累的课程开发经验、必要的信息素养以及一定的课程开发常识，就大学英语校本课程而言，还需要了解语言类课程的开发规律等。

在第 7 章关于大学英语校本课程影响因素互动机制的探究中，笔者通过细致分析发现其他的影响因素，即学校原有的课程基础、学校院系的支持、评价体系的完善、教师的课程改革信念、教师的课程价值认同，都能直接或通过影响教师的课程开发素养而间接起作用（详见本书 7.3 节中的图表及其相关阐述）。前三种因素是教师身外的外部因素，大学英语教师比较难以掌控，但是对于课程开发的信念和校本课程的价值认同是可以通过自身努力得到提升的。这一点在本书 7.2.1 节已经进行了清晰的阐述，并使用某大学外语教育专家的访谈内容进行了佐证，在此不再赘述。

这里特别要提到的一点是本书文献回顾部分（详见 3.4.5 节）所提到的慕课对于大学英语课程以及大学英语教师的影响。虽然有学者质疑过慕课的未来发展趋势，认为它不可能替代传统的实体课程和课堂，但是我们要清楚地意识到，慕课作为在线教育的一款“新产品”，其资源的可获取性以及规模的可伸缩性是以往在线教育所难以企及的（袁慧玲，2015:75）。正如上海交通大学校长张杰所说，慕课与实体课堂各有优势和不足，两者的结合是未来教育改革的方向（张男星和饶燕婷，2014:8）。冯瑗（2014:79）认为，这种新的课程模式“以碎片化的资

源呈现方式满足学习者泛在的、个性化的学习需求，可以在某种程度上解决教育的公平问题，提升学习效率，重塑信息时代的学习生态和文化”，并指出了大学英语教师如果还“停留在PPT加课本进行单向知识灌输的状态，恐怕难以避免被边缘化直至‘灭亡’的命运”。

那么，作为大学英语教师究竟应该如何面对慕课带来的巨大挑战呢？黄林林（2015:175-176）通过个案研究考察了大学英语教师对慕课资源与课程教学整合的意识、策略及效果，发现“教师对MOOCs资源与大学英语课程教学进行整合的意识比较强；但在整合策略方面的能力较弱且参差不齐；整合效果总体良好，但差异较为明显；在整合的过程中，教师们遇到的困难主要有：部门间协调困难、教学任务过重、教师信息素养不高、教研一体化能力不足等”。由此我们可以看到，大学英语教师自身可以做的，就是需要在信息素养方面提升自己，充分利用慕课资源提高大学英语校本课程的质量。

对此，我们可以借鉴相关研究者提出的建议。袁慧玲（2015:78）认为，大学英语教师一方面要树立慕课理念，彻底从传统课堂教学中的“实、静、单向、一元”向“虚、动、多向、多元”化转变；另一方面需要敢于实践和探索，因为能力素质只有在实践中才能得到培育和提升。而接受笔者访谈的大学外语教育界某位专家向广大大学英语教师提供了关于充分利用慕课资源的更为直接的建议，比如，“我想开一个课程，因为我学习过，我看过一些书，我知道一些，但是你让我独立地开门课，我就觉得比较困难了，不过呢，有人给你开了慕课，那我现在就只是当一个助教或者当一个英语语言练习的组织者，content的东西里面有，我教给学生，我们再去做一些语言组织，所以它是实际上是提供一个开设更多课程的空间。我觉得这一类的材料，我们是可以把它们导入我们的课程中的”。（访谈转写稿1-2）虽然各高校的大学英语教师开设的校本课程不尽相同，但是从改变理念和勇于尝试这两方面来讲应该是相同的。

3）提升个人职业发展意识和团队精神

关于我国大学英语教师的职业发展方面，夏纪梅（2007:5）认为大学英语教学改革对教师的挑战主要表现为教学要求的提高、学生水平的提高以及对教师教学考核标准的提高三方面。何明霞等（2009:72-73）在对大学英语教师职业生涯规划与专业素质发展的实证研究中发现，教师对现在的职业发展状况满意度不高，大学英语教师的职业生涯规划处于缺失状态，效能较低。

“以学校为基地、以教师为课程开发主体、以满足学生学习需求为宗旨的校本课程具有极强的体验性和实践性”，因而对于教师来说，“它更具专业发展的价值”（付安权和倪东阳，2012：53）。反过来，“校本课程改革能否顺利推进，需要教师的专业发展为支撑”。因此，“校本课程开发与教师的专业发展具有内在的统一性。校本课程本身为教师专业发展提供了一个平台，为教师自我发展提供契机”，因为校本课程开发意味着教师对自己的专业知识要进行不断构建和重组，同时，也意味着他们对自己的教学实践不断反思和探究，无形中教师的职业发展就得到了提升。具体到大学英语课程改革和大学英语教师职业发展方面，王守仁（2012：3）认为，“精心规划设计的课程要由教师来开发、建设、讲授，综合评估体系的内容和手段要由教师来研究确定。与此同时，教师队伍建设也需要大学英语教学改革实践提供的平台和机会。”

也就是说，面对大学英语课程校本化的发展趋势，广大大学英语教师要抛弃“领导怎么说我就怎么做”的应付想法，而是主动把课程建设与自己的职业发展诉求联系起来，做到课程建设和职业发展相辅相成。在笔者所做的访谈中，某“985 工程”高校讲授大学英语校本课程的一位青年教师认为，虽然在进行校本课程开发的时候，特别是初期，需要投入大量的时间和精力，从经济利益的角度来看“这种投入和收入不成比例”，但是“长远来看，如果这个课程真是让它成熟起来，让这个体系完善下来，那么这种投入应该是有意义的。因为你在这个体系的建设当中做了一个非常重要的工作。……因为我现在教的是跨文化交际，我觉得将来自己的研究方向很有可能会与这方面有所结合。”这位青年教师还提到，“因为一开始的大学英语基础课程我们都不做这种关于课程开发的工作，新的课程的建设就要把与课程建设相关的所有的文本进行完善，这个过程你就要有个思考的过程。而且让你更了解了一个课程其实并不是一个老师拿一本书过来上课讲解，它需要很多支撑性的东西。”（访谈转写稿 3-1）实际上，这位教师已经把课程建设看做了自己职业发展的加速剂。

另外，在笔者所进行的访谈中，不止一次提到了团队协作对于课程开发和教师职业发展的助推作用。某“985 工程”高校大学英语教学部一位教研室主任说道，“大部分的课程都是由两位以上的老师来共同承担的，只有个别的课程由一位老师来讲。梯队里面一般会有一个类似小组长这样的角色。……有的时候一个课程设计起来需要好几个人努力，也就是说这个 team leader 不是特别确定，他们之间也有 cooperation，你要权衡这个问题。也就是说，有些问题可以找这个人，有些问题可以找另一个人。”（访谈转写稿 2-7）某“985 工程”高校的一位大学英语校本课程教师认为，具有团队精神有利于自身课程开发素养的提高和找到职业发展的方向，“这门课程我们有一个小组，有多位老师分工合作。……尤其是在这个课程建立之初，我们这个课程的规划、课程大纲的编写以及课件的制作，都是一个分工的过程。到后期，比如试卷的分析，我们都是一个合作或是轮流的过程，形成了一个规范之后就轮流操作了。”团队里面有相关课程开设方面的经验的老师会跟大家分享，带领新手教师一步步去做，也会带领大家编写教学材料、申请相关的课题等。（访谈转写稿 3-2）

8.2.3 院系层面的启示和建议

关于校本课程建设的文献大都是关于学校层面的建议和师资水平提升的，较少关注大学英语教师所归属的院系一层面的作用，而在本书关于大学英语校本课程现状的调查、教师层面观念的分析以及三层次质性访谈中，笔者发现外语学院、大学外语教学部领导和部门因为处在学校层面和教师层面的中间地带，可以对上面的政策下达，同时对下面的意见上传，起到的是桥梁和纽带的功能，其作用不容小觑。

在课程开发实践的过程中应正确地看待校本课程的几个关键性要求，把满足学生需求、凸显学校特色、利用本校资源条件、达成本校教育目标、实施课程整合、促进教师职业发展等辩证结合起来，以最大限度地发挥校本课程促进学生、教师、学校共同发展的目标，达到和谐共赢。而在大学英语校本课程开发这个协调发展的过程中，外语学院或者大学外语教学部发挥着无可替代的关键作用。本研究认为院系层面的理念在于将课程开发的资源加以最大化地利用，下面根据本书所做研究得出的结果对院部层次的机构和人员提出建议。

1）制定个性化大学英语教学指导文件

某“985 工程”高校大学英语校本课程教师在谈到开设课程所参照的标准时说道，“我觉得《课程要求》这个指导性的文件可能会宏观定义对学生的教学目的，就是工作的教学目标、学生的学习目标，比如说在一个什么层级、是怎么样的。这个文件好像给学校比较充分的自主权，但是，对于具体某一门课程的具体性指导，这个文件好像没有特别明确的说明。所以，如果用它指导拓展课程或者校本课程可能不是特别适用。”在被问及对学校的人才培养目标是否了解并融合到自己的课程中时，多位大学英语教师使用了“应该了解吧”“还可以”“这个不太清楚”等较为模糊的回答方式。（访谈转写稿 3-1）由此我们可以看到，《课程要求》和学校的人才培养目标，必须通过院系制定明确的大学英语课程校本大纲或指导性文件，才能最终对校本课程起到参照和指导作用。

对此，本书的大学英语校本课程研究状况回顾中（详见本书3.4.5节）提及，王海啸（2004:21-25）曾明确提出从大学英语教学的需求和条件分析入手，参照本校人才培养方案制定"个性化教学大纲"；彭梅和冯瑗（2014:56）也曾提出过关于校本课程指导性文件制定的建议，"各高校可以依据国家颁布的英语课程设置标准，结合地方的大学英语教学指导性文件，组织本校相关外语科研和教学骨干力量在调研基础上集体商讨制定切实可行的、能够体现本校大学英语办学特色的、满足当地社会需求的课程设置。另外，各门课程的负责人还需协同本课程教师集体制定每学期的教学大纲，"并根据国家和地方教育政策和形势的变化做出及时的调整。而这些都应该由各校的外语学院或者大学外语教学部自主完成。

2）厘清和整合院系教师资源

前文的文献综述中朱新吉（2004:44-46）和王伟（2012:59-60）都曾提到校本课程开发可以采取的需求主导、条件主导、目标主导三种模式的开发策略。虽然它们各有优势与不足，但是鉴于课程开发的可行性和方便性，目前使用较多的还是条件主导的课程开发模式。这种课程开发模式的特点是以学校自身条件为开发校本课程的主要依据，承认并强调校本课程的资源制约性。虽然它有违校本课程以生为本、发展个性的初衷，并且难以突出学校特色，但是就目前大部分高校仍处于大学英语校本课程的初始阶段（详见本书5.4.1节对于大学英语校本课程类型分布的详细描述）的实际情况，条件主导课程开发模式应该是较为合适的选择，因为其优点是具有很强的可操作性，能够大幅度降低课程开发的难度和成本。

要在现有的条件下开设大学英语校本课程，首先需要外语学院和大学外语教学部对院系的师资状况进行详尽的了解，以便优化整合现有的师资资源。某"985工程"高校外语学院院长在访谈中介绍了自己学院的做法，在进行课程改革之初，"就是开设什么样的课程……按理说应该有一个比较好的规划。但就当时来讲，因为学生有那么大的需求，你这个规划要跟老师的实际能力相关。所以说，我们老师就真是八仙过海各显神通了。老师们提出申请，先把有关课程开设的目的、大纲等一些的东西提交给我们。我们做一个审核，觉得具有可行性，就认可这个老师开设。这是第一步，接下来，我们慢慢规划，比方说我们建议至少有两到三位老师同时上某一门课，可以进行一些沟通和教研活动，形成一个课程组。这样的话，就比较容易将这门课开发好。从教材的选择、出考试题到中间的一些教学活动的组织等，它有一些分享，所以说我们慢慢地有一些指导性的活动"，到目前为止开出来二十三四门课。(访谈转写稿 2-6)也就是说，在条件主导式的基础上再慢慢进行其他的拓展，慢慢兼顾学生的需求和体现本校特色。

3）促发教师课程开发意愿和支持教师专业发展

教师首先的归属感在于院系。学校的支持和鼓励固然重要，但是教师课程开发意愿最直接的引发原因还是来自于外语学院或者大学外语教学部。所以，在院系层级构建和谐关系、关心了解教师开设课程的具体困难并帮助联络学校和教务处给予解决非常重要。对此，某医学院大学外语教学部主任在访谈中有这样的阐述，“其实还有一个更重要的，我自己作为一个大学英语部门的管理者，我感觉我的偏好或者是我对老师们的那种鼓励和促进是非常重要的。……就是有一些老师得到我的认可以后，会做得更积极……可能是因为互相之间的一种信任吧。……毕竟人们之间除了工作以外，情感上的交流也很重要。”(访谈转写稿 2-1)

校方对于大学英语课程整合的关注多来自于学校整体人才培养和各专业院系之间的协调合作，专业化教师的职业发展则多来自于院系层面的引导和支持。某“985 工程”高校外语学院的副院长在谈到来自于院系对教师开发大学英语校本课程的支持的时候说，“院里的支持主要是基于教师自身发展的角度，和学校的角度还不太一样。当然院里也是觉着我们应该对学校的整个人才培养起到一个非常好的助推作用，但还要考虑这一个大学外语教学团队，这个群体必须适合未来大学英语课程发展的需求。当然从自身职业发展的角度来讲，老师们也应该找一个感兴趣的领域去开设一些拓展课程，这个对将来教师的转型或者面对其他变化有个比较好的准备。”(访谈转写稿 2-6)

另一位“985 工程”高校外语学院院长在访谈中分享了他们促发大学英语教师课程开发意愿的做法，“将近一年的时间，不断地给大家洗脑，请外边的专家来给我们做讲座，或者让我们老师出去学习。基本上大家都接受了大学英语课程校本化改革的理念。大家都认为我们这个方案是可行的。从思想上来讲，大学英语老师不存在抵触的情绪了。”另外，还成立了课程开发团队，“学术英语这个团队都过来了。出国英语培训那块，一共有八个人在那个团队里面。这八个人从 2013 年暑假开始，2013 年暑假、2014 年的寒假、今年暑假分了三批把他们送到北京新东方，在新东方培训了两周。”(访谈转写稿 2-3)

4）推进课程开发团队建设，积极尝试与其他专业院系的合作

在前文对于大学英语校本课程教师的访谈中，多次提到课程开发带头人和

课程开发小组带来的意想不到的效果。接受笔者访谈的一位大学外语教育专家提到，所谓大学英语课程的校本化，实际上以校为单位还是略显空泛的，最好还是要具体到不同的院系，如某“985 工程”高校的品牌学院以培养拔尖创新人才为目标，他们对英语水平的要求很高，每周 10 个课时都不一定能满足他们的学习需求；而同一所学校的其他院系就不一定对英语有这么高的需求，只要达到基本要求就可以了。（访谈转写稿 1-1）如此说来，作为承担大学英语校本课程开发的主要部门，外语学院或者大学英语教学部应该特别关注本校那些对于英语学习有着特别需求的专业院系，寻找途径与这些院系展开密切合作，为这些院系学生量身定做英语课程项目，满足学生需求的同时，也能够使自己的教师专业素养得到提升，使学校的特色有所凸显。

事实上，这种做法在我国的一些高校中已经有所尝试。在笔者所进行的访谈中，不止一位被访谈者谈到了应本校某些专业院系的要求，大学英语教学部与他们开展了合作。某外语教育专家在访谈中提到其所在院校的一些做法，即“适当地针对具有明确人才培养目的的院系和学生开设一些特殊的英语课程”，如外语学院跟法学院做了一个项目，法学院有一个卓越人才培养项目，每年会招收二十几个学生，外语学院就为这二十几个学生专门设计了从一年级到四年级跟英语相关的课程。一年级更多的是综合基础课，二年级则是专项的高级技能课，如翻译课、口译、笔译、演讲、学术英语等，三年级的时候就进入跟专业结合的用英语上专业课的阶段，三年级下到四年级上的时候可能会出国交流，或者是到外向型的法律事务所里面去实习。在这个合作项目中，大外部老师主要做的工作就是向学生提供一般语言技能和专业语言技能的培养，不仅是学生收获大，就是教师本身在针对这些特殊需要的学生开设英语课程的过程中收获也很大。（访谈转写稿 1-2）

某“985 工程”高校外语学院院长也谈到了该校外语学院和经济管理学院开展的合作。经济管理学院虽然不是学校所扶植的特色学科，但是院长有一些人才培养方面的独特想法，主动提出来他们学院出国深造的学生比例比较高，希望外语学院给他们的学生专门开一门课。“经济管理学院每年招收大约 240 个学生，将来有出国需求的有 60 个学生，分两个小班，一个班 30 人，目前一个班为雅思班，一个班为托福班，可以代替普通英语的学分，应该算是满足这些学生的特殊需求吧。”（访谈转写稿 2-3）

这两位被访谈人所提到的外语学院与其他学院的合作都是小范围的，还称不上全方位的密切合作，但是毕竟迈出了校本课程建设中优化整合教师资源、更好满足学生英语学习需求的第一步，值得其他高校学习和借鉴。

另外，值得一提的是马武林和胡加圣(2014:54)针对大学英语拓展课程缺少专门用途英语教学团队的问题，提出了用慕课设计理念建设教学团队的做法，值得借鉴和参考。他们认为“由‘外语教师＋专业教师＋技术人员’三方共同构成专门用途英语教学团队，为实施混合式教学模式/翻转课堂教学模式奠定了基础。教学团队通力协作，共同开发课程，实施教学活动和在线答疑，教学团队之间实现了优势互补”。这应该也可以成为各层次高校优化教师资源、应对改革形势的一种选择。

5)积极应对慕课对大学英语课程的影响

随着科学技术日新月异的高速发展，慕课资源作为信息技术、移动互联技术、大数据挖掘技术发展的最新成果，被称为高等教育界的“一场海啸”，几乎是在一夜之间就席卷全球，冲击着人们对于传统课程的概念。国外对于慕课资源与大学课程教学整合的研究始于2008年，国内的相似研究始于2013年。在本研究所进行的访谈中，某位大学外语教育界专家谈到了慕课不太可能代替目前形式的大学英语课程，但它确实带来了一些影响，在我们对资源的利用方面，慕课不仅仅提供了很大的便利，几乎可以说是“解决了一个教师的知识储备问题”。(访谈转写稿1-2)也有学者就慕课对于大学英语课程的影响进行了研究。马武林和胡加圣(2014:50-51)认为，慕课对我国大学英语课程的教学质量、课程内容和评价方式都带来了挑战，同时，也为各高校的大学英语课程开发带来了机遇。

前文对于大学英语教师如何应对慕课提出了一些建议，那么院系层面应该如何应对慕课带来的挑战呢？马武林和胡加圣(2014:50-51)建议各高校本着以学生需求为导向、以办校特色和学校资源因地制宜、量力而行的原则，分别给国家重点建设院校、普通本科院校、应用型本科院校等三个层次的院校提出了参考意见。黄林林(2015:191-195)从国内外慕课校本化设置和大学英语慕课校本化开发两个层面提出了建议，认为各高校一方面应该根据自身办学目标、现有资源条件，充分利用国际慕课优势，设置具有本校特色的国际慕课校本化大学英语课程；另一方面，基于慕课资源，结合学校实际的大学英语慕课的校本化开发对慕课资源进行“引进、消化、吸收、再创新”。

实际上，国内的一些高校如清华大学、电子科技大学已经做出了尝试并取得了一定的成绩，积累了一些经验。在此笔者建议各高校的外语学院或者大学英语教学部也积极行动起来，根据本校的师资、资源、学生、专业特色等实际情况，在利用国际慕课优势设置大学英语课程和进行大学英语慕课的校本化开发方面做出应有的选择。

在接受笔者访谈的人员中，某地方综合型院校大学外语教学部的主任提到了他们的自身条件并不那么优越，但在学校领导的鼓励和支持下，举全大外部之力制作了一门大学英语写作慕课课程，并成为学校认可的八门慕课课程中的一门。（访谈转写稿 2-5）面对慕课对于大学英语课程的挑战，只要学院或者大学外语教学部坚定信念勇于尝试，总会找到一条适合自身条件的出路。

8.2.4 学校层面的启示和建议

在本书的第二个研究问题关于大学英语校本课程影响因子分析中，得到的对大学英语校本课程开发影响力最大的因素就是学校的课程建设基础，其解释总变异的百分比达到14.118%，说明原有的课程建设基础在校本课程建设中起了较为重要的作用。这一因素可以包括学校现有师资队伍建设水平、课程的管理方式、课程资源的储备等，这一点恰巧体现了学校发展的不同阶段，其管理层对于校本课程建设的重要作用。校本课程开发的过程本质上是以学校为基地进行的开放、民主的决策过程，但是在我国这种习惯于遵从领导的传统文化背景之下，学校层面的领导和职能部门的理念及行为在很大程度上决定了校本课程的成败。

在中小学的校本课程建设中，校长被赋予了多种角色：校本课程体系的建设者、校本课程开发的组织者、校本课程开发氛围的造势者、校本课程开发决策人中的首席、校本课程开发条件的创造者、校本课程开发制度文化的建构者，而在高校的校本课程开发体系中，这些角色体现在了相关职能部门的职责中。束定芳（2013:96）曾做过这样的预言："《国家中长期教育改革与发展规划纲要》对大学生国际交往能力培养的要求预示着大学英语教学进入了一个新的时代。毫无疑问，此时此刻，挑战与机遇并存。机遇的把握依赖于各大学管理层的眼光和魄力、依赖于大学英语教学学科带头人和大学英语教师对英语教学的理解、设计与实践。哪个学校把握得好，勇于开拓、创新和实践，哪个大学的英语教学就能更上一个台阶，获得超预期的发展。反之，该校的英语教学即使不会立即走向衰败，至多也只能是作为一种摆设。"本研究认为，学校层面的理念在于努力凸显学校自身特色。本书就大学英语校本课程的建设从以下几个方面向高校的管理层和职能部门提出建议。

1）明确本校人才培养定位，厘清学生英语学习需求

从国家外语教育层面来说，大学英语课程首先要确定的是其在外语教育政

策中的定位问题。从校本课程的角度来说，大学英语课程的定位首先需要参照的就是本校的人才培养定位的问题，“985 工程”高校与地方院校、科研型院校与技术型院校、金融专业院校与医学专业院校很显然对人才培养的规格、特色、要求不尽相同，合理定位、统一思想是学校的顶层设计，是课程建设后续工作的第一步，而这些在很大程度上决定了高校大学英语课程所开设的层级、类别和比例。束定芳(2013:94)曾剖析过不同层次高校大学英语课程目标定位的重点所在，如表 8-2 所示。

表 8-2 不同层次高校大学英语课程目标定位初步建议(束定芳, 2013:94)

教学目标 / 课程设置 / 学校类型	学业英语技能（为国际化服务） EMI（English as Medium of Instruction）	学术、商务、技术、文化等交流技能（为走出去服务） EAP（English for Academic Purposes） ESP（English for Specific Purposes）	职业英语技能（为职业发展服务） EVP（English for Vocational Purposes）	一般英语技能（为日常生活交际服务） EGP（English for General Purposes）
“985 工程”高校	+++	++	+	+
“985 工程”之外的“211 工程”高校	++	++	+	+
一般院校	+	+	++	++
高职高专		+	++	+++

注: +表示一般, ++表示重要, +++表示非常重要。

实际上，从本研究所进行的访谈中能够看出，不少高校已经开始根据自己学校的层次、性质、人才培养规格设计大学英语校本课程的规划。例如，某地方医学院大学外语教学部主任在访谈中说，“关于人才定位，实际上我们是要培养在国内外有一定影响力的，我们学校的定位口号就是在国内外有一定影响力的医学院校，是‘一定影响力’，不是说要非常大的影响力，因为我们毕竟是一个地方性的医学院校。但是如果没有一点目标，那学校的这种发展也不会太好”。这位大外部主任还提到，虽然《课程要求》是提倡听、说领先，但是“我们认为医学院校听、说再领先的话，就过了，英语技能方面我们还必须要落到笔头和阅读的这一块上，对学生未来的这个发展，我们毕竟是医学类院校，用口语相对较少，但他们阅读文献和写东西可能要更多一些”。随后，这位大外部主任谈到他们的大学英语课程改革大概要确立三个学期的语言技能课程和一个学期的医学特色课

程。(访谈转写稿 2-1)

而某“985 工程”院校外语学院副院长的在访谈中指出,学校方面认为大学英语教学应该是服务学校的整个人才培养的大目标,“我们学校的大学英语是处在服务的这么一个位置。培养尖端的、具有国际视野的高端人才,必须得有非常好的外语水平作为支撑,学校一直有这个要求。学校校领导对于大学外语的重视甚至超过对专业英语的重视,对大学外语的要求挺高”。随后在对于该校的大学英语课程体系描述中,我们得知这所高校的英语课程开设时间长达六个学期,其中水平较高的在校生修读拓展类英语课程的比例可以达到所有英语课程的三分之二。(访谈转写稿 2-6)

从以上实例可以看出,科学合理、明确清晰的人才培养目标定位可以减少高校之间的同质化倾向,增强学校在国内甚至国际范围的竞争力,有利于高等教育的个性化,自然也为大学英语校本课程的开展创设了条件,提供了校本课程大纲制定的参照。如果不同类型的大学或者院系能够更为明确提出其人才培养规格对于英语学习的需求的话,大学英语课程的校本化建设会更加有的放矢。

关于课程的需求分析方面,陈冰冰(2010)以国内外已有需求分析理论和模型为雏形,从学生个人需求和社会需求两个角度提出大学英语需求分析模型的理论架构。其中,学生个人需求分析模型由四个维度组成:“学习能力差距”“学习者个体愿望”“学习过程需求”和“学习环境需求”;社会需求分析模型包含四个维度,其数据采集对象有所不同。前三个维度“基本情况”“工作中英语使用情况”“英语水平自我评价”的数据采集对象为现从业的大学本科毕业生,第四个维度“大学英语教学对社会需求的适用度”可同时面向毕业生、用人单位及行业专家采集数据。这一需求分析模式充分考虑了大学英语课程的特定受众,较为全面地顾及了课程所涉及的维度,非常具有参考价值。但就本研究所关注的出发点而言,还需要其他维度加以补充。

张沉香(2011:156)认为大学外语教育中的“需求分析”主要涉及三个方面:一是总体情况分析,即学生情况、教师情况及其他相关的教学情况;二是学习需求分析,即学生学习外语的目的、所需要的语言技能、语域、要达到的水平等;三是社会需要分析,也就是社会对所需人才在外语方面的需求。本研究认为,除了从学习者、教师、社会等方面对大学英语教学的需求进行评估以外,还需要从校本课程的角度考虑具体高校的总体人才培养目标,评估学生的语言学习需求。对此,王海啸(2004:23-24)认为,学校领导及相关行政部门的领导有时还会“直接提出大学英语的教学目标或课程设置等方面的建议,在一定程度上反映了学校办学的实际需求”，因而高校在开设大学英语课程时，“一方面要遵从英语教学规律，另一方面也要满足学校办学的其他需求”，只有这样，才能凸显校本课程“根据学校的具体实际需求与可能才是有意义的”特点。

校本课程开设的最终目的还是为了满足学生学习和发展的需求。因此，学生的需求应该是第一位的，毕竟大学生的英语语言能力发展是最终的目标，只有符合各校层次和专业特色、符合学生外语需求的大学英语校本课程才有生命力。本书所做的质性访谈显示，需求分析整体来讲做得还不够。某“985工程”高校外语学院院长指出，校本课程开设中对于学生的需求分析“正式的这种没有聊过，但是私下里我们这种交流还是比较多的，通过老师对班里学生征求意见。但是，没有开座谈会，没有进行问卷调查。”（访谈转写稿2-3）并非需求分析就不能做，比如某“211工程”高校大学外语教学部副主任指出，他们“在选修课开设之前，进行广泛的学生需求调查，根据学生需求再开这些选修课，所以这个选修课应该是学生所希望开设的”。（访谈转写稿2-2）某“985工程”高校外语学院副院长也说道，“我们在开设了某一些门类的拓展课程之后，要增加新的课程的时候，我们要去做个问卷调查”，“比方说，我们即将要开设什么什么样的课程，受不受欢迎，你为什么喜欢，为什么不喜欢，也有诸如这样的很多问卷调查。比方说，刚才提到的海洋英语特色与文化，就是问过学生，得知他们有这个需求的。有一些是广受学生欢迎的课程，与学生的专业结构、专业有关系，它是某一些群体需要的，这样的我们就在投入的教学班上有一些变化。比方说，它的需求很大，我们就大量地开设班，如果它的需求比较小，我们就少开几个班。但是，这样能够基本上满足学生的需求，学生还是很欢迎的。”（访谈转写稿2-6）

2）建立校本课程开发共同体

在前文关于校本课程研究的文献回顾中（详见本书3.2.1节和3.2.2节），中外研究者都提及了校本课程开发所涉及人员的多元化和影响因素的复杂性。在本书第6章所调研的高校的大学英语课程影响因素的提取中，仅涉及学校内部的主要因子就达六种之多，每一种所包含的细小条目众多。第7章研究发现因子之间的关系也是纷繁复杂。看来要达到良好的校本课程开发效果，需要多方协同努力。因此，有学者提出了校本课程开发共同体的创建。

《伦理学大辞典》把“共同体”（community）定义为依靠社会联系而结合起来的人们的总和，是社会生产过程中形成的必然结果。1887年，德国社会学家Ferdinand Tonnies在其代表作《共同体与社会》一书中最早提出共同体概念，具体指任何基于协作关系的有机组织形式，并认为共同体必须有四个层面的含义：首先，是由不同的个体组成团队；其次，共同体的成员有着共同利益，并可以分享彼此的权力，因此，具有共同特征和共同抱负的人更容易组成共同体；第三，共同体中的不同个体之间不是孤立的存在，彼此之间要有互动关系，但是要以遵守共同的规则或法律为前提；最后，共同体中的成员一般都是居住在同一个地方的，但这不是一个必要条件，也就是说，共同体可以是由居住在不同地方的人组成的（转引自余潇，2013:7-8）。

目前为止，对于“校本课程开发共同体”的研究主要对其内涵界定、功能作用、参与主体等方面进行了探讨，余潇（2013:8）对相关研究进行了较为全面的总结，认为校本课程开发共同体是指“由校长、教师、学生、家长、社区人员及课程专家等校本课程开发的相关人员组成的一个集合体，在共同愿景支持下，成员平等地分享课程开发的权力，民主决策，进而创造优质的学校课程”。这一集合体的特征表现为主体多元、相互体认、权力分享、和而不同；其功能表现为完善校本课程开发组织、规范校本课程开发的程序和有效利用校外课程资源等；其存在层面可以是区域之间、校际之间或者学校内部。

根据前文对大学英语校本课程开发现状的调查以及教师对于大学英语校本课程的观念分析，如果把校本课程开发共同体引入高校的大学英语校本课程建设的话，那它应该是由分管校长、相关职能部门（如教务处等）、课程开发单位（如外语学院或大学外语教学部）、教师、学生、课程专家组成的归属于学校内部的集合体，成员们为了更好地开发大学英语校本课程而协同努力、民主决策，以达到学校、教师和学生的三方共赢。与其他形式的组织或者集合体（如小组或者团队）相比，共同体的结构更为紧密，成员之间的团结协作更为扎实、有效。

就目前本书对于大学英语校本课程调查的状况来看，还没有哪所院校为了大学英语课程而设立专门的校本课程开发共同体，这需要具有远见卓识的学校层面领导或职能部门勇敢去尝试。笔者认为，除了学校校内层面的校本课程开发共同体，校际（如同一个层次的高校之间、相似专业特色的高校之间等）、地区之间的校本课程课程开发共同体也是可以尝试的，毕竟校本课程虽然强调以学校为基地进行课程开发，但是对于课程资源的利用和分享并不局限于学校内部。

3）完善课程和教师评价体系

《教育部关于加强高等教育建设若干意见》第十一条“健全教育质量评估制度”提出：“出台高校本科教学评估新方案，加强分类评估、分类指导，坚持管办评分离的原则，建立以院校自我评估为基础，以教学基本状态数据常态监测、院校评估、专业认证及评估、国际评估为主要内容，政府、学校、专门机构和社会多元评价相结合的教学评估制度。加强院校自我评估，健全校内质量保障体系，完善本科教学基本状态数据库，建立本科教学质量年度报告发布制度。实行分类评估，对2000年以来未参加过评估的新建本科院校实行合格评估，对参加过院校评估并获得通过的普通本科院校实行审核评估。开展专业认证及评估，在工程、医学等领域积极探索与国际标准实质等效的专业认证，鼓励有条件的院校开展学科专业的国际评估。”这些意见虽然是针对院校层级的评估，但对学校内部的评估评价体系也有宏观指导作用。

在本书的文献回顾章节（详见本书2.4.2.3节）曾经提及，Graves（2008）和Nation & Macalister（2010）都强调了二语／外语课程设置的计划、实施和评价三大环节中课程评估的持续性对于课程建设的重要作用。同时，教师评价是师资队伍建设和管理的一个重要环节。《课程要求》中指出：“各级教育行政部门和高等学校应将对大学英语的评估作为学校教学质量评估的一项重要内容”。在前文关于大学英语校本课程影响因素的因子提取中（详见本书6.2节），影响力排在第四位的就是评价体系因素。可见在大学英语校本课程建设中，对于课程本身的评价和对教师的评价体系具有举足轻重的作用。

而实际上，从所调研的高校和教师的情况来看，大学英语校本课程的评价体系确实存在不少问题。在对大学英语校本课程现状的调查中，关于评价体系的选择题（详见本书5.2.2节）选中率最高的两项答案分别是“只注重对教师教学的评价，目前没有对大学英语作为课程开发过程的评价”和“对教师的评价主要是看学生评教的分数，并不关注其参与课程建设的情况”，在一定程度上说明了关于大学英语教学中的课程评价体系和教师评价体系还远远不够完善。这一现象在相关研究者的文献中也有发现。例如，束定芳（2013:431-432）认为，“我们目前的评估，主要对象是学生，缺失了对教师、教学管理部门的评估，这是目前我们外语教学存在的主要问题之一。”周安毅（2007:IV）通过问卷调查发现，“教师评价更多是基于管理层面的需要，对教师专业化的关注不足；在教师评价过程中教师的主体地位没有显现出来；教师评价的指标或标准的制定不能代表集体意愿；教师评价过程不透明；现行教师评价的反馈不及时；从大学英语教师的角度来看，学校领导对他们需求和想法认识不够。”

对以上问题学者们有针对性地提出了应对措施，束定芳（2013:431-432）建议，“对教师的评估，应该评估其教学过程和教学效果，全面考核教师的教学态度、教学手段、教学方法、教学内容、教学组织和教学效果等。……教学管理部门要改变观念，变以行政管理为中心为以主动服务为中心、变'以条条框框为中心'为'以教学改革实际需要、人才培养客观需要为中心'。"周安毅则提出了更为具体的针对大学英语教师的校内评价原则："一是教师评价的目的应从管理需求转为促进教师的专业发展；二是专门建立适合大学英语教师的评价体系；三是学校领导应该更加关注大学英语教学改革和发展；四是以教师为评价活动中心，限制管理者的评价地位；五是建立及时、有效和科学的反馈机制。"金艳（2013：60）则建议了如图 8-1 所示的课程评价步骤，虽然其主要针对的是国家、省、市和高校之间的评价层面，但是学校内部的课程评价也应该借鉴如此清晰调理的评价步骤，才能收到客观公正的评价效果。

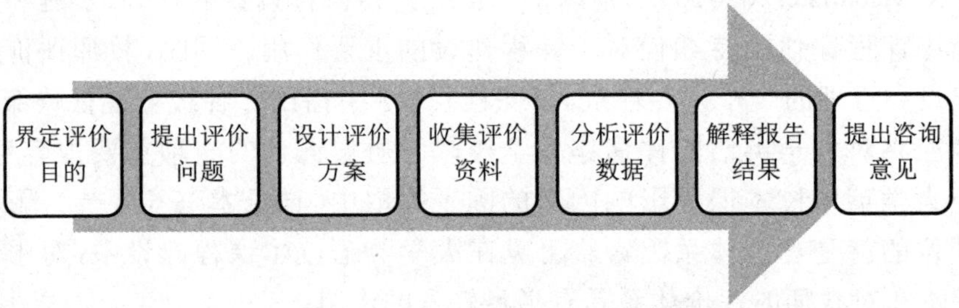

图 8-1　大学英语课程评价的核心步骤（金艳，2013：60）

综上所述，从大学英语校本课程建设的角度出发，学校层面的评价体系应该包括对课程开发、教师和学生三层面的评价内容。其中，课程本身的评价应该参照教育学中的课程开发的评价原理和步骤，对课程的需求分析、课程规划、目标设定、教材选择、课堂讲授、评估标准等各个环节均做出相应的评价，同时，还应该兼顾大学英语课程特有的规律，如凸显对于学校和院系人才培养的服务功能等；对于教师层面的评价则应该强调促使课程改进和教师专业发展的立足点；对于学生的评价采用过程性和终结性评价相结合的原则，同时，关注其参与英语校本课程建设的情况以及对教师的评价情况等。

4）提供行政、资金、项目、资源等全方位的支持

在前文关于大学英语校本课程影响因素的因子提取中（详见本书 6.2 节），影响力排在第三位的就是来自于学校和院系方面的支持。本书在 5.2.2 节中已经提到，一般来说，对校本课程开发的支持可以分为两类：一是对课程开发计划或规划的支持，这种支持一般来自于教育行政部门、校长、教师中心、教职员工等；二是

对校本课程开发者的支持，要给校本课程开发者提供课程领域的信息、可用的教育资源信息、外部的参照系等（崔允漷，2000:90）。傅建明（2001:57）认为，校本课程开发需要一个有效的支持系统，这个支持系统包括政策支持、信息和资源的支持、理论和技术的支持、行政支持等四个方面。就学校内部可以提供的支持而言，主要涉及的内容包括：（1）给教师专业自主权，让教师有机会也有权利针对自己学校和学生的实际情况提出"我们应该教什么"的问题；（2）建立学校教学资源中心，收集相关图书、教材；（3）减轻教师工作负担，去除不必要的行政庶务；（4）提供成员沟通、讨论与议事的时间与空间；（5）支持教师参加学术交流，参加相应的在职培训；（6）制定相应的制度以保证校本课程开发的良性运行，如晋升制度、奖惩制度等。

本研究认为，学校所能提供的支持中首要的一点应该是赋予课程建设院系以课程开发自主权。校本课程开发的本质特征就是课程开发权力的分享和下放，在中央集权的国家表现为课程的开发权从中央下放到地方，又从地方下放到学校。同样，在高校内部，校本课程开发的权力也不能完全掌握在学校层面的领导和职能部门手中，而应该赋予相关院系和教师以最大的课程开发自主权。

从前文对于目前大学英语校本课程开发主体（详见本书5.2.2节）的调查得知，大学英语校本课程开发主要还是外语学院、大学英语教学部和直接参与开发相关课程的教研室的工作，当然他们也获得了教务处等相关职能部门甚至是校级分管领导的理解和鼓励。虽然校本课程的建设并非外语学院或者大学外语教学部应该单独承担的任务，但是毕竟大学英语教师作为外语课程开发的主要群体，基本都属于外语学院或者大学外语教学部的编制。因此，作为直接实施课程开发的院系，外语学院或者大学外语教学部理应获得学校方面赋予的自主权，这一点在笔者所做的访谈中也得到了一些佐证。某"211工程"院校大学外语教学部副主任在谈到本校的课程开发管理体系时说，就课程开设的规划方面，"我们大外部大部分说了算，学院说了'同意'，那么申报到教务处，教务处根据我们的情况再来开设"，教务处"他们对我们的工作非常支持，包括我们的分级考试，他们都大力支持，我们跟他们交涉起来很顺利。"（访谈转写稿2-2）

除上述文献中提到的各项支持措施以外，笔者在调研的过程中还发现了一些院校采取的其他对大学英语校本课程开发的支持措施，如拨付经费设立专门的课程建设课题项目、资助课程开发教师远赴海外学习取经、接纳外籍教师加入大学英语校本课程开发的教师队伍等。

同时，在前文对于校本课程开发的支持层面的调查中（详见本书5.2.2节），只有37.5%的教师选择了来自于学校层面的支持，其他大部分（约62.5%）的支持均来自于院系、教研室或者是教师本人。显然，对于学校一级的校本课程开发来说，来自于学校层面的支持过少，毕竟建设资金的发放、课题项目的设立、课程资源的调配等均掌握在校级相关部门手中。

8.3 本章小结

本章从我国外语教育政策对于各阶段的外语教育做出整体规划和明确指导的要求入手，辅之以学术界对于大学英语课程提出的基于多元价值取向创设个性化和多样化的大学英语课程群或是课程模块的理念，再次论述了准确定位、因校而异、特色突出的大学英语课程校本化的必要性和紧迫性。然而，在大学外语教育政策逐渐走向明朗和《教学指南》即将颁布的大背景下，各高校应当如何行动起来把大学英语课程的校本化改革深入下去呢？

根据前文所进行的调查、研究和讨论，本章对大学英语校本课程所涉及的高校中三个层次部门和人员（即教师、院系和学校）自下而上分别提出了实质性建议。作为大学英语课程开发设置最核心的主体，大学英语教师层面的关键在于将课程的开发与自身的职业发展结合起来。具体而言，他们应该坚定大学英语课程校本化的理念，多途径提升自己的校本课程开发素养，提升个人职业发展意识和团队精神。作为教师和学校管理层之间的桥梁，外语学院或者大学外语教学部应当根据本校实际情况，制定个性化大学英语课程指导文件，厘清和整合本院系的教师资源，促发大学英语教师的课程开发意愿，大力支持本院系教师的职业发展，推进课程开发团队建设，积极尝试与其他专业院系的合作，并积极应对慕课对大学英语课程的冲击。作为课程和教学大方向的把握者，学校层面应该明确本校人才培养定位，厘清学生英语学习的需求，尝试建立校本课程开发共同体，尽量完善课程和教师评价体系，给课程的校本化改革提供行政、资金、项目、资源等全方位、实质性的支持。

总之，大学英语校本课程设置开发是一个复杂、持续、动态的过程，参与课程建设的各层面人士需要遵循校本化课程开发设置的规律，充分考虑本校实际情况，同心同德、齐心协力才有可能最终实现大学英语课程校本化设置与实施的理想状态。

第9章

结　语

9.1　引　言

本研究作为大学英语校本课程开发建设和实施的探索性研究，主要采用了量化和质性相结合的研究方法，通过文献查阅和分析总结确定了大学英语校本课程的工作定义并进行了研究设计，基本厘清了大学英语校本课程的应然，通过实证调研初步考察了大学英语校本课程的实然，借助社会科学分析软件寻求大学英语校本课程应然与实然之间发生的主要校内影响因子及其互动机制，并根据发现的结果分层次提出了有针对性的建议。

本章将对之前所做的研究和得到的结论进行总结，简明呈现本研究的主要发现，分析本研究的创新点与不足，并对本研究有望引发的后续研究进行展望。

9.2　本研究主要发现

本书主要对我国大陆境内25所高校大学英语课程的校本化设置展开研究，通过全面的课程理论、校本课程理论和外语课程理论以及相关研究文献的梳理，基本厘清了大学英语课程的“应然”，即满足学生个性化需求、适合学校层次和专业特色的校本化开发；然后，通过使用大学英语教师问卷调查和不同形式的访谈考察了大学英语课程的“实然”，并发现了“应然”“实然”之间某些不匹配之处。之后，本研究通过对教师的问卷调查以及针对不同对象的访谈，试图厘清哪些因素会影响教师进行校本课程开发；在找出了显著性影响因素后，本研究尝试解释这些因素如何相互作用，以得出影响因子之间的互动模型，并用质性访谈数据进行三角验证。本研究的主要发现如下：

第一，根据研究文献的梳理，本书将大学英语校本课程界定为：各高校以国家的大学英语教学相关文件为指导，依据学校自身的定位、性质、特点、水平以及可开发利用的资源，由学校或院系统一部署或学校教师自主进行，独立或与校内外团体或个人合作开发，旨在满足本校非英语专业大学本科生的英语学习需求并体现本校专业特色的英语教学规划、设计、编制、实施和评价活动。因此，满足学生个性化需求、适合和凸显学校层次和专业特色的校本化开发、促进教师的职业发展是教育国际化大背景下大学英语校本课程的应然。

第二，对三个层次（“985 工程”高校、“211 工程”高校和普通本科院校）、五种专业特色（综合类、准综合类、师范类、理工类、师范类和专业院校类）的 25 所高校的 388 名大学英语教师的抽样问卷调查的结果表明，当前我国大学英语课程校本化程度较低，大学英语教师校本课程开发的参与面较小，课程资源建设途径大多数还停留在低水平，以选用现有资源和对选用的课程资源进行补充和内容整合为主，课程多样性不够，绝大多数院校的大学英语校本课程没有进入较为成熟的课程群体系阶段。课程开设形式也不够灵活，多属于“语言技能类课程为主修学分课程，拓展类课程为辅”的模式，很少有高校能够“打通语言技能类课程和拓展类课程的界限，学分自由组合”，更鲜见针对各院系或专业的个性化英语课程项目的理想模式。

大学英语校本课程成熟程度方面，由教师问卷和简短书面访谈两种途径获取的量化和质性数据同时表明，在目前所调研的高校中，大学英语校本课程的初始型、整合型和成熟型三种类型均有存在，其比例大约为 3:6:1。其中，整合型校本课程所占比例最大，也就是说，大多数高校都已经注意到了大学英语课程校本化的必要性并采取了一些行动进行了校本课程的开发，只是还没有接近或达到成熟型校本课程的状态。另外，高达三分之一的学校依然在校本课程的初始型状态徘徊，亟须有关研究成果帮助他们厘清概念，树立信念，朝着整合型甚至成熟型的校本课程类型迈进。研究发现，高校层次这一变量起到较大的作用，成熟型大学英语校本课程大多集中在“985 工程”或者“211 工程”院校，高校不同专业特色这一变量没有产生明显的作用，校本课程在不同专业特色的院校之间类型分布未呈现出明显的规律性。

第三，从问卷的五级量表中教师对影响大学英语校本课程设置的因素进行探索性因子分析的结果表明，学校层面(即中观层面)的学校课程基础、学校与院系支持和校内评价体系以及教师个人层面(即微观层面)的教师课程改革信念、对于课程价值的认同和教师本身的课程开发素养对大学英语校本课程设置有着显著性影响，共同决定了学校的大学英语校本课程设置现状，宏观层面的国家外语政策、国际化教育环境、校外的家长和社区、校内的学生等因素均未成为显著性影响因子。

第四，进一步的分析发现，在教师自身内部因素方面，教师的课程改革信念和对大学英语校本课程的价值认同互相作用，并都对教师开发素养起到促进作用；学校层面教师主体以外的三个外部因素中，学校的课程基础和学校支持互相作用，“扶强不扶弱”的惯常做法使得学校会更多支持基础建设更好的课程建设，而课程基础的好坏也受到学校支持多少的影响；同时，学校支持会影响评价体系的完善，评价体系的建立亦会作用到课程基础的状态。

此外，教师主体以外的、学校层面的三个外部因素均对教师层面的三个内部因素产生影响。具体而言，学校支持增强了教师信念，提高了教师对校本课程的认同，也有助于提升教师开发意识，从而促进了教师开发素养；评价体系的建立和不断完善对于教师的课程价值认同、课程开发信念以及课程开发素养的作用更是显而易见；作为最重要的大学英语校本课程开发影响因素，学校的课程基础比较多地影响了教师的课程开发素养，课程基础较好的高校教师的课程开发素养相应较高。基于以上发现，本书提出了大学英语校本课程影响因素互动机制模型，用于解释我国大学英语校本课程设置中各层次因素之间的关系。

最后，本书基于研究发现讨论了大学英语教育所面临的外语教育政策的大背景，并由此引发对高校的学校层面、院系层面以及教师本身三个层面的针对性建议，以期对我国大学英语校本课程设置提供参考与借鉴。

9.3 本研究的创新与不足

9.3.1 本研究的创新点

本书在解读课程论、校本课程论以及外语课程论的发展历史和现状的基础上，将三者结合用于考查大学英语课程自出现以来的发展情况，阐述了大学英语校本课程的内涵，以抽样调研的形式呈现了我国大陆境内不同层次、不同专业特色高校大学英语校本课程的现状，以问卷调查和不同形式的访谈等方式获取数据找出并阐释影响大学英语校本课程开发的主要因素，厘清这些因素之间的互动关系，并从现状出发，对如何更好地设置和开发大学英语校本课程提出建议。总体来看，本研究的创新之处主要包括：

第一，研究视角有创新。

之前对大学英语课程的研究很少选用校本课程论的切入角度，鉴于当前没有针对大学英语课程校本化开发的深入研究，在《教学指南》即将推出的大学英语课程改革由形式向内涵转折的关键时间节点，本研究选择了大学英语课程改革方向之一的校本化作为研究选题切入点，从课程主体大学英语教师的视角展开研究，具有一定的创新意义。

第二，研究内容有创新。具体而言包括以下三点：

首先，在较大范围调研的基础上进行了大学英语校本课程现状分维度、分类型、分层次的多角度描述。笔者主要借助校本化课程理论和对大学英语校本课程以往的研究，提出了大学英语校本课程成熟程度的一个四维量化描述模型，包括教师参与面、课程资源使用方式、课程设置丰富程度以及课程开设形式，用以量化大学英语课程校本化程度，方便比较和分析，这在前人研究中没有使用过。

其次，基本厘清了大学英语校本课程建设成果中来自学校方面的主要影响因素因子，并以课程开发主体教师为视角，将其归拢为教师内部因素和教师外部因素或者叫校方因素。其中，内部因素包括教师的课程改革信念、课程价值认同和课程开发素养，外部因素包括课程基础、学校和院系支持以及校内评价体系，并绘制了主要影响因素的内外环层次图。

最后，尝试构建了大学英语教师校本化课程开发的诸影响因素之间的互动机制模型，主要通过对质性访谈数据的层层筛选过滤得到，为解释大学英语课程开发现状提供了框架，为促发各高校大学英语校本课程的质量提升提供了参考、借鉴。

第三，研究方法有创新。

本书用大学英语课程校本化的一个四维描述模型量化大学英语校本课程现状指标，并使用访谈数据加以支撑；之后，基于问卷中五级量表的设计，使用因子分析找出显著性因子，也通过访谈数据验证；最后，通过对质性数据的层层筛选分析，建立了大学英语校本课程影响因子互动机制模型，环环相扣，较好地结合了量化和质性的研究方法。

9.3.2 本研究的局限

本研究主要是针对大学英语校本课程开发的一项探索性研究，其资料数据的采集和记录偏重于客观事实的静态描述。本研究的实施者主要寻求大学英语校本课程开发的总体特征，从不同角度做出回答，并有针对性地处理与事实性问题密切相关的第一手资料。由于笔者学术视野、研究能力以及研究时间和篇幅所限，本研究不足之处在所难免，总结如下：

第一，样本选取方面。

本研究由于笔者能力以及资源的可获得性等条件所限，只调研了25所高校，访谈了三位专家、七位大学英语课程管理层人员和七位大学英语课程一线教师。虽然所获取的数据已经是大体量的，但是还不能完全保证样本选取的饱和度。

第二，研究视角方面。

本研究主要以教师的视角为出发点。虽然当前大学英语课程开发学生的参与度较低是因子分析中学生因素不显著的主要原因，但是研究中未把学生作为其中一个主要因素来考虑，毕竟未能充分体现课程校本化的一些核心原则。如果要突出学生因素作为大学英语课程校本化的一个研究方向，还需要进一步挖掘校本课程研究的角度。

第三，数据收集渠道方面。

本研究主要采用了问卷和访谈的数据收集工具。虽然研究设计中注意了问卷量化数据和访谈质性数据的两两验证，但是如果能辅之以个案研究等数据收集方式，研究结果可能会更具有说服力。

第四，访谈数据归纳方面。

本研究对质性访谈进行转写后，在大学英语校本课程显著影响因素之间关系模型建立的过程中，萃取关键字，提取相关语料进行归类、概括和归纳，均由笔者一人独立完成，难免存在一定的主观性和偏颇之处。

9.4 本研究的展望

大学外语教育走“校本化、内涵式”发展之路几乎已经成为必然趋势。本研究在这一大背景下进行了一些探索性研究，主要探查了大学英语校本课程的概念界定、开发与设置的现状、主要影响因子以及不同因子之间关系的互动机制。事实上，如果超越校本课程的狭义概念，扩展大学英语校本课程开发的视野，大学英语校本课程的建设路径是多元化的。在未来的研究中，大学英语校本课程的相关话题完全可以朝着纵向和横向两大方向延展。

首先，大学英语课程校本化研究可以朝着微观化或内向性发展，主要关注高校内部大学英语课程的“院本化”甚至“系本化”，以更加贴切满足学生的多元化需求。

其次，大学英语课程校本化研究可以朝着宏观化或者外延性延伸，如与信息技术的结合，特别是与慕课、微课、翻转课堂等课程形式和教学模式结合。

另外，大学英语课程校本化研究也可以进行纵向性延伸，如如何实质性实施大中小学一条龙英语能力培养，在实施英语课程校本化之前如何有针对性地进行师资培养等。

最后，大学英语课程校本化研究也可以进行横向性延伸，如为了达到更加有效的课程资源共享，除了进行本书提到的校内校本课程共同体的尝试，也可以进行组建校际的校本课程开发共同体以及地域之间校本课程开发共同体的尝试。

当然，对于“基于学校、在学校中和为了学校”的校本课程的优化，以上这些研究方向也有一些共同点，如都需要宏观层面国家教育政策的支撑和大学外语教育政策的引导，需要中观层面高校和院系的协调、鼓励、支持，更需要微观层面上教师的实际行动和课程开发素养的提升。

参考文献

[1] Bezzina, M. Teachers' perceptions of their participation in school-based curriculum development: A case study[J]. *Curriculum Perspectives*, 1991, 11 (2): 39–47.

[2] Bobbitt, F. *The Curriculum*[M]. Boston: Houghton Mifflin, 1918.

[3] Brady, L. *Curriculum Development*[M]. Sydney: Prentice Hall, 1992.

[4] Brinton, D. M. *Content-Based Second Language Instruction*[M]. New York: Newbury House Publishers, 1989.

[5] Brooker, R. & Macdonald, D. Did we hear you?: Issues of student voice in a curriculum innovation[J]. *Journal of Curriculum Studies*, 1999, 31 (1): 83–97.

[6] Brown, J. D. *The Elements of Language Curriculum: A Systematic Approach to Program Development*[M]. Boston: Heinle & Heinle Publishers, 1994.

[7] CERI/OECD. *School-Based Curriculum Development*[M]. Paris: CERI/OECD, 1979.

[8] Cohen, D. Curriculum decision making, school-based[A]. In Husen T. & Postlethwaite T. (eds.). *International Encyclopedia of Education: Research and Studies*[Z]. New York: Pergamon, 1989.

[9] Dubin, F. & Olshtain, E. *Course Design*[M]. Cambridge: Cambridge University Press, 1986.

[10] Eggleston, J. *School-Based Curriculum Development in Britain: A Collection of Case Studies*[M]. London: Routledge & Kegan Paul Ltd., 1980.

[11] Elliot, J. School-based curriculum development and action research in the United Kingdom[A]. In S. Hollingsworth (ed.). *International Action Research: A Case Book for Educational Reform*[C]. London: The Falmer Press, 1997.

[12] Freeman, D. The hidden side of the work: Teacher knowledge and learning to teach[J]. *Language Teaching*, 2002(35): 1–13.

[13] Gao, Y. H. Socialcultural contexts and English in China: Retaining and reforming the cultural habitus[A]. In J. Lo. Bianco, J. Orton & Y. H. Gao (eds.). *China and English: Globalization and the Dilemmas of Identity*[C]. Bristol: Multilingual Matters, 2009: 56-78.

[14] Genesee, F. *Learning Through Two Languages: Studies of Immersion and Bilingual Education*[M]. Cambridge: Newsbury House Publishers, 1987.

[15] Goodlad, J. I. and Associates (eds.). *Curriculum Inquiry: The Study of Curriculum Practice*[M]. New York: McGraw-Hill Book Co., 1979.

[16] Graves, K. *Teachers as Course Developers*[M]. Cambridge: Cambridge University Press, 1996.

[17] Graves, K. The language curriculum: A social contextual perspective[J]. *Language Teaching*, 2008, 41(2): 147-181.

[18] Gregory, H. Returning full circle: A survey of EFL syllabus designs for the new millennium[J]. *RELC Journal*, 1998(29): 50.

[19] Hall, D. R. & Hewings, A. *Innovation in English Language Teaching: A Reader*[M]. London: Routledge, 2001.

[20] Hong, Wang. *An Implementation Study of the English as a Foreign Language Curriculum Policies in the Chinese Tertiary Context*[D]. Kingston: Queen's University, 2006.

[21] Johnson, R. K. A decision-making framework for the coherent language curriculum[A]. In Johnson, R. K. (ed.). *The Second Language Curriculum*[C]. Cambridge: Cambridge University Press, 1989: 1-23.

[22] Johnson, R. K. *The Second Language Curriculum*[C]. Cambridge: Cambridge University Press, 1989.

[23] Johnson, R. K. & Swan, M. *Emersion Education: International Perspectives*[M]. Cambridge: Cambridge University Press, 1997.

[24] Kerr, J. F. *Changing the Curriculum*[M]. London: University of London Press, 1968.

[25] Lawton, D. *Social Change: Educational Theory and Curriculum Planning*[M]. London: Hodder and Stoughton, 1973.

[26] Leaver, B. & Stryker, S. Content-based instruction for foreign language classrooms[J]. *Foreign Language Annals*, 1989(3): 269-275.

[27] Macan Ghaill, M. Student perspectives on curriculum innovation and change in an English secondary school: an empirical study[J]. *British Educational Research Journal*, 1992, 18 (3): 221-234.

[28] Marsh, C. J. *Key Concepts for Understanding Curriculum*[M]. Abingdon: The Taylor & Francis-eLibrary, 2009.

[29] Marsh, C. *Key Concepts for Understanding Curriculum* (*4th Ed.*) [M]. London: Routlege, 2009.

[30] Marsh, C. *Reconceptualizing Curriculum Development*[M]. London: The Falmer Press, 1990.

[31] Marsh, C. , Christopher, D. , Lynne H. , and Gail, M. *Reconceptualizing School-Based Curriculum Development*[M]. London: The Famer Press, 1990.

[32] McNeil, J. D. *Curriculum: A Comprehensive Introduction*[M]. Boston: Little, Brown and Company, 1977.

[33] Nation, I. S. P. & Macalister, J. *Language Curriculum Design*[M]. New York: Routledge, 2010.

[34] Nunan, D. *Syllabus Design*[M]. Oxford: Oxford University Press, 1988.

[35] Nunan, D. *The Learner-Centered Curriculum: A Study in Second Language Teaching* [M]. Cambridge: Cambridge University Press, 1988.

[36] Ornstein, A. C. & Hunkins, F. P. *Curriculum: Foundations, Principles and Issues* [M]. New York: Pearson, 2004.

[37] Richards, J. C. *Curriculum Development in Language Teaching*[M]. Cambridge: Cambridge University Press, 2001.

[38] Richards, J. *The Language Teaching Matrix*[M]. Cambridge: Cambridge University Press, 1990.

[39] Richards, J. , Platt, T. and Weber, H. *A Dictionary of Applied Linguistics*[Z]. London: Longman, 1985.

[40] Rodgers, T. Syllabus design, curriculum development and polity determination[A]. In R. K. Johnson (ed.). *The Second Language Curriculum*[M]. Cambridge: Cambridge University Press, 1989: 24-34.

[41] Skilbeck, M. *School-Based Curriculum Development*[M]. London: Harper & Row Ltd. , 1984.

[42] Skilbeck, M. Curriculum organization[A]. In A. Lewy (ed.). *International*

Encyclopedia of Curriculum[Z]. Oxford: Pergamon Press, 1991: 342-346.

[43] Smoky, T. Instructional strategies for making ESL students integral to the university[A]. In T. Silva & P. K. Matsuda (eds.). *On Second Language Writing*[M]. Mahwah: Erlbaum, 2001: 50-71.

[44] Stenhouse, L. *An Introduction to Curriculum Research and Development*[M]. London: Heinemann, 1975.

[45] Stern, H. H. *Issues and Options in Language Teaching*[M]. Oxford: Oxford University Press, 1992.

[46] Stern, H. H. *Fundamental Concepts of Language Teaching*[M]. Shanghai: Shanghai Foreign Language Education Press, 2000.

[47] Stryker, S. B. & Leaver, B. L. *Content-Based Instruction in Foreign Language Education: Models and Methods*[M]. Washington: Georgetown University Press, 1997.

[48] Taba, H. *Curriculum Development: Theory and Practice*[M]. New York: Harcourt, Brace & World, 1962.

[49] Tanner, D. & Tanner, L. N. *Curriculum Development: Theory into Practice*[M]. New York: Macmillan, 1980.

[50] Tsui, B. *Understanding Expertise in Language Teaching: Case Studies of Second Language Teachers*[M]. Cambridge: Cambridge University Press, 2003.

[51] Tyler, R. W. *Basic Principles of Curriculum and Instruction*[M]. Chicago: The University of Chicago Press, 1949.

[52] White, R. V. *The ELT Curriculum: Design, Innovation and Management*[M]. Oxford: Basil Blackwell, 1988.

[53] Zheng, X. M. *Pedagogy and Pragmatism: Secondary English Language Teaching in the People's Republic of China*[D]. Hong Kong: The University of Hong Kong, 2005.

[54] 蔡基刚．大学英语教学：回顾、反思和研究 [M]．上海：复旦大学出版社，2006.

[55] 蔡基刚．转型时期的大学英语教学特征和对策研究 [J]．外语教学与研究，2007(1): 27-32.

[56] 蔡基刚．关于我国大学英语教学重新定位的思考 [J]．外语教学与研究，2010(4): 306-308.

[57] 蔡基刚．制约我国大学英语教学方向转移的因素分析 [J]．外语研究，2010（2）：40-45.
[58] 蔡基刚．后大学英语教改依据与对策研究 [J]．外语电化教学，2010（3）：3-12.
[59] 蔡基刚．CBI 理论框架下的分科英语教学 [J]．外语教学，2011（5）：35-38.
[60] 蔡基刚．大学英语教学转型时期的我国英语专业课程设置改革 [J]．中国外语，2012（1）：10-15.
[61] 蔡基刚，廖雷朝．ELE 还是 ESP，再论我国大学英语的发展方向 [J]．外语电化教学，2010（5）：20-26.
[62] 蔡基刚，辛斌．大学英语教学要求的统一性与个性化——关于《大学英语课程教学要求》修订的思考 [J]．中国外语，2009（2）：4-10.
[63] 曹秀娟．校本课程开发的现状及其对策研究 [D]．长沙：湖南师范大学，2013.
[64] 柴改英．以外语创新人才培养为目标的通识教育 [J]．外语电化教学，2010（5）：14-19.
[65] 陈冰冰．国外需求分析研究述评 [J]．外语教学与研究，2009（2）：125-130.
[66] 陈冰冰．大学英语需求分析模型的理论构建 [J]．外语学刊，2010（2）：120-123.
[67] 陈冰冰，陈坚林．大学英语教学改革环境下教师信念研究（之一）[J]．外语电化教学，2008（2）：14-20.
[68] 陈冰冰，陈坚林．大学英语教学改革环境下教师信念研究（之二）[J]．外语电化教学，2008（4）：11-15.
[69] 陈坚林．现代英语教学——组织与管理 [M]．上海：上海外语教育出版社，2000.
[70] 陈坚林．大学英语教学新模式下计算机网络与外语课程的有机整合——对计算机"辅助"外语教学概念的生态学考察 [J]．外语电化教学，2006（6）：3-10.
[71] 陈坚林．计算机网络与外语课程的整合：一项基于大学英语教学改革的研究 [M]．上海：上海外语教育出版社，2010.
[72] 陈坚林，顾世民．试论大学英语课程在通识教育中的地位和作用 [J]．外语电化教学，2011（1）：3-8.
[73] 陈坚林，谷志忠．要求更完善，方向更明晰——对 07 版《大学英语课程教学

要求》的新解读 [J]. 外语电化教学，2008(1)：3-8.
[74] 陈洁. 基于现代教育技术的大学英语立体化教学体系的构建研究 [J]. 外语电化教学，2008(5)：34-37.
[75] 陈静. 高职旅游英语校本课程开发和应用研究 [D]. 合肥：安徽大学，2013.
[76] 陈侠. 课程论 [M]. 北京：人民教育出版社，1989.
[77] 程雨民. 入世形势下的外语教改 [J]. 外国语，2002(6)：10-12.
[78] 成镇权. 工具性与人文性的和谐统一——关于大学英语课程理念的思考 [J]. 山东外语教学，2008(5)：9-12.
[79] 从立新. 课程论问题 [M]. 北京：教育科学出版社，2000.
[80] 崔允漷. 校本课程开发：理论与实践 [M]. 北京：教育科学出版社，2000.
[81] 崔允漷，秦冬梅. 如何建立健全校本课程的评价体系 [N]. 中国教育报，2008-07-05(3).
[82] 戴炜栋. 构建具有中国特色的英语教学一条龙体系 [J]. 外语教学与研究，2001(5)：22-27.
[83] 丁钢. 创新：新世纪的教育使命 [M]. 北京：教育科学出版社，2000.
[84] 丁仁仑. 大学英语教师信念系统研究 [D]. 上海：上海外国语大学，2014.
[85] 丁锡民. 大学英语校本课程开发中教师角色缺失的原因 [J]. 淮阴师范学院学报(教育科学版)，2010(3)：270-271.
[86] 董艳芹. 关于高校校本课程开发中的二律背反及其抉择 [J]. 高等农业教育，2003(11)：26-27.
[87] [美] 多尔. 后现代课程观 [M]. 王红宇，译. 北京：教育科学出版社，2000.
[88] 方黎. 后现代课程观对我国教育改革的影响 [J]. 江西金融职工大学学报，2008(2)：94-95.
[89] 方秀才. “评测使用论证”框架对语言课程建设的启示 [J]. 现代教育技术，2012(4)：83-87.
[90] 冯淑霞. 高等学校网络化英语校本课程开发研究 [J]. 学理论，2012 (23)：233-234.
[91] 冯瑗. 外语教育技术学初建背景下高校外语课程的机遇与挑战 [J]. 外语电化教学，2014(1)：76-80.
[92] 范守信. 试析高校课程群建设 [J]. 扬州大学学报，2003(9)：25-27.
[93] 付安权，倪东阳. 论外语教师课程意识的再概念化 [J]. 当代教育与文化，

2012(6):49-53.
[94] 傅建明．教师与校本课程开发[J]．教育研究，2001(7):56-60.
[95] 傅建明．论校本课程开发的支持系统[J]．教育理论与实践，2001(10):54-57.
[96] 傅建明．校本课程开发的价值追求[J]．课程·教材·教法，2007(7):21-24.
[97] 付克．中国外语教育史[M]．上海:上海外语教育出版社，1986.
[98] 高一虹．投射之“屏幕”与反观之“镜子”:对中国英语教育三十年冷热情绪的思考[J]．外语教学理论与实践，2015(1):1-7.
[99] 顾明远．教育大辞典(增订合编本)[Z]．上海:上海教育出版社，1998.
[100] 顾岩冰．多元智能理论指导下的高中英语校本课程开发[D]．济南:山东师范大学，2014.
[101] 关绮绫．高中英语校本课程开发的困境与对策之探索[D]．桂林:广西师范大学，2004.
[102] 何安平．外语教学大纲·教材·课堂教学设计与评估[M]．广州:广东教育出版社，2001.
[103] 何明霞，王冠．大学英语教师职业生涯规划与专业素质发展实证研究[J]．湖北经济学院学报(人文社会科学版)，2009(10):70-73.
[104] 胡晓娟．论普通高校的校本课程开发[D]．西安:西安电子科技大学，2006.
[105] 黄光雄，蔡清田．课程设计——理论与实际[M]．南京:南京师范大学出版社，2005.
[106] 黄林林．基于MOOCs资源的大学英语课程教学实践探索——以西南某高校为例[D]．上海:上海外国语大学，2015.
[107] 黄忠敬．课程研究的基本范式及比较[J]．教育理论与实践，2004(3):57-60.
[108] 季诚钧．大学课程概论[M]．上海:上海教育出版社，2007.
[109] 江山野．课程[M]．北京:教育科学出版社，1999.
[110] 蒋学凤．通过校本课程多样化建设提高学校个性化教育服务水平[J]．辅导员，2014(12):54-55.
[111] 金艳．大学英语课程评价体系的构建[J]．山东外语教学，2013(5):60.
[112] 靳玉乐．现代课程论[M]．重庆:西南师范大学出版社，1995.
[113] 李传松，许宝发．中国近现代外语教育史[M]．上海:上海外语教育出版

社，2006.
[114] 李定仁，徐继存．课程论研究二十年 [M]. 北京：人民教育出版社，2004.
[115] 李慧仙．论高校课程群建设 [J]. 江苏高教，2006(6)：73-75.
[116] 李峻锋，黄略．试析现代课程范式与后现代课程范式之关系——以泰勒原理和多尔课程观为例 [J]. 毕节学院学报，2009(9)：111-114.
[117] 李良佑，张日升，刘犁．中国英语教学史 [M]. 上海：上海外语教育出版社，1988.
[118] 李霄翔，杨军．"一条龙"英语课程改革可行性评估及校本改革管理机制研究 [J]. 外语与外语教学，2003(10)：14.
[119] 廖哲勋．关于校本课程开发的理论思考 [J]. 课程·教材·教法，2004 (8)：11-18.
[120] 廖哲勋，田慧生．课程新论 [M]. 北京：教育科学出版社，2003.
[121] 林立，杨传玮．英语学科教育学 [M]. 北京：首都师范大学出版社，2001.
[122] 林如心，冯立新．后现代课程观在大学英语课程体系构建中的应用——以华南农业大学为例 [J]. 科技文汇，2013(8 上)：108-109; 111.
[123] 林智中．课程组织 [M]. 北京：教育科学出版社，2006.
[124] 刘彩霞．校本课程开发的相关因素解析 [J]. 课程·教材·教法，2006(12)：8-12.
[125] 刘电芝，阳泽．校本课程开发的模式与策略 [M]. 北京：人民教育出版社，2001.
[126] 刘良华．校本行动研究 [M]. 成都：四川教育出版社，2002.
[127] 刘炜．重语言，轻教育：探究 ELT 与普通教育研究及课程理论之隔离 [J]. 外语教学理论与实践，2010(4)：14-19.
[128] 刘炜．从语言到教育：国际 ELT 领域的教育学进路——20 世纪 80 年代以来发展寻绎 [J]. 山东外语教学，2011(3)：96-101.
[129] 刘炜．国际英语教学领域中的课程研究透视——从基本术语解析到发展脉络审视 [J]. 外语界，2011(8)：18-28.
[130] 刘旭东，张宁娟，马丽．校本课程与课程资源开发 [M]. 北京：中国人事出版社，2003.
[131] 刘宇，张华．中国课程与教学改革三十年的回顾与展望 [J]. 上海教育科研，2008(10)：9-12; 37.
[132] 龙春阳．课程群建设：高校课程教学改革的路径选择 [J]. 现代教育科学，

2010(2):139-141.

[133] 楼敏盛．大学公共英语校本教材开发初探[J]．齐齐哈尔大学学报(哲学社会科学版),2008(9):166-168.

[134] 路华清,左菊,孙泽文．校本课程开发的类型及其流程研究[J]．教育与职业,2011(33):130-132.

[135] 陆俭明．大会致辞[R]．2010年中国外语战略论坛,上海外国语大学,2010.

[136] 罗尧成,陈敬良,姚俭．我国高校课程与教学改革三十年[J]．中国高教研究,2009(2):11-14.

[137] 马武林,胡加圣．国际MOOCs对我国大学英语课程的冲击与重构[J]．外语电化教学,2014(3):48-54.

[138] 孟艳．教师与校本课程开发[D]．昆明:云南师范大学,2005.

[139] 钮伟荣．基于Moodle的英语校本课程教学系统的设计与实现[D]．成都:电子科技大学,2012.

[140] [美]派纳．理解课程:历史与当代课程话语研究导论[M]．张华,译．北京:教育科学出版社,2003.

[141] 欧用生．课程改革[M]．台北:师大书苑,2000.

[142] 欧洲委员会．欧洲语言教学与评估共同纲领[Z]．刘骏,傅荣,译．北京:外语教学与研究出版社,2008.

[143] 彭梅,冯瑗．国外外语课程设置研究对我国大学英语教学的启示[J]．外语电化教学,2014(4):51-57.

[144] 钱瑛．锡山中学英语校本课程的开发与探索[J]．教学与管理,2003(5):31-32.

[145] 秦晓晴．外语教学问卷调查法[M]．北京:外语教学与研究出版社,2009.

[146] 秦秀白．ESP的性质、范畴和教学原则[J]．华南理工大学学报,2003(4):79-83.

[147] 邵晓云,徐绍业,宫晓洁,等．高校校本课程开发与教师专业发展[J]．基础医学教育,2011(6):574-577.

[148] 沈家驹,马卓．英语校本课程开发:含义、原则与步骤[J]．基础教育外语教学研究,2006(12):26-27.

[149] 沈兰．课程权利再分配:校本课程正常解读[J]．教育发展研究,1999(9):35-38.

[150] 沈骑．通识教育与大学英语课程整合模式探析 [J]. 江苏社会科学(教育文化版)，2006(51)：129-132.
[151] 沈骑．转型期大学英语课程的价值追问 [J]. 外语电化教学，2014(2)：61-67.
[152] 史光孝．基于隐性课程的大学英语课程设计研究 [D]. 上海：上海外国语大学，2011.
[153] 史光孝，赵德杰．以内容为依托的大学英语教学走向：通识教学抑或学术英语教育 [J]. 山东外语教学，2011(2)：104-108.
[154] 施良方．课程理论——课程的基础、原理与问题 [M]. 北京：教育科学出版社，1996.
[155] 束定芳．呼唤有中国特色的外语教学理论 [J]. 外语界，2005(6)：2-6；60.
[156] 束定芳．高等教育国际化与大学英语教学的目标和定位——德国高校英语授课学位课程及其启示 [J]. 外语教学与研究，2011(1)：137-144.
[157] 束定芳．关于我国外语教育规划与布局的思考 [J]. 外语教学与研究，2013(3)：426-435.
[158] 束定芳．对接国家发展战略，培养国际化人才，新形势下大学英语教学改革与重新定位思考 [J]. 外语学刊，2013(6)：90-96.
[159] 束定芳，庄智象．现代外语教学：理论、实践与方法 [M]. 上海：上海外语教育出版社，2008.
[160] 苏宝红．后现代课程论对于现代大学课程改革的启示 [J]. 学园，2014(23)：22-23.
[161] 孙宏安．课程概念的一个解释 [J]. 教育研究，2000 (3)：44-47.
[162] 孙倚娜．转型期的大学英语课程设置个案分析 [J]. 外语研究，2009(2)：60-62.
[163] 孙有中，李莉文．CBI 和 ESP 与中国高校英语专业和大学英语教学改革的方向 [J]. 外语研究，2011(5)：1-4.
[164] 覃浩．校本课程开发的研究 [D]. 苏州：苏州大学，2010.
[165] 王斌华．校本课程理论 [M]. 上海：上海教育出版社，2002.
[166] 王二霞．通识教育视野下的大学英语教学改革 [J]. 疯狂英语(教师版)，2011(3)：46-50.
[167] 王峰、刘雪勤．“后方法时代”的外语教学——兼评《语言课程设计》[J]. 复旦外国语言文学论丛，2011(2)：66-71.

[168] 王海啸．个性化大学英语教学大纲设计中的需求与条件分析 [J]．中国外语，2004(9)：21-25.

[169] 王惠东．开发中学英语校本课程资源的若干原则 [J]．山东师范大学外国语学院学报，2004(1)：45-47.

[170] 王嘉才，杨式毅，于倩，等．课程集群化建设的研究与实践 [J]．北京理工大学学报(社会科学版)，2001(2)：71-73，86.

[171] 王守仁．高校大学外语教育发展报告(1978—2008) [M]．上海：上海外语教育出版社，2009.

[172] 王守仁．关于高校大学英语教学的几点思考 [J]．外语教学理论与实践，2011(1)：1-5.

[173] 王守仁．在构建大学英语课程体系过程中建设教师队伍 [J]．外语界，2012(4)：2-5.

[174] 王守仁．坚持科学的大学英语教学改革观 [J]．外语界，2013(6)：9-13，22.

[175] 王守仁，王海啸．我国高校大学英语教学现状调查及大学英语教学改革与发展方向 [J]．中国外语，2011(5)：4-11.

[176] 王伟．英语校本优质课程的开发与探索 [J]．海外英语，2012(21)：59-60，72.

[177] 汪霞．课程研究：从现代到后现代 [D]．上海：华东师范大学，2002.

[178] 王效靖，冷泽兵．论校本课程开发与教师的课程意识 [J]．现代教育科学，2009(1)：54-55.

[179] 王晓群，郑新民．大学生对中外英语教师授课方式的评价引发的课堂教学改革思考 [J]．中国外语，2005(5)：48-53.

[180] 王雪梅．英语专业研究生学术能力的认知情感阐释与多维发展研究 [M]．上海：上海外语教育出版社，2009.

[181] 王毅．谈英语校本优质课程开发与建设的可行性研究 [J]．语文学刊，2012(2)：94-95，121.

[182] 王哲．通识教育与大学英语教学改革 [J]．边疆经济与文化，2009(6)：119-120.

[183] 王哲，李军军．大学外语通识教育改革探索 [J]．外语电化教学，2010(5)：3-8.

[184] 魏芳．语言教育规划视角中的大学外语教育政策研究 [D]．天津：南开大

学，2010.
[185] 文秋芳．大学英语面临的挑战与对策：课程论视角［J］. 外语教学与研究，2012（2）：283-292.
[186] 文秋芳．大学英语教学中通用英语与专用英语之争：问题与对策［J］. 外语与外语教学，2014（1）：1-8.
[187] 吴鼎民．大学英语教学的三套车构想与高素质人才培养［J］. 江苏高教，2005（4）：65-67.
[188] 吴鼎民，韩雅君．通识教育视界下的大学英语三套车框架构建［J］. 外语电化教学，2010（5）：9-13.
[189] 吴刚平．校本课程开发的思想基础——施瓦布与斯腾豪斯"实践课程模式"思想探析［J］. 外国教育研究，2000（6）：7-11.
[190] 吴刚平．校本课程开发的定性思考［J］. 课程·教材·教法，2000（7）：1-5.
[191] 吴刚平．校本课程开发评价的基本框架［J］. 集美大学教育学报，2001（1）57-60；79.
[192] 吴刚平．校本课程开发［M］. 成都：四川教育出版社，2002.
[193] 吴刚平．开设校本课程的若干认识问题探讨［J］. 教育科学论坛，2006（1）：14-17.
[194] 吴寒．高校青年外语教师自主专业发展现状和对策研究［J］. 中国外语，2011（4）：71-75.
[195] 吴丽佳．"以学生为中心"的中学英语校本课程的开发［D］. 武汉：华中师范大学，2007.
[196] 吴志玮．高校校本课程开发的人本化研究［D］. 南京：南京航空航天大学，2008.
[197] 夏纪梅．现代外语课程设计理论与实践［M］. 上海：上海外语教育出版社，2003.
[198] 夏纪梅．大学英语教学改革对教师的挑战：教师发展问题与对策［J］. 中国外语，2007（2）：4-6.
[199] 夏纪梅，孔宪煇．外语课程设计的科学性初探［J］. 外语界，1999（1）：26-31.
[200] 许洁英．国家课程、地方课程和校本课程的含义、目的及地位［J］. 教育研究，2005（8）：32-35.
[201] 徐兰芳．中学英语校本课程开发［D］. 武汉：华中师范大学，2004.

[202] 徐玉珍．校本课程开发：概念解读［J］．课程•教材•教法，2001（4）：12-17.
[203] 徐玉珍．校本课程开发：观点和理念［J］．全球教育展望，2001（10）：45-50.
[204] 徐玉珍．校本课程开发的理论与案例［M］．北京：人民教育出版社，2003.
[205] 徐玉珍．教学过程也是校本课程开发的过程——兼谈校本课程开发与国家本位课程开发的区别［J］．中国教师，2010（1）：13-15.
[206] 杨帆．论以内容为依托的大学英语课程设置模式［J］．继续教育研究，2014（6）：122-123.
[207] 杨芳．初中英语校本课程开发的实践与探索［D］．上海：华东师范大学，2006.
[208] 杨港．课程论视角下大学英语教学研究现状调查与展望［J］．外语电化教学，2013（3）：75-80.
[209] 杨港．大学英语立体化教材研究：以教材使用为视角［D］．上海：上海外国语大学，2014.
[210] 杨惠中．EAP 在中国：回顾、现状与展望［R］．中国 ESP 研究高端论坛．北京：北京外国语大学，2010.
[211] 杨龙立．校本课程的设计与探讨［M］．广州：广东教育出版社，2005.
[212] 杨鲁新，王素娥，常海潮，等．应用语言学中的质性研究与分析［M］．北京：外语教学与研究出版社，2013.
[213] 杨明全．论教师参与课程变革［D］．上海：华东师范大学，2003.
[214] 杨树芳．英语教师专业发展的有效途径：参与校本课程开发［J］．江苏外语教学研究，2009（2）：8-11.
[215] 杨廷君，李跃平，余玲丽．论大学英语校本教材开发［J］．西南民族大学学报（人文社科版），2009（11）：290-294.
[216] 杨振．英语校本课程开发：从理解到行动［J］．基础教育英语教学研究，2005（6）：39-41.
[217] 尹惠．外语课程观与大学二外教师专业发展关系的案例研究［D］．长春：东北师范大学，2007.
[218] 俞海波．高中英语校本课程开发研究［D］．杭州：浙江大学，2014.
[219] 俞理明，韩建侠．内容驱动还是语言驱动——对我国高校大学英语教学的一点思考［J］．外语与外语教学，2012（3）：1-4.
[220] 余潇．论校本课程开发共同体的构建［D］．桂林：广西师范大学，2013.

[221] 袁慧玲 . MOOCs 风暴下大学英语教师能力素质培养研究 [J]. 中国教育信息化，2015(10)：75-78.
[222] 袁平华，俞理明 . 以内容为依托的大学外语教学模式研究 [J]. 外语教学与研究，2008(1)：59-64.
[223] 袁秀丽 . 高职高专英语校本课程开发的探索与研究 [J]. 长春教育学院学报，2009(1)：111-112.
[224] 曾文婕 . 深化校本课程开发的四个生长点 [J]. 课程•教材•教法，2014(8)：86-91.
[225] 曾晓珊 . 大学英语课程实施中的教师隐性课程研究 [D]. 上海：上海外国语大学，2013.
[226] 张沉香 . 大学外语教育政策的反思与构建 [D]. 长沙：湖南师范大学，2011.
[227] 张华 . 课程与教学论 [M]. 上海：上海教育出版社，2000.
[228] 章黉 . 从通识教育视角探讨中国大学英语教学改革 [D]. 上海：上海交通大学，2010.
[229] 张惠敏 . 英语校本教材开发初探 [J]. 中小学教学研究，2010 (9)：9-10.
[230] 张敬品，刘鹏娇 . 反馈评价促进专业发展——构建大学英语教师反馈评价体系 [J]. 疯狂英语(教师版)，2015(1)：122.
[231] 张男星，饶燕婷 . “慕课”(MOOCs)带给中国大学的挑战与机遇：访上海交通大学校长张杰 [J]. 大学(学术版)，2014(1)：4-15.
[232] 张绍杰 . 全球化背景下的外语教学——行动与反思 [J]. 外语与外语教学，2010，(1)：9-12.
[233] 张蔚磊 . 我国外语教育政策的实然现状与应然选择 [J]. 外语教学，2015 (1)：56-60.
[234] 张文霞，罗立胜 . 关于大学英语教学现状及其发展的几点思考 [J]. 外语界，2004 (3)：2-7.
[235] 张尧学 . 加强实用性英语教学，提高大学生英语综合能力 [J]. 中国高等教育，2002(8)：3-5；8.
[236] 张智育 . 学校本位课程发展 [M]. 台北：台湾师大书苑，1999.
[237] 章振邦 . 也谈我国外语教改问题 [J]. 外国语，2003(4)：1- 6.
[238] 赵丹婷 . 大学英语校本课程开发研究 [J]. 教育探索，2014(8)：33-34.
[239] 赵晖 . 高职英语校本课程开发研究——以“艺术英语”为例 [D]. 上海：华

东师范大学，2009

[240] 赵坤．高中英语校本课程教材的开发和使用［D］．长春：东北师范大学，2004．

[241] 赵丽，范蔚．十年来我国校本课程开发研究现状与展望［J］．新课程研究，2009（10）：98-103

[242] 赵林静，柳华妮．基于整体教育观的大学英语课程定位与教材建设研究［J］．外语电化教学，2012（9）：67-71.

[243] 赵庆红，雷蕾，张梅．学生英语学习需求视角下的大学英语教学［J］．外语界，2009（4）：17-20.

[244] 赵学旻．信息技术下大学英语教师向 ESP 转型探讨［J］．外语电化教学，2010（3）：43-46.

[245] 郑新民．英语教师信念对课堂教学的影响［J］．中小学外语教学，2004（5）：6-10.

[246] 郑新民．大学英语教学改革中“教师信念”问题的研究［J］．外语界，2005（6）：16-22.

[247] 郑新民．大学英语教师认知问题：个案研究［J］．外语电化教学，2006（4）：32-38.

[248] 中华人民共和国国家教育委员会．大学英语教学大纲（高等学校理工科本科用）［Z］．北京：高等教育出版社，1985.

[249] 中华人民共和国国家教育委员会．大学英语教学大纲（修订本．高等学校本科用）［Z］．上海：上海外语教育出版社，1999.

[250] 中华人民共和国教育部．国家中长期教育改革与发展规划纲要［Z］. http://www.gov.cn/jrzg/2010 07/29/content_1667143.html, 2010.

[251] 中华人民共和国教育部．关于加强高等教育的若干意见［Z］. http://www.moe.edu.cn/publicfiles/business/htmlfiles/moe/A08_zcwj/201204/134370.html, 2011.

[252] 中华人民共和国教育部高等教育司．大学英语课程教学要求（试行）［Z］．北京：高等教育出版社，2004.

[253] 中华人民共和国教育部高等教育司．大学英语课程教学要求［Z］．北京：高等教育出版社，2007.

[254] 钟启泉．现代课程论［M］．上海：上海教育出版社，2003.

[255] 钟启泉．课程论［M］．北京：教育科学出版社，2007.

[256] 钟启泉，崔允漷，张华．《基础教育课程改革纲要（试行）》解读 [M]．上海：华东师范大学出版社，2001.
[257] 钟启泉，汪霞，王文静．课程与教学论 [M]．上海：华东师范大学出版社，2008.
[258] 钟雪，张维益．大学英语校本教材的建设 [J]．高等教育，2011（7）：36–37.
[259] 周安毅．大学英语教师评价现存问题与对策研究 [D]．桂林：广西师范大学，2007.
[260] 周丽敏．高职高专英语校本教材编写突出个性化的思考 [J]．科学教育论文集，2013（6）：89–90.
[261] 朱翠华．大学公共英语校本课程开发的设想 [J]．沈阳农业大学学报（社会科学版），2008（4）：452–454.
[262] 朱新吉．校本课程开发策略几种模式的比较 [J]．新疆教育学院学报，2004（4）：44–46.
[263] 朱依萍．高职英语校本课程的开发 [J]．机械职业教育，2008（12）：31–32.

附录

附录1 大学英语校本课程调查问卷

尊敬的老师：

您好！

很荣幸邀请您参与此次的问卷调查。您的参与对于我的研究非常重要，所收集的数据仅用于博士论文调查研究。请根据实际情况作答。

本问卷中大学英语校本课程指的是各高校以国家的大学英语教学指导性文件为参照，依据学校自身的定位、性质、特点、水平以及可开发利用的资源，由学校或院系统一部署或学校教师自主进行，独立或与校内外团体或个人合作开发，旨在满足本校非英语专业大学生的英语学习需求并体现本校专业特色的一切有组织的英语教学课程或活动。原则上每个学校都有自己的大学英语校本课程开发活动，并且该开发活动是一个动态持续的过程，只是开发程度有所不同。

本次关于大学英语校本课程的问卷共由三部分组成，分别是个人信息、选择题和简答题。为保证您所做问卷的有效性，请逐一作答，切勿遗漏。

第一部分：个人信息

答题说明：请在符合您本人或您学校情况的选项前的字母上打钩。

01	您的性别：	A. 男　B. 女
02	您所处的年龄段：	A. 30 岁及以下　B. 31 ～ 40 岁　C. 41 ～ 50 岁　D. 51 岁及以上
03	您的教龄：	A. 5 年及以下　B. 6 ～ 15 年　C. 16 ～ 25 年　D. 26 年及以上
04	您的最终学历：	A. 大学专科　B. 大学本科　C. 研究生
05	您的最终学位：	A. 学士　B. 硕士　C. 博士

续表

06	您目前的职称是:	A. 助教 B. 讲师 C. 副教授 D. 教授
07	您所在院校的层次:	A. 普通本科院校 B. “211工程”高校 C. “985工程”和“211工程”高校
08	您所在院校的类别:	A. 综合类 B. 准综合类(如以农林牧水产、地矿、财经、政法、语言等为主体专业并逐渐向综合类发展的院校) C. 理工类 D. 师范类 E. 专业院校类(如医学、艺术、体育、军事、警察等院校)
09	贵校大英课程开设时间:	A. 一年 B. 两年 C. 三年 D. 四年
10	贵校是否有针对本校特色专业学生的大英课程:	A. 是 B. 否 C. 不确定

第二部分:选择题

(一)大学英语校本课程现状调查(11)

答题说明:请仔细阅读每句话,并按各题要求(其中1～4题为单选题,5～11题答案可多选)选择符合贵校或您本人情况的选项,在对应的字母上打钩。

1. 在我校大学英语校本课程开发活动中,__________。(本题为单选题)

A. 几乎没有教师参与

B. 仅涉及很小一部分教师

C. 一半以上的教师参与并加入了课程开发小组或教研室

D. 全体教师都参与并加入了课程开发小组或教研室

2. 我校的大学英语校本课程资源最主要是__________。(本题为单选题)

A. 选用一种或几种大学英语教材和网络平台,做些内容的删减或组合

B. 对选用的大学英语课程资源进行补充,将内容加以拓展

C. 对选用的大学英语课程资源进行整合,对其内容加以改编

D. 另外创编了我校全新的大学英语课程资源

3. 我校的大学英语校本课程开发__________。(本题为单选题)

A. 只有以营造英语学习氛围为目的的课外活动类型的非定向课程,如英语角、英语文化节等

B. 只有一门课程,如大学英语精读、大学英语读写等

C. 主要开发了几门核心课程

D. 已经形成了若干适合不同专业/方向的课程群体系

4. 我校的大学英语校本课程开设的基本模式是__________。(本题为单选题)

A. 只开设语言技能类课程(即听、说、读、写、译课程)

B. 以语言技能类课程为主修学分课程，拓展类课程(如通识英语、学术英语、特殊用途英语、职场英语等)为辅

C. 以拓展类课程为主修学分课程，语言技能类课程为辅

D. 语言技能类课程和拓展类课程并列开设，学分可以根据需要自由组合

5. 我校的大学英语校本课程开发活动__________。(本题答案可多选)

A. 是部分教师个人或课程小组自主发起的

B. 是大学英语教学部或外语学院发起的

C. 是应其他专业院系的要求而发起的

D. 是应学校对大学英语课程改革的要求而发起的

E. 是为了响应省 / 自治区 / 直辖市一级的教育文件精神而发起的

F. 是为了响应教育部的相关文件而发起的

6. 我校的大学英语校本课程开发__________。(本题答案可多选)

A. 均为学校内部人员(教师或 / 和管理人员)进行的自主开发活动

B. 非正式课程如英语角等与校外机构建立了合作关系

C. 正式课程与校外机构建立了合作关系

D. 定期或经常聘请专家或外校教师来进行相关指导和交流

7. 在大学英语校本课程建设方面，__________。(本题答案可多选)

A. 我院/系/部没有什么特别举措或支持

B. 我院 / 系/部成立了大学英语校本课程开发小组或教研室

C. 我院/系/部为担任大学英语校本课程的教师减免部分额内课时量

D. 我院/系/部的大学英语校本课程的课时权重或课时费高于普通大学英语课程

E. 我校教务处等部门为大学英语教学部与其他专业院系教师之间合作开发课程提供协助和支持

F. 我校教务处或院/系/部鼓励和帮助教师与校外人员或者团体开展合作建设大英校本课程

G. 我校教务处或院/系/部/教研室资助参与大学英语校本课程建设的教师外出参加相关学习或培训

H. 我校教务处或院/系/部设立相关项目或课题支持大学英语校本课程开发

I. 我校在考核评奖时对参与大学英语校本课程建设的教师有所倾斜

J. 我校在职称评定时对参与大学英语校本课程建设的教师有所倾斜

8. 我校进行的大学英语校本课程开发__________。（本题答案可多选）

A. 仍在探索中，没有参照具体的文件或方案

B. 参照了《大学英语课程教学要求》等教育部相关文件的精神

C. 参照了我校所在省 / 自治区 / 直辖市的大学英语教学相关文件精神

D. 参照了我校的总体人才培养方案

E. 参照了学生所在院系的人才培养方案

9. 我校的大学英语校本课程开发得到的各层面支持有__________。（本题答案可多选）

A. 校级分管领导的支持

B. 教务处等职能部门的支持

C. 学院/大学英语教学部领导的支持

D. 大学英语教研室主任的支持

E. 基本上是任课教师本人负责自己的课程

10. 据我了解，我校学生对大学英语校本课程的态度是__________。（本题答案可多选）

A. 希望学校开设丰富、多元的大学英语校本课程

B. 希望根据自己的专业和未来职业发展方向选择合适的大学英语校本课程

C. 愿意参与大学英语校本课程开发的一些环节，如和教师共同商定学习内容和进度等

D. 较多关心课程内容的趣味性，对是否符合学业和未来职业发展的需求并不在意

E. 只关心学分，对学校是否能提供符合需求的大学英语校本课程并不关心

11. 我校对教师及其课程评价的情况是__________。（本题答案可多选）

A. 只注重对教师教学的评价，目前没有对课程本身的评价

B. 对教师的评价主要是看学生评教的分数，并不关注其参与课程建设的情况

C. 对大学英语教师及其所授课程的评价包括自评和同事互评

D. 有专门的评估小组对大学英语教师及其所授课程进行评价

E. 对教师及其课程的评价只是一种形式，一般情况下不影响教师的职称晋升等切身利益

（二）大学英语校本课程影响因素的观念调查

答题说明：本问卷分为五个等级，表示您对下列说法的同意程度。请仔细阅读每一句话，并选择您最认同的程度，在相应的数字上打钩。

1＝非常不同意	2＝不太同意	3＝不确定	4＝基本同意	5＝非常同意

序号	观点陈述	非常不同意	不太同意	不确定	基本同意	非常同意
1	校级分管领导的重视和支持对大学英语校本课程的开发起重要作用。	1	2	3	4	5
2	大学英语校本课程开发是大学英语课程建设较为明确的方向之一。	1	2	3	4	5
3	教务处等职能部门投入专项资金和项目会推动大学英语校本课程开发活动。	1	2	3	4	5
4	把对课程本身的评价纳入评价体系中将会有助于大学英语校本课程的开发。	1	2	3	4	5
5	大学英语课程积累的改革经验将有助于大学英语校本课程的开发。	1	2	3	4	5
6	即使没有教务处等职能部门的支持和配合，也不会影响大学英语校本课程的开发活动。	1	2	3	4	5
7	开发大学英语校本课程能够更好地服务于我校各专业的人才培养。	1	2	3	4	5
8	需要较多额外时间和精力投入是影响大学英语教师参与大学英语校本课程开发的原因之一。	1	2	3	4	5
9	大学英语教师具备课程开发经验对大学英语校本课程开发没有帮助。	1	2	3	4	5
10	在对教师的评价中，如果主要参照学生打分而不关注其参与课程建设的情况，对大学英语校本课程开发会有不利影响。	1	2	3	4	5
11	大学英语课程积累的丰富信息化课程资源是校本课程开发的有利因素。	1	2	3	4	5
12	大学英语校本课程的开发能够提升学生英语学习的兴趣和动机。	1	2	3	4	5
13	时间与精力的投入与经济收益不成正比是影响教师参与大学英语校本课程开发的原因之一。	1	2	3	4	5

续表

序号	观点陈述	非常不同意	不太同意	不确定	基本同意	非常同意
14	学校或院系是否通过讲座、工作坊等形式帮助教师拓展课程开发知识和鼓励课程开发实践肯定会影响大学英语校本课程开发。	1	2	3	4	5
15	教师的教学自评和同事互评会对大学英语校本课程建设起推动作用。	1	2	3	4	5
16	英语课程建设中，即使没有团队带头人，大学英语校本课程开发也一样能做好。	1	2	3	4	5
17	学院／大外部领导的鼓励和支持对大学英语校本课程开发一定会有所帮助。	1	2	3	4	5
18	大学英语校本课程开发有助于提高学生的英语应用能力。	1	2	3	4	5
19	大学英语教师具备课程开发的相关经验对大学英语校本课程开发是有利的因素。	1	2	3	4	5
20	投身课程开发就算对晋升职称没有直接帮助，也不会影响教师对大学英语校本课程开发的参与程度。	1	2	3	4	5
21	通过派送教师外出进修或参加研讨会等形式帮助教师拓展课程开发知识和视野将会有利于大学英语校本课程开发。	1	2	3	4	5
22	大学英语教师研究兴趣多样化、知识结构多元化将为校本课程开发提供有利条件。	1	2	3	4	5
23	大学英语校本课程的开发在提高学生的英语应用能力方面没有多大作用。	1	2	3	4	5
24	大学英语教师具备必要的信息素养，会对大学英语校本课程资源的开发起促进作用。	1	2	3	4	5
25	大学英语教师具有必要的责任心和使命感才会投身于大学英语校本课程开发活动。	1	2	3	4	5
26	是否把外部评价纳入课程的开发环节不会影响大学英语校本课程的发展。	1	2	3	4	5
27	采用灵活民主的课程开发管理方式（如鼓励学院自主或与其他专业院系合作进行课程开发活动），将有利于大学英语校本课程的开发建设。	1	2	3	4	5

续表

序号	观点陈述	非常不同意	不太同意	不确定	基本同意	非常同意
28	大学英语校本课程开发对学生未来就业有帮助。	1	2	3	4	5
29	大学英语教师怀有紧迫感和危机意识会促使其参与大学英语校本课程开发。	1	2	3	4	5
30	把课程评价结果纳入教师的评优或职称评定将会推动大学英语校本开发活动。	1	2	3	4	5
31	参与大学英语校本课程开发能够促进教师自身专业发展。	1	2	3	4	5
32	大学英语教师具有课程开发意识对大学英语校本课程开发活动是很重要的。	1	2	3	4	5
33	大学英语课程的信息化教学设施设备和手段有利于校本课程的开发建设。	1	2	3	4	5
34	大学英语教师具备课程开发知识是大学英语校本课程开发的重要条件。	1	2	3	4	5

第三部分:简答题

答题说明:请对以下有关大学英语校本课程的问题作简要回答。

1. 您认为影响大学英语校本课程开发的最重要因素是什么?为什么?

2. 您认为目前推进大学英语校本课程开发面临的障碍有哪些?为什么?

再次感谢您的配合和对本次问卷调查的支持!

附录2 大学英语校本课程研究之专家访谈提纲

访谈类型：半结构型个人访谈。

访谈对象：大英教指委委员、外语教育领域专家。

访谈目的：

(1)了解我国的语言政策和外语教育规划背景下大英课程所处的位置；

(2)厘清国家教育政策对大英课程的影响；

(3)了解专家们对于大学英语校本课程建设现状的看法；

(4)了解专家们对于影响大英校本课程建设因素的观点；

(5)了解专家们对大学英语校本课程建设框架的建议。

访谈用具：录音笔、笔记本、钢笔、访谈提纲打印件、茶水等。

访谈地点：与被访人商议决定。

访谈预计持续时间：45分钟左右。

*老师，您好！非常感谢您在百忙之中抽出时间接受我的访谈。我现在在做一项关于大学英语校本课程建设的研究，大学英语教学领域专家的观点和建议对于我的研究非常重要。请您放心，访谈内容只用于调查研究，您的真实名字是否出现在论文中，我完全尊重您本人的意见。请问我可以进行现场录音吗？谢谢。访谈可以开始了吗？

本次对您的访谈大体分为大英课程外部环境、大英校本课程内涵、大英校本课程现状和未来趋势三个方面，共有13个问题，谢谢。

访谈提纲：

一、大英课程的外部大环境

(1) 您认为大英课程会受到国家语言政策和外语教育规划的哪些影响？主要表现在何处？

(2) 2014年3月中国发展高层论坛透露中国实现两类人才、两种模式高考。教育部也将做600多所地方本科高校向应用技术、职业教育类型转变的工作。您认为这些改革对大学英语课程会产生哪些影响？

二、大学英语校本课程的内涵

（1）我国的大学英语教学随着几次大规模的改革，可以分为几个不同的阶段。但是其整个定位表现出越来越具有灵活性和个性化的特点。您认为大英课程下一步改革的重点是什么？

（2）有学者提出大学英语教学进行分类指导原则，即“针对不同学校的类别、办学定位、层次、办学特色等提出不同解决方案”，是不是可以理解为大英课程的校本化？和现在《大学英语教学指南》（征求意见稿）中倡导的服务本校专业发展有何联系和不同？

（3）如果把大学英语校本课程理解为“以国家纲领性文件为参照，依据学校自身的性质、特点、条件以及可利用和开发的资源，由学校统一部署或学校教师自愿自主进行，独立或与校外团体或个人合作开展，旨在满足本校非英语专业学生的英语学习需求、体现本校培养特色，并包括一切正式英语课程以及非正式英语课程或活动”，您觉得还有什么需要修正或补充的吗？

（4）参加2009—2010年大学英语教学状况调查的一些高校希望能结合院系专业的特点和学生的需求设计具有个性化的大学英语课程，也就是说，校本化还显得不够有针对性，在校内对大英课程进行“院本化”“系本化”都不为过（即注重学生的专业需求）。您认为这种要求合理吗？为什么？如果这样做，面临的最大困难将是什么？

三、大英校本课程开发现状以及未来趋势

（1）我国高校大学英语课程校本化进程不一，整体来看，您认为目前我国高校大学英语课程校本化的程度如何？

（2）您认为影响大学英语校本课程建设的因素主要涉及哪些方面？目前高校普遍存在最大的制约因素是什么？

（3）在教师的教学、科研等职业发展方面，您认为高校大学英语教师的课程意识以及校本课程意识重要吗？怎样才能提高这两种意识？

（4）众所周知，推进大学英语教学改革，提高教学质量，教师是一个关键因素。您认为大学英语课程的校本化可能会从哪些方面提升教师的团队建设和个人的职业发展？教育行政部门如何从政策和要求方面切实提供帮助？

（5）如果各高校根据自己的定位、要求、校情自行决定大英课程的话，是否会影响学生整体语言能力的提高？对国家的语言战略发展是否有利？有何对策？

（6）您认为有没有可能设计出一个大学英语校本课程设置的参考框架？框架必须把什么内容包含进去？

（7）关于正在制定中的《大学英语教学指南》，您能介绍一下推出的缘起、核心内容和精神吗？该指南对大学英语课程的校本化有没有推动作用？为什么？除了校本化，大英课程还有什么其他出路或发展方向？

再次感谢您在百忙之中接受我的访谈，您的观点和建议以及您所提供的信息让我很受启发。再次向您承诺，您的谈话内容仅仅用于调查研究，请您放心。

谢谢！

附录3 大学英语校本课程研究之课程管理层访谈提纲

访谈类型:半结构型个人访谈。

访谈对象:所调研的高校大学英语课程管理层人员。

访谈目的:

(1) 了解所调研学校招生概况以及大英课程概况;

(2) 了解所调研学校大学英语校本课程现状和做法;

(3) 了解管理层对于大学英语校本课程建设的观点和建议;

(4) 挖掘大英校本课程建设相关维度。

访谈用具:录音笔、笔记本、钢笔、访谈提纲打印版、茶水等。

访谈地点:与被访人员商议决定。

访谈预计持续时间:40 分钟左右。

* 老师,您好!非常感谢您在百忙之中抽出时间接受我的访谈。我现在在做一项关于大学英语校本课程建设的研究,来自于课程管理层面的看法和建议对于我的研究非常重要。

请允许我介绍一下相关的概念:大学英语校本课程指的是各高校以国家的大学英语教学指导性文件为参照,依据学校自身的性质、特点、水平以及可利用和可开发的资源,由学校统一部署或学校教师自主进行,独立或与校内、外团体或个人合作开展,旨在满足本校非英语专业大学生的英语学习需求并体现本校专业特色,包括一切有组织的课程或活动。根据这个理解,每个高校其实都有自己的大学英语校本课程,不过在开发程度方面存在差异。

请您放心,访谈内容只用于博士论文写作目的,您本人和贵校的真实名称不会出现在我的论文中。请问我可以进行现场录音吗?谢谢。

访谈提纲:

一、受访者概况

(1) 请问您从事目前的管理工作大约有多少年?

(2) 请问您目前主要负责大学英语部门中的什么工作?

二、学校概况

（1）请问贵校属于以下高校类别的哪一种？级别是什么？

（2）请问贵校招生规模和特色专业分别是什么？（有没有针对这些专业的特色英语课程？）

（3）请问贵校学生入学时总体的英语水平如何？

（4）贵校毕业生一般进入什么领域工作？未来职业中会用到英语吗？（院校所在地域对大英课程有没有影响？）

三、大英课程开设和校本课程开发现状

（1）请简单介绍一下贵校大学英语课程现状可以吗？

（2）请介绍一下贵校大英课程开设模式好吗？

（3）请问课程开发中普通教师的参与面是怎样的？

（4）课程资源开发的最主要方式是什么？有教师自编教材吗？

（5）大学英语校本课程开发范围是？课程的管理方式是什么样的？

（6）是否与校外人员合作开发？

（7）贵校或院系具体支持措施有哪些？有哪些方面可以加强？

（8）贵校大英校本课程发起者是谁？贵校大学英语校本课程建设的最直接原因是什么？

（9）您认为教师的校本课程意识重要吗？贵校是如何提升教师的校本课程意识的？

（10）您认为贵校的哪些大英课程最具有校本特色？如何体现的？

（11）什么样的大学英语课程最受学生欢迎？原因何在？有没有评教机制？

四、对大英课程校本化的观点和态度

（1）您认为大英课程校本化是其进一步改革发展的出路吗？还有没有别的路径可选？

（2）您认为影响大学英语课程校本化的关键因素是什么？目前最大的制约因素是什么？

（3）有专家提出大英课程与其他院系合作，实现课程的“院本化”甚至“系本化”，您觉得有道理吗？其实施的难点何在？

（4）即将出台的《大学英语教学指南》特别强调大英课程的服务性，服务于学校的办学目标，服务于院系专业需要，从而最终服务于学生个性发展需求，您

如何看待这种服务意识？您觉得贵校目前在哪些方面做得较好？还需要在哪些方面做出努力？

（5）最后一个问题，您觉得贵校在大英校本课程建设方面还有什么做得较好可能在我的访谈中没有问到的方面？

再次感谢您在百忙之中接受我的访谈，您的观点和建议以及您所提供的信息让我很受启发。再次向您承诺，您的谈话内容仅仅用于研究目的，请您放心。

附录4 大学英语校本课程研究之任课教师访谈提纲

访谈类型：半结构型个人访谈

访谈对象：大学英语校本课程任课教师

访谈目的：

（1）了解所访教师的个人教学经历；

（2）了解所访教师对于本校大学英语课程的看法；

（3）了解所访教师校本课程设计、教学以及评价的现状；

（4）了解所访教师课程设计和实施过程中的亲身感受和体会；

（5）了解所访教师对于大学英语校本课程的理解和期望。

访谈用具：录音笔、笔记本、钢笔、访谈提纲打印版、茶水等。

访谈地点：与被访人员商议决定。

访谈预计持续时间：40 分钟左右。

*老师，您好！非常感谢您在百忙之中抽出时间接受我的访谈。我现在在做一项关于大学英语校本课程建设的研究，一线教师的看法、做法和建议对于我的研究非常重要。

请允许我介绍一下相关的概念：大学英语校本课程指的是各高校以国家的大学英语教学指导性文件为参照，依据学校自身的性质、特点、水平以及可利用和可开发的资源，由学校统一部署或学校教师自主进行，独立或与校内、外团体或个人合作开展，旨在满足本校非英语专业大学生的英语学习需求并体现本校专业特色，包括一切有组织的课程或活动。根据这个理解，每个高校其实都有自己的大学英语校本课程，不过在开发程度方面存在差异。

请您放心，访谈内容只用于博士论文写作目的，您本人和贵校的真实名称不会出现在我的论文中。请问我可以进行现场录音吗？谢谢。

访谈提纲：

一、受访者概况

（1）您从事大学英语教学大约有多少年？有没有感到倦怠的时候？如果有，是什么时候？

（2）您进入这所学校工作多少年了？

（3）您能否简单列举一下您曾经教授过的大英课程？2003—2007 年前后所授课程有否明显变化？如有，您觉得原因是什么？

二、所在学校的大英校本课程概况

（1）根据前面对于大学英语校本课程概念的介绍，您觉得自己所教授的课程属于大学英语校本课程的范畴吗？为什么？

（2）您觉得大学英语课程的指导性文件主要指的是什么？您认为它对您的课程设计重要吗？

（3）您对贵校的人才培养目标了解吗？您认为它对您的课程设计有影响吗？

（4）贵校和您的院系对大英校本课程持什么样的态度？

（5）贵校目前开设的大学英语校本课程大约有多少门？是否形成了课程体系或者课程群？

三、所讲授的英语课程概况

（1）您目前主要负责大学英语哪一门或者哪几门课程的教学？

（2）您从事这门 / 些课程的讲授大约有几年时间了？

（3）当时开设这门课程，是您自己主动提出的，还是院系号召和动员大家开设的？

（4）这门课程是您单独一个人开设的，还是有一个小组或者团队？如果是团队，成员之间是怎样分工的？

（5）您所授课程在学生的哪个学期开设？一共开设几个学期？是必修课还是选修课？周课时数几节？学分多少？占英语总学分的比例是多少？

（6）您所教授的课程共有几个班？每个班级多少人？生源的构成是怎样的？

（7）您的课程在开设之前进行过正式或非正式的学生需求分析吗？如果有，您是如何处理需求分析结果的？

（8）您认为这门课开设的最主要目标是什么？

（9）这门课的教学大纲是您自己编写的吗？在编写的过程中有没有遇到什么困难？如有，您是如何解决的？

（10）您编写或者参与编写过与自己课程有关的教材吗？如果有，您认为编写教材的过程中难度最大的工作是什么？

（11）您在授课的过程中会使用多媒体、网络教室或者学习平台吗？您有没有参与过平台的开发或者类似的工作？

（12）您的课程中一般采取什么样的考核方式？（论文或试卷，开卷闭卷，过程性评估和终结性评估，自评、互评和教师评价结合）

（13）您申报过与这门课程相关的课题或者项目吗？院系或者校方有没有这样的机会？

（14）您的课程有没有参加过院系、校级甚至更高级别的评估？

（15）您的课程在开设和实施的过程中遇到的最大问题是什么？如有，是如何解决的？

（16）贵校或院系对大学英语校本课程教师的具体支持措施有哪些？哪一项您认为最有效？

四、对大英课程校本化的观点和态度

（1）您觉得开设这门课程时间和精力投入得多不多？您认为值得吗？

（2）您认为开设大英校本课程给您自己的职业发展带来了什么样的影响？

（3）您认为促使您的校本课程成功的最关键因素是什么？

（4）您认为影响大学英语课程校本化的关键因素是什么？目前最大的制约因素是什么？

（5）正在拟定中的《大学英语教学指南》可能会提出大英课程与其他院系合作，实现课程的“院本化”甚至“系本化”，您觉得实施的难点何在？

（6）最后一个问题，就您开设大学英语校本课程的经验和经历来看，有没有我的访谈中没有问到的重要因素？

再次感谢您在百忙之中接受我的访谈。再次向您承诺，您的谈话内容仅仅用于博士论文写作的目的，请您放心。

附录5 访谈转写稿范例一(专家访谈编码1-2)

【话轮39】

问:本院系的老师?就是说他们的英语技能方面、口语方面没有问题?

答:现在就是说,我们这里每个院系找那么三五个教师去上上这个专业英语课,还是可以的。在国外拿博士的还是蛮多的。他既然拿了博士回来以后,他可以去上。我们大外部老师主要从两个方面进行指导:一般的语言技能和这个专业的语言技能。也就是说,一般的语言技能里面,要学生养成一种上课参与讨论的能力。专业里面看需要一些什么样的特殊的语言的技能。

【话轮40】

问:这样的话,学生收获会非常大,我感觉应该是这样子的……

答:不光是学生收获大,教师本身收获也很大。

【话轮41】

问:教师本身?是的,教学目标非常明确。

答:当30个人开同一门课的时候,有明确的大纲,有一套教材,有统一的考试,教师可以操作的空间很有限,可以做,但很有限。但是,当你独立要去开一门课的时候,你要从大纲到教材的选择、到教学方法、到这种评估,都自己去弄,这样对教师也有很多的培养。

【话轮42】

问:是的。

答:你像我们这里,上应用文的这个老师,他就是用他的content-based,他的博士论文就是在做这方面的研究。

附录6 访谈转写稿范例二(课程管理层访谈编码2-3)

【话轮86】

问:那么就下面的教师校本课程的意识方面您能不能谈一下自己的看法?我刚才听到您说这种课程建设的意识还稍微弱一些。那么您觉得这种校本课程的意识在课程开发的过程中重不重要?

答:那还是很重要的。首先,我们说你要有这种想法,要有这种意识,然后你才会有动作。

【话轮87】

问:那么咱们怎么样来推动教师有这种课程建设的意识呢?

答:我是从去年开始的,因为我们几个人脑子里先有一个大概的框架,最终要怎么做,大概的分层、模块。实际上,教研室主任也好,教学院长也好,我们几个的意见得统一起来,思想得统一起来。这个事情肯定要推,首先我们要这样,然后就通过各种途径给老师"吹风"。

【话轮88】

问:先从思想上让老师竖立起来这种意识?

答:对,上个学期,大学英语这边我请了三四个人来讲大学英语。然后老师出来开会。老师是带着任务去开会的,回来以后要给全校老师讲。人家外面都怎么做,慢慢地大家就都接受了。

【话轮89】

问:再就是说,除了完全针对大学英语课程这方面的一些内容,有没有想过从教育理论上或者自己比较关注的这个校本课程的理论上,请一些教育方面的专家,来给大家说,比如说这个课程到底怎么建设,它的程序是怎么样的,有没有想到过这个方面?

答:有,有这个想法,但是说实在的,现在还没做。

【话轮90】

问:是的,因为不管语言课程还是什么课程,它都属于教育学这一块研究的范围。

答:对。

附录7 访谈转写稿范例三(大学英语授课教师访谈编码3-4)

【话轮11】

问:这就是你出国的主要原因,机会真是蛮好的。学校给了这么大的支持力度,比较罕见。

答:也确实是让我们的底气更足了。我也加一句,包括对老师的这个硬件,因为我们毕竟是英语专业出身的老师,突然让我们去转专业,去从事一些什么ESP类的法律英语、传媒英语或者商务英语,我们一开始还有很多迷茫和不自信。后来,我们学校提供了很多这种让老师去考级、考证书的机会。我们在2012年就有一个梯队的老师,拿到了国际商务英语教师资格证书,第二年,我也拿到了这个资格证书。这样,从硬件上面我自己也觉得既然给了我们这样的机会,我们上台底气就十足了。

【话轮12】

问:是的,也就是说对于教师想要授课的这种意念,应该还是挺起作用的吧?

答:我们既然想跳出来组建这个新的团队,可能组建团队之初,还是觉得有点压力的,毕竟这个改革的成果还要发现,需要时间去验证它。所以,我们能够跳出来做这个改革前锋的老师心理压力还是有的。

【话轮13】

问:为此自己付出诸多努力,结果让人会不会觉得值得?

答:对,对。毕竟要准备一门新的课程,要花大量的时间,包括我们将来评职称或者做科研,也会有些壁垒,你说我们现在跨学科的话,将来我们的归属到底是语言学的,还是法律或者是商务的?所以这个确实是对老师接下来的备课、学习动机或者教学动机的影响蛮大的。但是,现在我们两年做下来之后,觉得信心还是很足的,觉得我们走的这条路是对的。